Memória e identidade

Conselho Acadêmico
Ataliba Teixeira de Castilho
Carlos Eduardo Lins da Silva
Carlos Fico
Jaime Cordeiro
José Luiz Fiorin
Tania Regina de Luca

Proibida a reprodução total ou parcial em qualquer mídia
sem a autorização escrita da editora.
Os infratores estão sujeitos às penas da lei.

A Editora não é responsável pelo conteúdo deste livro.
O Autor conhece os fatos narrados, pelos quais é responsável,
assim como se responsabiliza pelos juízos emitidos.

Consulte nosso catálogo completo e últimos lançamentos em **www.editoracontexto.com.br**.

Memória e identidade

JOËL CANDAU

Copyright © 2011 Joël Candau
Título original em francês: *Mémoire et identité*

Todos os direitos desta edição reservados à
Editora Contexto (Editora Pinsky Ltda.)

Foto de capa
"Memória e identidade", Jaime Pinsky

Montagem de capa e diagramação
Gustavo S. Vilas Boas

Tradução
Maria Leticia Ferreira

Preparação de textos
Daniela Marini Iwamoto

Revisão
Rinaldo Milesi

Dados Internacionais de Catalogação na Publicação (CIP)
(Câmara Brasileira do Livro, SP, Brasil)

Candau, Joël
Memória e identidade / Joël Candau ; tradução Maria Leticia
Ferreira. – 1. ed., 9ª reimpressão. – São Paulo : Contexto, 2023.

Título original: Mémoire et identité.
Bibliografia.
ISBN 978-85-7244-647-1

1. Identidade (Psicologia) 2. Memória 3. Psicologia social
I. Título.

11-05302	CDD-153.12

Índice para catálogo sistemático:
1. Memória e identidade : Psicologia social   153.12

2023

EDITORA CONTEXTO
Diretor editorial: *Jaime Pinsky*

Rua Dr. José Elias, 520 – Alto da Lapa
05083-030 – São Paulo – SP
PABX: (11) 3832 5838
contato@editoracontexto.com.br
www.editoracontexto.com.br

SUMÁRIO

INTRODUÇÃO 9

PREÂMBULO 15

MEMÓRIA E IDENTIDADE:
DO INDIVÍDUO ÀS RETÓRICAS HOLISTAS 21
    Conceitos preliminares 21
    As retóricas holistas 28
    O grau de pertinência das retóricas holistas
        aplicadas à memória e à identidade 30

DA MNEMOGÊNESE À MEMOGÊNESE 59
    A memória individual e a consciência 59
    Nomeação, memória e identidade 67
    A totalização existencial 70

PENSAR, CLASSIFICAR:
MEMÓRIA E ORDENAÇÃO DO MUNDO 83

Representação e modulação do tempo.............................85

Tempo profundo e memória longa 85

A medida do tempo...90

Tempo privado e tempo anônimo:
do presente real ao tempo real 91

O campo do memorável...94

A memória das origens...95

A memória dos acontecimentos...................................98

O JOGO SOCIAL DA MEMÓRIA E DA IDENTIDADE (1):
TRANSMITIR, RECEBER 105

A exteriorização da memória....................................107

A transmissão profusa 112

As vias da transmissão..117

Memória e protomemória 119

Tradição: a reprodução e a invenção............................121

Receber 123

Direito, dever e necessidade de memória.......................125

Direito, dever e necessidade de esquecimento 127

Transmissão histórica e transmissão memorial..................131

O JOGO SOCIAL DA MEMÓRIA E DA IDENTIDADE (2):
FUNDAR, CONSTRUIR..137

Memória genealógica e familiar.................................137

A memória geracional 142

Prosopopeia 143

Comemorar 147

A memória das tragédias como recurso identitário 151

Lugar de memória e lugar de amnésia 156

Busca memorial e patrimonialização 158

Manipular, dominar, diferenciar 164

Memórias agonísticas 170

ESGOTAMENTO E COLAPSO
DAS GRANDES MEMÓRIAS ORGANIZADORAS 181

O refrão da regressão memorial e identitária 183

Medo da perda, memórias e identidades petrificadas 189

Memórias e identidades vivas, assunção da perda 192

CONCLUSÃO 199

BIBLIOGRAFIA 207

O AUTOR 221

A TRADUTORA 223

INTRODUÇÃO

"Durante os cinquenta anos que precederam e se seguiram ao ano mil, a memória e as lembranças foram objeto de grande interesse, que se expressou de outra forma no decorrer dos séculos seguintes".[1]

Algumas ideias simples:

1. Tal como a noção de cultura, os conceitos de memória e identidade são fundamentais para qualquer um que tenha algum interesse no campo das Ciências Humanas e Sociais.

2. Contra as concepções "objetivistas", "reificadoras", "primordialistas", "substancialistas", "essencialistas", "originárias", "fixistas" etc. de identidade, observa-se um relativo consenso entre os pesquisadores em admitir que essa seja uma construção social, de certa maneira sempre acontecendo no quadro de uma relação dialógica com o *Outro*.

3. O consenso existe igualmente em reconhecer que a memória é, acima de tudo, uma reconstrução continuamente atualizada do passado, mais do que uma reconstituição fiel do mesmo: "a memória é de fato mais um enquadramento do que um conteúdo, um objetivo sempre alcançável, um conjunto de estratégias, um 'estar aqui' que vale menos pelo que é do que pelo que fazemos dele".[2] A ideia segundo a qual as experiências passadas seriam memorizadas, conservadas e recuperadas em toda sua integridade parece "insustentável".[3]

Memória e identidade

4. O mnemotropismo de numerosas sociedades modernas encontra sua origem na "crise do presentismo":[4] o desaparecimento de referências e a diluição de identidades. A busca memorial é então considerada como uma resposta às identidades sofredoras e frágeis[5] que permitiria "apoiar um futuro incerto em um passado reconhecível".[6] Variante à primeira vista, tende talvez ao contraditório: as paixões, considerando-se também as tensões identitárias contemporâneas, são a consequência de uma perda de memória.[7]

5. Enfim, admite-se geralmente que memória e identidade estão indissoluvelmente ligadas.[8]

Essas ideias em conjunto são desenvolvidas *ad nauseam* nas inumeráveis publicações que, de acordo com diferentes pontos de vista disciplinares, abordam o tema da memória e/ou identidade. Assim, no momento de começar um livro que leva precisamente esse título – *Memória e identidade* – devemos considerar que tudo já foi dito?

Poderíamos nos valer da velha retórica da qual se usa e abusa para introduzir uma obra: em um domínio tão vasto e abundante que é o das pesquisas sobre memória e identidade, não é inútil periodicamente estabelecer uma averiguação do estado da arte ou tentar um balanço dos últimos avanços teóricos. Esse balanço é de fato necessário considerando que a "onda memorial" que atinge o "mundo inteiro"[9] nos últimos vinte anos justifica, sem dúvida, que o conceito de identidade seja revisitado em relação à *Mnemosyne*.

No entanto, esse trabalho pretende ir mais além do que um balanço do estado da arte sobre memória. Este livro é um ensaio de Antropologia da memória e identidade. Essa disciplina[10] se interessa pelo homem como animal social e cultural. Levar em conta essa especificidade implica dizer que a Antropologia busca elucidar, com rigor, as modalidades de acesso do homem ao seu estatuto de ser social e cultural. O objetivo é determinar como, a partir de uma forma individual – um ser humano – que é um dado imediato do *cogito*, mas também de toda a experiência intersubjetiva, passa-se para formas coletivas,

Introdução

nas quais a existência e essência são problemáticas e demandam sempre uma confirmação. Assim, enquanto a Psicologia e a Sociologia se dedicam a elucidar a natureza e o comportamento dos indivíduos, dos grupos e das sociedades, a Antropologia trabalha essencialmente na articulação dessas duas abordagens. Entrincheirada no ponto de passagem entre o indivíduo e o grupo, esforça-se em compreender, a partir de dados empíricos, como os indivíduos chegam a *compartilhar* práticas, representações, crenças, lembranças, produzindo, assim, em uma determinada sociedade, aquilo que chamamos de cultura.

Assim, o objeto deste livro é analisar como passamos de formas individuais a formas coletivas da memória e identidade. Entretanto, nos cabe perguntar se essa questão é procedente. Interrogar-se sobre essa passagem do individual ao coletivo pressupõe que ela efetivamente exista, logo isso deve ser demonstrado em cada caso considerado. Se admitirmos essa reserva, devemos nos interrogar sobre a pertinência de noções e conceitos que utilizamos para designar as formas coletivas da memória e identidade. Por outro lado, se existe essa passagem, isso quer dizer que podemos observar um momento no qual a memória e identidade de um indivíduo são ainda livres de toda influência coletiva e outro no qual elas se manifestam exclusivamente sob a influência de determinismos sociais e culturais? Ou será uma questão de grau, níveis, densidade? Então, como observar os limiares em que as noções de memória e identidade individuais serão pertinentes e em que, além disso, aquelas de memória e identidade coletivas terão um fundamento empírico?

Com o objetivo de precisar o marco teórico subjacente a essas questões, no "Preâmbulo" remeto-me à observação dos termos atualmente mais comuns da problemática relativa à identidade e ao mnemotropismo contemporâneo.

O primeiro capítulo é dedicado aos conceitos preliminares indispensáveis para abordar os problemas de ordem ontológica: a qual realidade remetem os conceitos de memória e identidade, em particular

Memória e identidade

quando são utilizados como "fórmulas consagradas",[11] tais como as noções de memória e identidade coletivas.

No segundo capítulo abordo a questão da construção e variações da memória e identidade no nível do indivíduo.

No terceiro mostro que a "memorialização" do mundo pressupõe seu ordenamento em particular graças a uma domesticação ou uma estruturação do tempo: sem as balizas temporais que são, principalmente, a origem e o acontecimento, nenhuma identificação é possível.

Nos três últimos capítulos busco observar algumas modalidades de "passagem" de formas individuais da memória e identidade às formas coletivas. Argumentarei, finalmente, que em um contexto de esgotamento de grandes memórias organizadoras do laço social, em uma época marcada pelo retrocesso de memórias fortes em proveito de memórias múltiplas, confusas e oportunistas, o recurso às *retóricas holistas* (memória coletiva, identidade coletiva etc.) para definir e descrever as relações entre memória e identidade à escala de grupos torna-se cada vez menos pertinente.[12]

NOTAS

[1] Patrick J. Geary, *La mémoire et l'oubli à la fin du premier millénaire*, Paris, Aubier, 1996, p. 53.
[2] Pierre Nora, "Entre mémoire et histoire", *Les lieux de mémoire. La République*, Paris, Gallimard, 1984, p. VIII.
[3] Suzanne Küchler, em Tim Ingold (org.), *Key Debates in Anthropology*, Londres e New York, Routledge, 1996, p. 226.
[4] O que François Hartog define como a expressão de um "profundo questionamento do regime moderno de historicidade. O futuro, o progresso e as ideologias que aí se vinculam perderam sua força de convicção da mesma forma como a diferença entre o horizonte de espera e o campo de experiências se tornava máximo": "Temps et histoire. Comment écrire l'histoire de France", *Annales ESC*, nov.-dez. 1995, n. 6, p. 1.235.
[5] Um exemplo, entre tantos outros: "o fim do século tende às retrospecções, aos inventários e aos balanços [...] Questionar a memória, como se faz hoje, não seria uma outra forma de buscar os pedaços de uma identidade que se dispersa e se perde na neblina?". Foulek Ringelheim (org.), *Les juifs entre la mémoire et l'oubli*, Bruxelles, Éd. de l'Université de Bruxelles, 1987, p. 6.
[6] Nicole Lapierre, "Dialectique de la mémoire et de l'oubli", *Communications*, n. 49, 1989, p. 6.
[7] Ainda um exemplo: "a insegurança de um mundo em profunda mutação, as mudanças sociais e culturais aceleradas, suscitaram uma tomada de consciência coletiva relativa à dilapidação

Introdução

do patrimônio próprio a cada comunidade humana e encorajou a uma busca de identidade". Freddy Raphaël, "Le travail de la mémoire et les limites de l'histoire orale", *Annales ESC*, n. 1, jan.-fev. 1980, p. 127.

[8] "A memória é um elemento essencial daquilo que passamos a chamar de *identidade* individual ou coletiva, cuja busca é uma das atividades fundamentais dos indivíduos e das sociedades do presente, na febre e na angústia." Jacques Le Goff, *Histoire et mémoire*, Paris, Gallimard, 1988, p. 174.

[9] Pierre Nora, La loi de la mémoire, *Le Débat*, jan.-fev. 1994, n. 78, p. 190.

[10] A antropologia social e cultural e a antropologia física constituem disciplinas separadas.

[11] "Todo domínio de pesquisa tem suas fórmulas consagradas graças às quais podemos parar de pensar nos problemas antes mesmo de tê-los resolvidos." John R. Searle, *Sens et expression. Études de théorie des actes de langage*, Paris, Minuit, 1979, p. 104.

[12] Agradeço a meus colegas Jean-Pierre Jardel, Jean-Michel Marchetti e Jean Poirier por suas sábias e atentas leituras do manuscrito. Apesar de seus preciosos conselhos, estou consciente de que esta obra apresenta ainda algumas insuficiências e as assumo como de minha inteira responsabilidade.

PREÂMBULO

Somos sempre "condenados ao tempo",[1] condição a qual não escapa nenhuma existência. O tempo "voraz"[2] que segundo a segundo, como um inseto perseverante (Maeterlinck), devora mecânica e inexoravelmente toda vida, realizando assim sua obra de decomposição: o tempo presente, agonizante por essência (Borges inspirado em Aristóteles e Santo Agostinho), prestes a desaparecer no passado no momento mesmo em que anuncia o futuro. O fluxo do tempo, por essa razão, ameaça os indivíduos e os grupos em suas existências. Como parar esse tempo devastador, essa "corrida desabalada",[3] como evitar seu trabalho "incoerente, indiferente, impessoal e destruidor",[4] como se livrar da "ruína universal"[5] com a qual ameaça toda a vida?

A memória nos dará esta ilusão: o que passou não está definitivamente inacessível, pois é possível fazê-lo reviver graças à lembrança. Pela retrospecção o homem aprende a suportar a duração: juntando os pedaços do que foi numa nova imagem que poderá talvez ajudá-lo a encarar sua vida presente. De acordo com Santo Agostinho, "o espírito é a memória mesma".[6] Buñuel dizia que era preciso perder a memória, ainda que parcialmente, para se dar conta de que é ela que "constitui a nossa vida".[7] O conhecimento de si, observa Jean-Yves Lacoste, "leva

Memória e identidade

consigo, necessariamente, os caminhos de uma memória de si mesmo".[8] *Mnemosyne*, a "chave da consciência",[9] é, portanto, uma fonte primordial para o que chamamos de identidade: "*Memory make us, we make memory*".[10]

A memória, ao mesmo tempo em que nos modela, é também por nós modelada. Isso resume perfeitamente a dialética da memória e da identidade que se conjugam, se nutrem mutuamente, se apoiam uma na outra para produzir uma trajetória de vida, uma história, um mito, uma narrativa. Ao final, resta apenas o esquecimento.

Essa complexa dialética tem sido objeto de inumeráveis trabalhos em Ciências Humanas e Sociais. A maior parte dos pesquisadores enfatiza a importância desse campo de estudo para a compreensão dos fenômenos humanos e sociais. Eles insistem igualmente sobre os laços fundamentais entre memória e identidade e sobre o fato de que é a memória, faculdade primeira, que alimenta a identidade.

Se identidade, memória e patrimônio são "as três palavras-chave da consciência contemporânea"[11] – poderíamos, aliás, reduzir a duas se admitimos que o patrimônio é uma dimensão da memória –,[12] é a memória, podemos afirmar, que vem fortalecer a identidade, tanto no nível individual quanto no coletivo: assim, restituir a memória desaparecida de uma pessoa é restituir sua identidade.

Para Anne Muxel, o trabalho da memória atua na construção da identidade do sujeito, é "o trabalho de reapropriação e negociação que cada um deve fazer em relação a seu passado para chegar a sua própria individualidade".[13] Igualmente, Isac Chiva, ao definir identidade como "a capacidade que cada um tem de permanecer consciente de sua vida através das mudanças, crises e rupturas",[14] enraíza igualmente a identidade em um processo memorial. Nesse sentido, Isac Chiva e Anne Muxel são fiéis a Maurice Halbwachs, que lançou e explorou metodologicamente esse campo de pesquisa.

As lembranças que guardamos de cada época de nossa vida, observa Halbwachs, se reproduzem sem cessar e permitem que se perpetue, "como pelo efeito de uma filiação contínua, o sentimento de nossa identidade".[15] Halbwachs sustenta essa ideia no "Prefácio" de *Les cadres sociaux de la mémoire* ao falar do mito da jovem esquimó descoberta no século XVIII, que, totalmente despojada de quadros coletivos da memória que a vinculassem a sua sociedade de origem, estaria sem nenhuma lembrança, logo sem nenhuma identidade individual e social. A "conservação de si através do tempo", observa Ricoeur, implica a interdição do esquecimento.[16]

No universo orwelliano da Oceania, Winston Smith é destruído como indivíduo pelo esquecimento originado por aquilo que desaparece no "vazio de memória": sem lembranças, o sujeito é aniquilado. É a memória, ainda, que iria fundar as identidades coletivas: no final da Idade Média, na Alemanha, dizia-se que os camponeses, quando se rebelavam frente ao poder senhorial, "esqueciam-se" de que "se haviam desconhecido" esquecendo "quem eram".[17]

Conhecemos as referências de Renan ao "rico legado das lembranças" e à "herança recebida indivisa" e que constituem a alma e o princípio espiritual da nação.[18] No nível de uma comunidade aldeã, é a tese defendida por Philippe Joutard em seu prefácio à pesquisa de Lucien Aschieri sobre os alaudianos.* Estes buscam reforçar suas identidades utilizando-se de todo tipo de instituições de memória, que não são necessariamente tradicionais: ofícios de turismo, clubes de boliche, sociedades históricas etc.[19] A memória é, de fato, uma "força de identidade".[20] Igualmente, outros autores observam que as ideologias que prevalecem nas "memórias migrantes" jogam com as fronteiras da alteridade para produzir, pela distinção, as identidades sociais.[21]

Finalmente, é quase banal constatar que, no quadro de estratégias identitárias os indivíduos operam escolhas sempre no interior de um repertório flexível e aberto a diferentes meios: representações,

---

* N. T.: Habitantes da região de Allauch, nas proximidades da cidade de Marselha.

Memória e identidade

"mito-histórias",[22] crenças, ritos, saberes, heranças etc., ou seja, no interior de um registro memorial.

A memória é a identidade em ação, mas ela pode, ao contrário, ameaçar, perturbar e mesmo arruinar o sentimento de identidade, tal como mostram os trabalhos sobre as lembranças de traumas e tragédias como, por exemplo, a anamnese de abusos sexuais na infância ou a memória do Holocausto.[23] De fato, o jogo da memória que vem fundar a identidade é necessariamente feito de lembranças e esquecimentos: no domínio da "identidade étnica", a completa assimilação dos indivíduos pode ser contestada pela sociedade que os acolhe, desde que o trabalho de esquecimento de suas origens não tenha se completado.[24]

Em um registro diferente, o da "vertigem patrimonial"[25] contemporânea, a paixão memorial pode revelar uma rejeição da representação que fazemos de nossa identidade atual, projetando no passado e, por vezes, ao mesmo tempo no futuro uma imagem do que gostaríamos de ter sido, imagem obsessiva que nega as alterações e a perda, ou imagem alucinada da beleza do morto, construída a partir de arquivos, traços, monumentos, objetos, relíquias, ruínas e vestígios. Mesmo nesses casos de nostalgia identitária mórbida, a memória precede a construção da identidade, sendo um dos elementos essenciais da sua busca "extrema, individual e coletiva",[26] busca à qual se somam os etnólogos, museólogos etc., legitimando cientificamente os objetos patrimoniais.

Entretanto, se a memória vem antes, a demanda identitária pode vir reativá-la. É o que se pode observar em relação à construção da identidade judaica, que "encontrou um novo terreno de predileção no trabalho de exumação de tudo o que compõe a memória judaica",[27] uma reapropriação que se manifesta sob inúmeras formas: criação de departamentos de estudos judaicos no ensino superior, casas editoriais, revistas, programas televisivos, revitalização de línguas e culturas judaicas etc. Essa identidade judaica – mas não seria esse o caso de todas as identidades? – "se deixa menos reduzir a uma definição e mais do que tudo apela à memória".[28]

Preâmbulo

Se a memória é "geradora" de identidade, no sentido que participa de sua construção, essa identidade, por outro lado, molda predisposições que vão levar os indivíduos a "incorporar" certos aspectos particulares do passado, a fazer escolhas memoriais, como as de Proust na *Busca do tempo perdido*, que dependem da representação que ele faz de sua própria identidade, construída "no interior de uma lembrança".[29]

Finalmente, não seria equivocado pensar memória e identidade como dois fenômenos distintos, um preexistente ao outro? Mesmo que ontológica e filogeneticamente a memória é necessariamente anterior em relação à identidade – essa última não é mais do que uma representação ou um estado adquirido, enquanto que a memória é uma faculdade presente desde o nascimento e a aparição da espécie humana –, torna-se difícil consentir sobre a preeminência de uma sobre a outra quando se considera o homem em sociedade. De fato, memória e identidade se entrecruzam indissociáveis, se reforçam mutuamente desde o momento de sua emergência até sua inevitável dissolução. Não há busca identitária sem memória e, inversamente, a busca memorial é sempre acompanhada de um sentimento de identidade, pelo menos individualmente. Desse ponto de vista a expressão "memória identitária", utilizada por Janine Ponty a respeito da memória dos poloneses do norte da França[30] ou ainda por Anne-Marie Granet-Abisset em sua pesquisa sobre a memória dos queyrasins,[31] revela o quanto é difícil dissociar essas duas noções, sendo inútil tentar distingui-las sem um esforço prévio de depuração conceitual.

NOTAS

[1] Mireille Calle (org.), *Claude Simon. Chemins de la mémoire*, Sainte-Foy (Québec), Éd. Le Griffon d'Argile, 1993, p. xiv.

[2] Ovide, *Métamorphoses*, xv, 234.

[3] Gilles Deleuze, *Proust et les signes*, Paris, puf, 1964 e 1996, p. 27.

[4] Claude Simon, *La route de Flandres*, Paris, Minuit, 1960, p. 314.

[5] Paul Ricoeur, "Entre mémoire et histoire", *Projet*, n. 248, 1996-1997, p. 12.

19

Memória e identidade

[6] Saint Augustin, *Les Confessions*, x, xiv.

[7] Luis Buñuel, *Mon dernier soupir*, Paris, Robert Laffont, 1994, 336p.

[8] Jean-Yves Lacoste, *Note sur le temps. Essai sur les raisons de la mémoire et de l'espérance*, Paris, puf, 1990, p. 43.

[9] Anthony P. Cohen e Nigel Rapport (orgs.), *Questions of Consciousness*, Londres e New York, 1995, p. 8.

[10] Elizabeth Tonkin, *Narrating our pasts. The social construction of oral* history, Cambridge, Cambridge University Press, 1992, p. 97-112.

[11] Pierre Nora, *Les lieux de mémoire. Les France, 3: De l'archive à l'emblème*, Paris, Gallimard, 1992, p. 1.010.

[12] Durante um colóquio realizado em novembro de 1994 por ocasião do 30º aniversário do Inventário Geral, Pierre Nora observou que nos últimos trinta anos o patrimônio "veio unir na mesma constelação passional as palavras memória e identidade, das quais se tornou quase um sinônimo". P. Nora (org.), *Science et conscience du patrimoine*, Paris, Fayard & Éditions du Patrimoine, 1997, p. 12.

[13] Anne Muxel, *Individu et mémoire familiale*, Paris, Nathan, 1996, p. 207.

[14] Isac Chiva, em Marc Augé (org.), *Territoires de la mémoire*, Thonon-les-Bains, Éditions de l'Albaron, 1992, p. 14-16.

[15] Maurice Halbwachs, *Les cadres sociaux de la mémoire*, Paris, Albin Michel, 1925 e 1994, p. 89.

[16] P. Ricoeur, op. cit., p. 11 e 12.

[17] Gadi Algazi, "Violence, mémoire et pouvoir seigneurial à la fin du Moyen Age", *Actes de la recherche en sciences sociales*, n. 105, dez. 1994, p. 26-28.

[18] Ernest Renan, *Qu'est-ce qu'une nation?*, Paris, Presses Pocket, 1992, p.54.

[19] Philippe Joutard, em Lucien Aschieri, *Le passé recomposé. Mémoire d'une communauté provençale*, Marseille, Tacussel, 1985, p. 6.

[20] P. Joutard, "Le musée du desert. La minorité reformée", em P. Nora, *Les lieux de mémoire*. iii: *Les France*, 1: *Conflits et partages*, Paris, Gallimard, 1992, p. 546.

[21] Luiz Felipe Baêta Neves Flores, "Mémoires migrantes. Migration et idéologie de la mémoire sociale", *Ethnologie Française*, xxv, 1995, 1, p. 45.

[22] Edmund R. Leach, *L'unité de l'homme et autres essais*, Paris, Gallimard, 1980, p. 367.

[23] Ver Paul Antze e Michel Lambek (orgs.), *Tense past. Cultural essays in Trauma and Memory*, New York e Londres, Routledge, 1996, bibliografia, índex, 266p.

[24] Philippe Poutignat e Jocelyne Streiff-Fenart, *Théories de l'ethnicité* seguido de *Les groups ethniques et leurs frontières (Fredrik Barth)*, Paris, puf, 1995, p. 176.

[25] P. Nora, op. cit., p. 396.

[26] Jacques Le Goff, em P. Nora, op cit., p. 118.

[27] Régine Azria, *Réidentification communautaire du judaisme*, em Grace Davie, Danièle Hervieu-Léger, *Identités religieuses en Europe*, Paris, La Découverte, 1996, p. 262.

[28] F. Ringelheim, op. cit., p. 8.

[29] Anne Henry, *Proust romancier, le tombeau égyptien*, Paris, Flammarion, 1983, p. 43, apud Paul Ricoeur, *Temps et récits*, 2: *La configuration dans le récit de fiction*, Paris, Seuil, 1984, p. 251.

[30] Janine Ponty, *Les Polonais du Nord ou la mémoire des corons*, Paris, Éditions Autrement, 1995, p. 14 e 25.

[31] A.-M. Granet-Abisset, "Entre mémoire et histoire. Les migrations comme révélateurs d'une identité queyrassine", *Le Monde alpin et rhodanien*, 1-2, 1993, p. 21.

MEMÓRIA E IDENTIDADE: DO INDIVÍDUO ÀS RETÓRICAS HOLISTAS

CONCEITOS PRELIMINARES

As noções de "identidade" e "memória" são ambíguas, pois ambas estão subsumidas no termo *representações*, um *conceito* operatório no campo das Ciências Humanas e Sociais, referindo-se a um *estado* em relação à primeira e a uma *faculdade* em relação à segunda.

Consideremos em primeiro lugar a memória. Com exceção de alguns casos patológicos, todo indivíduo é dotado dessa faculdade que decorre de uma organização neurobiológica muito complexa. Isso não será detalhado aqui, pois, no campo da Antropologia da memória,[1] mais importante que memória enquanto uma faculdade humana é analisar as formas como a mesma se manifesta (variável de acordo com os indivíduos, grupos, sociedades).

No entanto, numa perspectiva antropológica, proponho a seguinte taxonomia das diferentes manifestações da memória:

1. Uma memória de baixo nível, que sugiro denominar protomemória. Esta, tal como "protopensamento", "não pode ser destacada da atividade em curso e de suas circunstâncias".[2] O antropólogo deve privilegiar essa modalidade de memória, pois é nela que enquadramos

Memória e identidade

aquilo que, no âmbito do indivíduo, constitui os saberes e as experiências mais resistentes e mais bem compartilhadas pelos membros de uma sociedade.[3] *Grosso modo*, podemos dispor sob esse termo a memória procedural – a memória repetitiva ou memória-hábito de Bergson,[4] a inteligência profunda que, de acordo com Marcel Jousse, permite ao cavaleiro lutar "sem se preocupar com sua montaria"[5] – ou ainda a memória social incorporada,[6] por vezes marcada ou gravada na carne,[7] bem como as múltiplas aprendizagens adquiridas na infância e mesmo durante a vida intrauterina: técnicas do corpo que são o resultado de uma maturação ao longo de várias gerações, memórias gestuais[8] que no sistema nervoso central são o resultado do fortalecimento ou enfraquecimento de conexões sinápticas, esquemas sensório-motor piagetianos, rotinas, estruturas e dobras cognitivas, cadeias operatórias inscritas na linguagem gestual e verbal – acontecendo em uma "penumbra"[9] diferente do automatismo, mas onde "o exercício do julgamento não é realizado"[10] –, transmissão social que "nos ancora em nossas práticas e códigos implícitos",[11] costumes introjetados no "espírito sem que neles se pense" ou sem que disso se duvide,[12] traços, marcas e condicionamentos constitutivos do *ethos*[13] e mesmo alguns aspectos que jamais são verbalizados.[14]

O *habitus* depende, em grande parte, da protomemória, e Bourdieu descreveu bem "essa experiência muda do mundo como indo além daquele que procura o sentido prático", as aprendizagens primárias que, do ponto de vista corporal, são como lembretes, as ligações verbo-ação que fazem funcionar corpo e linguagem como "depósito de pensamentos diferenciados" e tudo o que depende de disposições corporais, incorporadas de maneira permanente, "maneira durável de se portar, falar, caminhar, e, para além disso, sentir e pensar"; saber herdado "que não se separa jamais do corpo que o carrega"[15] e que por essa razão depende do que o autor chama de um "conhecimento pelo corpo".[16] Essa forma de conhecimento ou "senso prático" é o que nos permite agir quando necessário sem que se pergunte "como se deve fazer".[17] Nesse caso, observa Bourdieu, o passado não é representado, mas age pelo corpo ou, mais exatamente, "está presente agindo nas disposições que ele produziu".[18]

O *habitus* como experiência incorporada é uma presença do passado – ou no passado –, "e não a memória do passado".[19] A protomemória, de fato, é uma memória "imperceptível", que ocorre sem tomada de consciência.[20] Ela é essa forma de memória bem descrita por Anne Muxel que trabalha o corpo sem relaxar, esculpindo-o para fazer dele um corpo *mimesis* e que é "a alienação fundadora da identidade".[21]

2. A memória propriamente dita ou de alto nível, que é essencialmente uma memória de recordação ou reconhecimento: evocação deliberada ou invocação involuntária de lembranças autobiográficas ou pertencentes a uma memória enciclopédica (saberes, crenças, sensações, sentimentos etc.). A memória de alto nível, feita igualmente de esquecimento, pode beneficiar-se de extensões artificiais que derivam do fenômeno geral de expansão da memória.[22]

3. A metamemória, que é, por um lado, a representação que cada indivíduo faz de sua própria memória, o conhecimento que tem dela e, de outro, o que diz dela,[23] dimensões que remetem ao "modo de afiliação de um indivíduo a seu passado"[24] e igualmente, como observa Michael Lamek e Paul Antze, a construção explícita da identidade.[25] A metamemória é, portanto, uma memória reivindicada, ostensiva.

A protomemória e a memória de alto nível dependem diretamente da *faculdade* da memória. A metamemória é uma *representação* relativa a essa faculdade. De fato, os três termos podem ser igualmente *conceitos* científicos. Mas essa taxonomia é válida desde que o interesse sejam as memórias individuais. Nesse caso, essas diferentes noções são perfeitamente adequadas para dar conta de certa realidade vivida por toda pessoa consciente. Andamos de bicicleta sem cair ou saudamos uma pessoa que encontramos na rua adotando uma gestualidade incorporada, da qual nem nos damos conta:[26] devemos isso à protomemória. Em nossa vida cotidiana, mobilizamos regularmente

Memória e identidade

múltiplas lembranças, recentes ou antigas, e temos por vezes a sorte ou infelicidade de conhecer experiências proustianas, mesmo se nos sentimos impedidos de descrevê-las: temos aqui as duas formas de memória de alto nível. Enfim, cada um de nós tem uma ideia de sua própria memória e é capaz de discorrer sobre ela para destacar suas particularidades, seu interesse, sua profundidade ou suas lacunas: aqui se trata então da metamemória.

Entretanto, no momento em que passamos para o nível de grupos ou sociedades, o estatuto desses termos muda ou fica totalmente invalidado. Torna-se evidente que a noção de protomemória se torna inaplicável: nenhum grupo é capaz de ter uma memória procedural mesmo que ela possa ser comum, compartilhada pelos membros desse mesmo grupo. Nenhuma sociedade come, dança ou caminha de uma maneira que lhe é própria, pois apenas os indivíduos, membros de uma sociedade, adotam maneiras de comer, dançar ou caminhar que, ao se tornarem dominantes, majoritárias ou unânimes, serão consideradas como características da sociedade em questão. Por consequência, em nível de grupos, apenas a eventual posse de uma memória evocativa ou da metamemória pode ser pretendida. É essa eventualidade que aparece subjacente na expressão "memória coletiva". Porém, é impossível admitir que essa expressão designe uma *faculdade*, pois a única faculdade de memória realmente atestada é a memória individual; assim, um grupo não recorda de acordo com uma modalidade culturalmente determinada e socialmente organizada, apenas uma proporção maior ou menor de membros desse grupo é capaz disso.[27] De fato, em sua acepção corrente, a expressão "memória coletiva" é uma *representação*, uma forma de metamemória, quer dizer, um enunciado que membros de um grupo vão produzir a respeito de uma memória supostamente comum a todos os membros desse grupo. Essa metamemória não tem o mesmo estatuto que a metamemória aplicada à memória individual: nesse caso é um enunciado relativo a uma *denominação* – "memória" – vinculada ao que designa – uma faculdade atestada – "como a etiqueta em relação à garrafa",[28] enquanto no que se refere ao coletivo é um enunciado relativo a uma *descrição* de um compartilhamento hipotético de lembranças. Podemos encontrar na imprensa[29] ou ainda na literatura de valorização do patrimônio inúmeros exemplos desses enunciados evocando a "memória coletiva" de uma aldeia ou cidade, de uma região, de uma província etc., enunciados que geralmente acompanham a valorização de uma identidade local.

Qual pode ser a realidade desse compartilhamento de lembranças ou representações do passado? Essa é a pergunta que devem fazer os historiadores, os sociólogos ou os antropólogos quando empregam a expressão "memória coletiva", o que nos leva a interrogar a pertinência dessa expressão utilizada então como *conceito.*

No caso da identidade, a tentativa de depuração conceitual é mais difícil. No que se refere ao indivíduo, identidade pode ser um *estado* – resultante, por exemplo, de uma instância administrativa: meu documento de identidade estabelece minha altura, minha idade, meu endereço etc. –, uma *representação* – eu tenho uma ideia de quem sou – e um *conceito,* o de identidade individual, muito utilizado nas Ciências Humanas e Sociais.

Aplicada a um grupo, a complexidade aumenta. Passemos ao fato de que, nesse caso, o termo "identidade" é impróprio[30] porque ele nunca pode designar com rigor uma "recorrência": em um momento preciso de uma observação um indivíduo é idêntico a ele mesmo, mas duas pessoas – mesmo que se trate de gêmeos – jamais são idênticas entre elas.[31] O termo é então utilizado em um sentido menos restrito, próximo ao de semelhança[32] ou de similitude que satisfaz sempre uma inclinação natural do espírito. Se admitirmos esse uso pouco rigoroso, metafórico,[33] a identidade (cultural ou coletiva) é certamente uma *representação.* Exemplos não faltam para mostrar que, de maneira constantemente renovada, os indivíduos percebem-se – imaginam-se, como diria Benedict Anderson[34] – membros de um grupo e produzem diversas representações quanto à origem, história e natureza desse

Memória e identidade

grupo: no domínio da ação política pensamos evidentemente nas teses racistas, nos projetos regionalistas ou étnicos e, de maneira mais geral, em todo discurso de legitimação de desejos nacionalistas; no domínio da ação cultural, podemos nos referir aos discursos veiculados por coletividades territoriais, Estados, museus e mesmo instituições de pesquisa sobre as práticas patrimoniais. O objeto patrimonial que é preciso conservar, restaurar ou "valorizar" é sempre descrito como um marco, dentre outros, da identidade representada de um grupo: os bretões, os franceses, os nuers, "nossos ancestrais" etc.

Mas pode a identidade coletiva ser um *estado?* Abordamos aqui uma questão que é objeto de uma abundante literatura e cuja discussão ultrapassa o marco desta obra. Darei conta unicamente do que falei mais anteriormente sobre protomemória: é provável que os membros de uma mesma sociedade compartilhem as mesmas maneiras de estar no mundo (gestualidade, maneiras de dizer, maneiras de fazer etc.), adquiridas quando de sua socialização primeira, maneiras de estar no mundo que contribuem a defini-los e que memorizaram sem ter consciência, o que é o princípio mesmo de sua eficácia. Desse ponto de vista, seria preciso atribuir nuances às concepções situacionais de identidade sem, no entanto, rejeitá-las, afirmando que pode existir um núcleo memorial, um fundo ou um substrato cultural, ou ainda o que Ernest Gellner chama de "capital cognitivo fixo",[35] compartilhado por uma maioria dos membros de um grupo e que confere a este uma identidade dotada de uma certa essência.

Essa afirmação, à qual numerosos trabalhos etnográficos conferem algum peso, permanece, entretanto, exposta à crítica por pelo menos duas razões. De um lado, parece-nos abusivo utilizar as expressões "identidade cultural" ou "identidade coletiva" para designar um suposto estado de um grupo inteiro quando apenas uma maioria dos membros desse grupo compartilha o estado considerado: de fato, mesmo que nos limitássemos a um estado exclusivamente "protomemorial", descarto a possibilidade de que *todos* os membros do grupo compartilhem esse estado. Por outro lado, é reducionista definir a identidade de um grupo a partir unicamente da protomemória, pois as estratégias identitárias de membros de uma sociedade consistem em jogos muito mais sutis que o simples fato de expor passivamente hábitos incorporados. Evidenciar essa sutileza constitui, aliás, o aporte principal das teses situacionais, desenvolvidas em oposição ao primordialismo. Essas teses são muito convincentes, uma vez que sustentam que as identidades não se constroem a partir de um conjunto estável e objetivamente definível de "traços culturais" – vinculações primordiais –, mas são produzidas e se modificam no quadro das relações, reações e interações sociossituacionais – situações, contexto, circunstâncias –, de onde emergem os sentimentos de pertencimento, de "visões de mundo" identitárias ou étnicas. Essa emergência é a consequência de processos dinâmicos de inclusão e exclusão de diferentes atores que colocam em ação estratégias de designação e de atribuição de características identitárias reais[36] ou fictícias, recursos simbólicos mobilizados em detrimento de outros provisória ou definitivamente descartados.[37]

Esses destaques das "dimensões" e das "significações da identidade"[38] são geradores de diferenças ou, mais exatamente, de "fronteiras sociais"[39] escorregadias a partir das quais os atores estimam que as coisas e as pessoas – "nós" *versus* "os outros" – são diferentes. Essas variações situacionais da identidade impedem de reificá-la, de reduzi-la a uma essência ou substância.

Entretanto, a crítica de sua completa dessubstanciação[40] dispõe de argumentos fortes tais como os que sugeri propondo a noção de protomemória. De novo, tal como para a noção de memória coletiva, coloca-se a questão da pertinência dos *conceitos* de identidade quando aplicados a grupos, quer dizer, a pertinência de expressões tais como "identidade cultural" ou "identidade coletiva".

Em resumo, nos dois casos, tanto para memória quanto para identidade, somos levados a questionar sobre o grau de pertinência do que chamo de *retóricas holistas* e convém, portanto, defini-las preliminarmente.

27

AS RETÓRICAS HOLISTAS

A retórica é uma técnica de persuasão "para o melhor ou para o pior".[41] Por consequência, parece sábio e desejável evitar o risco do pior, eximindo-se de todo recurso a fórmulas retóricas. Por outro lado, considerando que a Antropologia apresenta uma pretensão à cientificidade, poder-se-ia considerar que *a priori* uma retórica jamais seria pertinente, pois o ideal científico é o da "erradicação da retórica", num discurso no qual subsistiriam apenas "fatos, cifras, leis". Entretanto, a história mostra, por um lado, que "por vezes se faz a boa ciência de uma maneira errada" e, de outro, que existe "transcendentais retóricos", verdadeiros índices do saber "que não são a indumentária do pensamento, mas sua condição mesma". O desafio é, portanto, distinguir entre as retóricas heuristicamente necessárias e aquelas que são "concessões à facilidade".[42]

Reafirmo que um dos objetivos fundamentais da Antropologia é o da compreensão da passagem do individual ao coletivo. Nesse sentido, as Ciências Humanas e Sociais raramente deram prova de grande rigor. Elas sofreram – e continuam a sofrer terrivelmente – de sua propensão "em transformar um singular ou um particular em um geral". Assim, *esse* nuer ou *esses* nuers com quem o antropólogo conversou um dia se transformam, pela magia da escrita etnográfica, em *os* nuers.[43] Poderíamos multiplicar os exemplos[44] dessa hipostasia do coletivo, observando que são formas de generalização que não diferem fundamentalmente daquelas que consistem em intuir sobre a existência de uma memória coletiva ou de uma identidade cultural no interior de um grupo, a partir da observação sempre singular de alguns indivíduos,[45] membros desse grupo. Ora, se as memórias individuais são dados (não se pode, por exemplo, registrar por escrito ou por suporte magnético a maneira pela qual um indivíduo tenta verbalizar sua memória), a noção de memória compartilhada é uma inferência expressa por metáforas (memória coletiva, comum, social, familiar, histórica, públi-

Memória e identidade

ca), que na melhor das hipóteses darão conta de certos aspectos da realidade social e cultural ou, na pior delas, serão simples *flatus vocis* sem nenhum fundamento empírico. Essas generalizações parecem, no entanto, inevitáveis se não se quer impedir a possibilidade de qualquer teoria antropológica. É preciso admitir que essas retóricas possuem um estatuto científico extremamente frágil e, ao mesmo tempo, postular que são heuristicamente necessárias porque podem nos dizer "alguma coisa" da realidade. Mas o que é esta "coisa" a qual pretendem nos remeter as retóricas holistas?

Entendo por "retóricas holistas"[46] o emprego de termos, expressões, figuras que visam designar conjuntos supostamente estáveis, duráveis e homogêneos, conjuntos que são conceituados como *outra coisa* que a simples soma das partes e tidos como agregadores de elementos considerados, por natureza ou convenção, como isomorfos. Designamos assim um reagrupamento de indivíduos (a comunidade, a sociedade,[47] o povo), bem como representações, crenças, recordações (ideologia X ou Y, a religião popular,[48] a consciência[49] ou a memória coletiva) ou ainda elementos reais ou imaginários (identidade étnica, identidade cultural). Essas retóricas holistas fazem parte da herança de nossas disciplinas (Sociologia, Antropologia Social e Cultural) que, no quadro de problemáticas integrativas[50] e de esquemas de pertencimento, constituíram uma boa parte de seus vocabulários na era industrial, quer dizer, na era das massas representadas (pensadas) como entidades coletivas. Em geral, tratamos essas noções simbolicamente,[51] como termos que remetem mais ou menos a uma realidade, mas sem ter uma ideia precisa do que isso implica. Em outro lugar tentarei um inventário e um estudo de toda a terminologia holista produzida nesse momento histórico singular que certamente favoreceu a emergência de conceitos "superinterpretativos"[52] ou subinterpretativos de acordo com o ponto de vista que se adote: classe operária, opinião pública, corpo social etc. Essa época favoreceu a emergência de noções que envolvem a "ficção" de um ou vários sujeitos coletivos.[53] De fato, o termo

29

Memória e identidade

"ficção" é, sem dúvida, excessivo, salvo nos casos caricaturais em que se afirmará que *os* nuers, *os* italianos, *os* gregos,[54] *os* judeus, *os* bretões ou *os* parisienses pensam isso ou acreditam naquilo.[55] Sem dúvida, é melhor tomar de Ricoeur a noção de "configuração narrativa", pois as retóricas holistas não são necessariamente inverossímeis no sentido de que podem remeter a fenômenos que são (pelo menos aproximadamente) o que elas pressupõem. É, efetivamente, uma possibilidade com a noção de memória coletiva ou identidade cultural.

No discurso antropológico e sociológico, as retóricas holistas alimentam as configurações narrativas mais ou menos aptas a dar conta de certa realidade. A adequação de uma configuração narrativa a essa realidade depende precisamente do grau de pertinência da retórica holista. A questão da pertinência da retórica holista é, portanto, no meu entendimento, uma questão essencial se pretendemos conferir "implicações ontológicas" aos trabalhos antropológicos que, segundo Sperber, são marcadamente desprovidos disso, sendo o vocabulário técnico da disciplina puramente interpretativo.[56]

Na seção seguinte estabelecerei os termos com os quais podemos abordar essa questão. Em uma primeira parte delimitarei o quadro teórico. Na segunda parte darei um exemplo de avaliação do engajamento ontológico – de acordo com uma fórmula de Russell – de retóricas holistas, a partir de dados etnográficos relativos à noção de memória coletiva. No entanto, o exemplo apresentado poderá facilmente ser extrapolado para discutir as noções de identidade coletiva e memória, que, tal como havia apresentado anteriormente, é a identidade em ação.

O GRAU DE PERTINÊNCIA DAS RETÓRICAS HOLISTAS APLICADAS À MEMÓRIA E À IDENTIDADE

Em nosso século climatérico, os homens mostraram, com inegável zelo, que poderiam morrer em nome das retóricas holistas: em 1974,

Greeley estimou que os conflitos étnicos tinham provocado a morte de algo em torno de 20 milhões de pessoas desde a Segunda Guerra Mundial.[57] Podemos estar seguros de que, desde 1974, essa cifra aumentou consideravelmente. A identidade (cultural, coletiva) que serviu de substrato para todos os grandes *slogans* totalitários do século é certamente uma "ideia de morte".[58] Isso significa que certas retóricas holistas podem ter uma grande pertinência para um grande número de indivíduos. Mas o que dizer de sua pertinência científica?

Se admitirmos que os seres humanos não são "indivíduos" atomizados, "criando suas identidades e perseguindo seus objetivos independentemente uns dos outros",[59] reconhecemos ao mesmo tempo que a sociedade existe. É necessário então supor que os sujeitos são capazes de se comunicar entre eles[60] e acessar, assim, um "compartilhamento mínimo do trabalho de produção de significações",[61] seja um compartilhamento de conhecimentos, de saber, de representações, de crenças cuja descrição e explicitação irão justificar o recurso às retóricas holistas.

Não discutirei a realidade da comunicação – ela é incontestável –, mas unicamente a natureza: 1) dessa comunicação e 2) de seu resultado, quer dizer, o compartilhamento efetivo daquilo que foi comunicado. Idealmente, a metáfora "memória coletiva" aplicada a um determinado grupo seria totalmente pertinente se todos os membros do grupo fossem capazes de compartilhar integralmente um número determinado de representações relativas ao passado que lhes teriam sido previamente comunicadas de acordo com as modalidades variáveis, mas socialmente determinadas e culturalmente regradas. Assim, é frequente definir a memória social como o "conjunto de lembranças reconhecidas por um determinado grupo"[62] ou a memória coletiva como um "conjunto de lembranças comuns a um grupo".[63] Poderíamos então falar de memória pública ou de "comunidade de pensamento",[64] ou, ainda, de acordo com a fórmula prudente de Tzvetan Todorov, de *certa* memória comum.[65] Entretanto, é difícil aceitar essa ideia, pois de

Memória e identidade

um lado ela é empiricamente impossível e de outro é insustentável sob o ponto de vista teórico, já que encobre uma tripla confusão: a primeira, entre as lembranças manifestadas (objetivadas) e as lembranças tais como são memorizadas; a segunda, entre a metamemória e a memória coletiva; e a última, entre o ato de memória e o conteúdo desse ato.

Desenvolverei meus argumentos a partir de dados etnográficos recolhidos em Minot (Châtillonnais, Bourgogne) por Françoise Zonabend, concernente mais especificamente à relação entre os habitantes dessa aldeia e o cemitério:

> As mulheres o visitam no domingo ou em algumas noites de verão. "No domingo se diz: Vamos dar uma volta no cemitério, vamos olhar as tumbas. Vamos com as vizinhas, *mas apenas aquelas que possuem familiares enterrados ali*; ser da aldeia não é apenas residir ali, mas ter suas tumbas no cemitério. Passando de tumba em tumba, os anciãos leem as inscrições e recordam a vida dos defuntos e é por ocasião desses passeios que se forja a *memória da comunidade*, que se transmite a *todos* a história das famílias da aldeia.[66]

Temos aí um bom exemplo de retórica holista. Após ter citado alguns informantes (cujo número ignoramos), Françoise Zonabend afirma que, por ocasião dos passeios que as mulheres de Minot fazem no cemitério, a história das famílias "se transmite a todos", produzindo e mantendo assim a "memória da comunidade". O que se pode pensar dessa inferência? À primeira vista, a generalização da etnóloga é plausível, pois é provável que a visitação regular das tumbas do cemitério favoreça uma familiaridade com os desaparecidos, permitindo, assim, aos habitantes de Minot – ao menos a uma grande parte deles –, aqueles que "possuem familiares ali", construir e manter, por ocasião dos repetidos passeios dominicais, uma memória coletiva que poderia ter o seguinte conteúdo: *Fulano morreu em tal ano, tal linhagem foi extinta, os descendentes dessa família deixaram a região, a defunta X era amante do defunto Y* etc. No entanto, se olharmos mais de perto, essa generalização parece discutível.

Memória e identidade

É discutível e mesmo empiricamente impossível, porque um fato público supõe seu conhecimento comum por várias pessoas. Ora, rigorosamente falando, "o conhecimento comum de um fato por várias pessoas é o conhecimento que possuem essas pessoas desse fato, do conhecimento que os outros possuem dele, do conhecimento que os outros têm de seu próprio conhecimento desse fato etc.".[67]

É suficiente aprofundar um pouco mais essa lógica para que percebamos que se chega a um nível de conhecimento compartilhado que é inacessível. Em sentido estrito, um fato nunca é totalmente público. Contudo, do ponto de vista da Antropologia, que não é uma ciência dura ou exata, mas uma ciência "flexível"[68] exercendo sem complexos o princípio epistemológico da reciprocidade,[69] esse argumento é fraco, pois o pesquisador pode ver realizada essa reciprocidade apenas para um primeiro nível do conhecimento do fato.

Um argumento mais forte é o da confusão entre a evocação (as lembranças manifestadas quando são, por exemplo, verbalizadas ou transcritas) e as lembranças propriamente ditas. As lembranças manifestadas não se confundem com as lembranças tais como são conservadas (e cujo conteúdo resta incerto, inclusive para os primeiros interessados) e são apenas a expressão parcial entre outras tantas possíveis. Observando as variações da lembrança por ocasião de uma pesquisa sobre a memória da revolta de 1947 em Madagascar,[70] Maurice Bloch – que retomava assim uma intuição de Russel –,[71] chegou à conclusão de que não se poderia, em nenhum caso, "confundir a narrativa de um acontecimento com a lembrança que guardam dele os participantes". A parte da lembrança que é verbalizada (a evocação) não é a totalidade da lembrança. A descoberta da multiplicidade de lembranças possíveis de um mesmo acontecimento, estimuladas por contextos que mudam, tem um escopo antropológico considerável: ela mostra que "a presença do passado no presente é bem mais complexa, bem menos explícita, mas talvez bem mais forte que a existência de narrativas explícitas nos poderia fazer crer".[72] O que não é expresso nas

33

Memória e identidade

lembranças manifestadas, acrescenta Bloch, "tem significação social, pois se trata de um ativo colocado em reserva para futuras representações sociais".[73] É importante, portanto, distinguir entre competência e performance da memória. Nesse sentido, toda tentativa de descrever a memória comum a todos os membros de um grupo a partir de suas lembranças, em um dado momento de suas vidas, é reducionista, pois ela deixa na sombra aquilo que não é compartilhado.

Da confusão entre metamemória e memória coletiva pode resultar igualmente a ilusão de uma memória compartilhada. É comum insistir sobre a necessidade de distinguir a proposição como fato e a proposição propriamente dita, somente esta última podendo ser julgada verdadeira ou falsa de acordo com a representação que fornece da realidade. Enquanto a proposição propriamente dita "é o que é expresso por um enunciado, um pensamento ou uma escrita", a proposição como fato "é *o fato*, que isso seja dito, escrito ou pensado".[74] Ora, confundimos muitas vezes o fato de dizer, escrever ou pensar que existe uma memória coletiva – fato que é facilmente atestado – com a ideia de que o que é dito, pensado ou escrito dá conta da existência de uma memória coletiva. Logo, confundimos o discurso metamemorial com aquilo que supomos que ele descreve. Quando vários informantes afirmam recordar como eles acreditam que os outros recordam, a única coisa atestada é a metamemória coletiva, ou seja, eles acreditam se recordar da mesma maneira que os outros se recordam. Certamente, a proposição como fato deve despertar a atenção do antropólogo: de um lado, a existência de um discurso metamemorial é um indicador precioso, revelador de uma relação particular que os membros de um grupo considerado mantêm com a representação que eles fazem da memória desse grupo, e, de outro lado, esse discurso pode ter efeitos performativos sobre essa memória, pois, retomado por outros membros, esse discurso pode reuni-los em um sentimento de que a memória coletiva existe e, por esse mesmo movimento, conferir um fundamento realista a esse sentimento.[75] Ocorre aí uma espécie de "ratificação de um registro"[76] do trabalho de construção de uma realidade memorial. Contudo, cabe ao pesquisado não se enganar de nível de análise, identificando essa metamemória com a memória coletiva. Por isso, num primeiro momento, deve-se fazer a distinção entre o dizer que há uma memória coletiva e realmente acreditar que ela exista, ou seja, ela existe no plano discursivo, mas não no concreto. A realidade dessa memória, por outro lado, parece poder ser deduzida da existência de atos de memória coletiva, existência facilmente verificável com a ajuda de dados empíricos: comemorações, construções de museus, mitos, narrativas, passeios dominicais em um cemitério etc. Ora, a existência de atos de memória coletiva não é suficiente para atestar a realidade de uma memória coletiva. Um grupo pode ter os mesmos marcos memoriais sem que por isso compartilhe as mesmas representações do passado. Por outro lado, é uma característica geral do simbolismo cultural "se criar uma comunidade de interesses, mas não de opiniões".[77] Se a probabilidade do compartilhamento total ou parcial dos *atos* de memória (o *fato* de se lembrar) é em geral elevada – esse compartilhamento é empiricamente verificável: por exemplo, desde um decreto de 3 de fevereiro de 1993, existe na França uma jornada nacional comemorativa das perseguições racistas e antissemitas cometidas durante o regime de Vichy, que a cada ano dá lugar a várias manifestações oficiais e coletivas –, ele se diferencia das *representações* associadas a esses atos, quer dizer, *o que é lembrado*: nesse caso, a possibilidade de compartilhamento total é nula, a de compartilhamento parcial é fraca ou média. Mesmo que as lembranças se nutram da mesma fonte, a singularidade de cada cérebro humano faz com que eles não sigam necessariamente o mesmo caminho. Os atos de memória decididos coletivamente podem delimitar uma área de circulação de lembranças, sem que por isso seja determinada a via que cada um vai seguir. Algumas vias são objeto de uma adesão majoritária, mas memórias dissidentes preferirão caminhos transversais ou seguirão outros mal traçados. Assim, o compartilhamento memorial será fraco ou quase inexistente.

Memória e identidade

Enfim, mesmo que exista em uma determinada sociedade um conjunto de lembranças compartilhadas pelos seus membros, as sequências individuais de evocação dessas lembranças serão possivelmente diferentes, levando em consideração as escolhas que cada cérebro pode fazer no grande número de combinações da totalidade de sequências. Quando se refere à "multiplicidade de séries causais"[78] na origem de um ato de memória, Halbwachs se equivocou em não distinguir a ação inicial da lembrança (a recordação de tal ou tal acontecimento a partir de índices efetivamente fornecidos pela sociedade) e o desenvolvimento da amnésia, sempre idiossincrática, tanto pelo conteúdo como pela maneira pela qual esse conteúdo é integrado no conjunto de outras representações do indivíduo.

Chegamos aqui a um argumento decisivo que é a incomunicabilidade dos estados mentais, o que pode ser um problema antropológico. É quase certo, observa Leach, "que dois observadores não compartilhem jamais a mesma experiência".[79] "Nada indica que duas pessoas produzam a mesma interpretação do mesmo acontecimento", observa Fredrik Barth,[80] retomando assim o neurobiologista Gerard M. Edelman, que lembra que a experiência fenomenológica "é uma questão que se refere à primeira pessoa" e que, por essa razão, não pode ser compartilhada com os outros.[81] Essa ideia é sustentada repetidamente por Russell: "o conteúdo total de um espírito jamais é, por mais que possamos conhecê-lo empiricamente, exatamente parecido com o conteúdo desse espírito em outro momento, ou de outro espírito não importa em qual momento".[82] Ele acrescenta ainda que "não há absolutamente nada que seja visto por dois espíritos simultaneamente".[83] Nessas condições, o grau de pertinência das retóricas holistas (em geral) deve ser fortemente reduzido, e o da expressão "memória pública", pouco usada, se torna nulo.

Resumindo: mesmo que suponhamos que as representações relativas a esses atos de memória são corretamente comunicadas e transmitidas, nada nos permite afirmar que são compartilhadas. Retomo aqui os trabalhos de Sperber sobre a epidemiologia das representações, que têm por objeto não as representações por si próprias, mas seus processos de distribuição: "Explicar a cultura é explicar [...] por que e como certas ideias se contagiam."[84] Sperber distingue os processos intraindividuais e os processos interindividuais do pensamento e da memória, ou seja, entre as representações mentais e as representações públicas. Ele coloca entre as primeiras as crenças, as intenções, as preferências, e entre as segundas os sinais, os enunciados, os textos, as imagens. Quando uma representação mental é comunicada de um indivíduo a outro – a maior parte permanece própria a um indivíduo – ela se transforma em representação pública. Se esta tem um aspecto material evidente,[85] a descrição desse aspecto material "deixa na obscuridade o essencial, o fato de que esses traços materiais são interpretáveis, são capazes de representar algo para alguém".[86] A representação pública, memorizada, é, portanto, transformada em representação mental pelos destinatários, representação esta que, como todo estado mental, é *a priori* inacessível. Por consequência, se as representações públicas distribuídas são sempre transformadas em representações mentais inacessíveis, o grau de pertinência das retóricas holistas como suposta descrição do compartilhamento de representações será sempre impossível de ser avaliado.

Aplico aqui esse primeiro resultado aos dados etnográficos recolhidos em Minot. Mesmo que os dados factuais que mencionamos sejam efetivamente transmitidos *a todos* e mesmo que suponhamos possível definir essa totalidade (são as condições mínimas para poder falar de "memória da comunidade"), a recordação que cada habitante da aldeia terá de *Fulano*, de uma linhagem desaparecida, dos descendentes da família que deixaram a região ou as relações amorosas entre os defuntos X e Y diferirá em proporções menores ou maiores da memória de outro habitante em função de sua história pessoal, daquela de sua família, das características de sua própria memória biológica etc. Se a lembrança desses acontecimentos (memória factual) pode ser

Memória e identidade

compartilhada, suas representações (a memória semântica relativa a esses acontecimentos) permanece idiossincrática.[87] Nessas condições, o que pode significar a expressão "memória da comunidade"? Qual é o seu grau de pertinência?

Tal como afirma Sperber, uma representação pública pode permanecer relativamente estável em alguns casos limite. De fato, uma pequena proporção das representações comunicadas "o são de maneira repetida". Sperber retoma aqui uma tese de Finley, para quem "a memória coletiva, afinal, não é outra coisa que a transmissão, a um grande número de indivíduos, das lembranças de um único homem ou de alguns homens, repetidas vezes".[88] Essas representações repetidas, por exemplo, por ocasião de um passeio semanal ao cemitério, difundem-se em uma população de maneira muitas vezes durável e passam a "constituir por excelência as representações culturais".[89] Uma representação cultural "compreende um conjunto de representações mentais e públicas. Cada versão mental é o produto da interpretação de uma representação pública que é ela própria a expressão de uma representação mental". O antropólogo pode

> dar-se como objeto de estudo esses encadeamentos causais compostos de representações mentais e de representações públicas e procurar explicar conjuntamente como os estados mentais dos organismos humanos os levam a modificar seu entorno, em particular emitindo sinais, e como essas modificações de seu entorno os levam a modificar seus estados mentais.[90]

Por certo, esses últimos permanecem *a priori* inacessíveis, e por essa razão Sperber não crê que seja possível propor uma grande teoria unificada de distribuição das representações tais como, por exemplo, as classificações populares, os mitos, as formas artísticas, os rituais etc., e eu acrescentaria as lembranças. Mas, ele conclui, "é uma prática científica comum a de completar as observações com as hipóteses sobre as entidades que não foram observadas, ou que são inobserváveis".[91] Permito-me, então, a seguinte hipótese provisória, em nada popperia-

Memória e identidade

na: sob certas condições sociais, qualificadas por Sperber de "fatores ecológicos" e que vão interagir com os fatores psicológicos,[92] certos estados mentais podem ser compartilhados pelos membros de um grupo.[93] Nesse caso, as retóricas holistas, tais como a "memória coletiva" ou "identidade cultural", terão certo grau de pertinência.

A distinção estabelecida por Sperber entre representações mentais e representações públicas apresenta um grande interesse teórico, mas a natureza e a extensão do compartilhamento de representações públicas continuam imprecisas, tanto mais quando se admite que a repetição nunca impediu a variação. É provável que não dissipemos totalmente essa imprecisão, mas podemos progredir, creio eu, fazendo outra distinção, que é a que proponho entre as *representações factuais*, que são representações relativas à existência de certos fatos, e as *representações semânticas*, que são as representações relativas ao sentido atribuído a esses mesmos fatos.[94] Quando uma retórica holista remete a *representações factuais* supostamente compartilhadas por um grupo de indivíduos, há uma forte probabilidade de que seu grau de pertinência seja elevado. Quando uma representação holista remete a *representações semânticas* supostamente compartilhadas por um grupo de indivíduos (por exemplo, as representações relativas aos dados factuais), há uma forte probabilidade para que seu grau de pertinência seja fraco ou nulo. Em Antropologia, esse último caso é o mais interessante, porque ele permite formular hipóteses menos triviais que aquelas alusivas apenas à suposta comunidade de representações factuais. De fato, levantar a hipótese de que todos os franceses compartilham a memória de fatos históricos, como, por exemplo, a Ocupação ou a morte de Charles de Gaulle, não é correr grandes riscos. Admitamos que todos os franceses (digamos "quase todos")[95] sabem que a França esteve ocupada durante a Segunda Guerra Mundial ou que De Gaulle morreu (mesmo que uma grande parte tenha provavelmente esquecido a data precisa de sua morte). Podemos dizer, portanto, que há uma forma de memória coletiva desses fatos históricos. Sob esse ângulo, evocar "a memória

Memória e identidade

dos franceses"[96] terá um forte grau de pertinência, mas aquele que a utiliza triunfará sem glória, pois terá arriscado pouco! Ao contrário, se nos interessamos pelos significados que os franceses conferem a esses acontecimentos, verificamos que o compartilhamento destes por *todos* os franceses se torna muito problemático. É a esse tipo de problema que devemos investir nossos esforços de pesquisa. Quando afirmo que, no caso das representações semânticas, há uma forte probabilidade de que o grau de pertinência seja fraco ou mesmo nulo, a noção de probabilidade indica bem que não há nenhum automatismo que faria com que todas as retóricas holistas aplicadas a essas representações fossem pertinentes. É provável, mas não é seguro. Então, que hipóteses poderíamos formular para tentar responder à seguinte questão: como avaliar o grau de pertinência das retóricas holistas aplicadas 1) às representações factuais e 2) às representações semânticas?

Argumentarei a partir de uma distinção que faz Vincent Descombes no preâmbulo de sua tese sobre o "holismo antropológico".[97] Descombes opõe os termos (acontecimentos) naturais aos termos (acontecimentos) intencionais, oposição que intercepta, em parte, aquela que faz Sperber entre a descrição e a interpretação. Os termos naturais são constatações (*"Chove"*), ao passo que os termos intencionais são discursos sobre supostas constatações: *"Diz-se que chove"*. Quando o acontecimento (do fenômeno) não é dito "ser dito", o compartilhamento acontece quase por si só. Se eu cair da escada ao sair da universidade, todos os que testemunharam essa queda (estudantes, colegas, transeuntes) compartilharão comigo, sem dúvida, da ideia – ou seja, uma forma de representação factual – de que eu caí. Eu seria simplesmente um pouco mais "sensível" que eles a esse acontecimento. A nenhum espectador ocorreria dizer: *"Ele disse que caiu"*. Por outro lado, isso seria possível para uma pessoa a quem se contasse esse incidente, mas que não tivesse assistido à cena: não tendo ela mesma constatado o incidente, deveria imaginar a queda em questão.

Com essa ideia da constatação dispomos de um primeiro critério, o que permite avaliar a pertinência de uma retórica holista. Quando

Memória e identidade

esta pressupõe o compartilhamento por todos os membros de um grupo da crença em fenômenos derivados da constatação, podemos supor que seu grau de pertinência é elevado.

Contudo, o estatuto da constatação não é evidente, pois depende estreitamente da significação acordada por cada indivíduo às palavras utilizadas para estabelecer a constatação[98], e é com frequência relativo a um sistema de valores, crenças e teorias diversas.[99] Isso tem por consequência que, se de um ponto de vista puramente teórico podemos definir com rigor os acontecimentos naturais ou intencionais, na prática se passa muito facilmente de uns para outros. Suponhamos a seguinte constatação feita por um médico ateu ao observar um corpo sem vida, em presença de outro testemunho: "*Esse indivíduo está morto*". É, *a priori*, um enunciado "natural" relativo a um indivíduo falecido, mas para o testemunho, que imaginamos crente na vida eterna, essa constatação pode ser: "*O médico diz que esse indivíduo está morto*" (enunciado intencional que exprime a representação de um dado factual). O que caracteriza a passagem do primeiro ao segundo enunciado e que os distingue radicalmente um do outro é a irrupção da dúvida ou, mais exatamente, a aparição das condições que tornam possível essa dúvida:[100] *porque o testemunho é crente, ele não acredita (ele duvida) que a pessoa esteja realmente morta, como afirma o médico que acaba de constatar seu falecimento*. Tomemos outro exemplo: o acontecimento "*O sol se eleva*", considerado como um acontecimento natural por muitos, será qualificado por um astrônomo como acontecimento intencional ("*Eles dizem que o sol se eleva*"), pois ele sabe muito bem que o sol não "*se eleva*". Como dispõe de um saber, o astrônomo pode colocar em dúvida (e mesmo refutar) outro saber compartilhado por um grupo de indivíduos e, por essa razão, introduzir o ceticismo no espírito de uma parte dos membros desse grupo.

A irrupção da possibilidade da dúvida no grupo fragilizará ou mesmo arruinará uma retórica holista do tipo: "*Os camponeses consideram que o sol se eleva*". Tomo um último exemplo: o de qualquer seita

41

Memória e identidade

crente na proximidade do fim do mundo. É possível que a nenhum membro dessa seita ocorra de colocar em dúvida essa crença. "O iminente fim do mundo" será então considerado como um acontecimento natural no interior do grupo em questão. Entretanto, ocorrerá algo muito diferente desde que submetido ao olhar de outro. Encontramos, então, os limites das retóricas holistas fundadas sobre a hipótese da existência de acontecimentos "naturalizados" (isto é, que não são postos em dúvida) por todos os membros de um grupo, pois, como sabemos, não existe um grupo fechado.[101] Em todo grupo, os enunciados são sempre submetidos em um momento ou outro a um julgamento exterior e correm, assim, o risco de ver germinar a dúvida (desencantamento, "desnaturalização" dos acontecimentos), dúvida que pode ser introduzida em um primeiro momento pelos indivíduos estrangeiros ao grupo considerado e difundida eventualmente pelos membros do grupo que foram convencidos por esses indivíduos. Isso justifica os esforços feitos pelas seitas para se proteger de toda influência exterior: em uma seita que conseguisse impedir toda irrupção da dúvida graças ao isolamento total de seus membros, o grau de pertinências das retóricas holistas utilizado para descrevê-la seria muito elevado. Ao contrário, quando a possibilidade da dúvida existe, a utilização das retóricas holistas se torna arriscada. Com a noção de "colocar em dúvida" dispõe-se, por consequência, de um segundo critério, permitindo estabelecer as condições de pertinência de uma retórica holista.

Colocar em dúvida é quando em um determinado grupo um membro qualquer pode dizer, a respeito das crenças ou representações aparentemente compartilhadas: *"Diz-se que..."* ou *"É dito que...",* tomando assim distância em relação a essas crenças ou representações.[102] Logo, cada vez que é dito "ser dito" (mesmo por uma única pessoa no interior de um determinado grupo), a unanimidade é impossível, o pressuposto do compartilhamento (de ideias, crenças e lembranças) que veicula as retóricas holistas se torna problemático, o que não significa que esse pressuposto seja totalmente equivocado.

42

Em diversas sociedades, *algumas* pessoas compartilham incontestavelmente a ideia de que Deus existe, que não se deve comer porco, que suas nações encontram sua origem em tal ou tal acontecimento histórico, que a ascensão social é um objetivo a ser perseguido, que os homens possuem direitos etc. *Algumas* pessoas, mas certamente não *todas* as pessoas. Sempre é possível imaginar que em uma sociedade de crentes alguém duvide da existência de um ser divino, que em uma sociedade muçulmana um indivíduo coma carne de porco, que em uma sociedade ocidental alguns desdenhem da ascensão social, que na nação francesa uma grande parte desconheça Valmy etc.

Mesmo nas sociedades simples, estudadas pelos antropólogos, é possível afirmar que todos os membros, sem nenhuma exceção, creem em tal mito fundador,[103] reconheçam-se em tal ou tal rito etc.? Responder afirmativamente supõe que o antropólogo tenha procedido uma pesquisa com entrevistas profundas com *cada* membro da sociedade considerada, e não apenas com alguns informantes, como ocorre frequentemente. Sem isso devemos, com todo o rigor, considerar a hipótese de que o compartilhamento (crenças, representações) possa ser parcial, relativo a uma parte somente do grupo. A hipótese mesma do compartilhamento deve ser vista mais de perto. Podemos admitir, em linhas gerais, que em tal ou tal sociedade as pessoas acreditem em Deus, que em outra as pessoas acreditem que não se pode comer carne de porco etc. "Em linhas gerais", mas não em detalhes, pois o que sabemos nós das modalidades individuais dessa crença? Nada, ou muito pouco, que mais não seja porque cada cérebro é único, o que permite supor o caráter individual de todas as representações.

Após ter esgotado todo meu arsenal de argumentos "anti-holistas", busco ver as afirmações das ideias expressas anteriormente, observando que: 1) o "contágio das ideias" ocorre, sem dúvida mais facilmente, em um grupo de menor número de indivíduos do que em outro de maior tamanho; 2) no primeiro caso é mais fácil ao pesquisador controlar a realidade desse compartilhamento que no segundo. Observarei,

Memória e identidade

portanto, que o tamanho do grupo é um terceiro critério que permite formular as hipóteses sobre o grau de pertinência das retóricas holistas.

Em resumo, formulo duas hipóteses que integram os diferentes critérios de pertinência que propus: 1) Quando as retóricas holistas pressupõem o compartilhamento de representações factuais por todos os membros de um grupo, seu grau de pertinência é proporcional à frequência da repetição dessas representações e inversamente proporcional ao tamanho do grupo considerado; 2) Quando as retóricas holistas pressupõem o compartilhamento de representações semânticas, seu grau de pertinência é sempre inferior ao das retóricas holistas aplicadas às representações factuais e é igualmente proporcional à frequência da repetição dessas representações e inversamente proporcional ao tamanho do grupo e sua permeabilidade à dúvida. A permeabilidade à dúvida dependerá por vezes de fatores internos ao grupo (por exemplo, o carisma maior ou menor do líder do grupo ou a existência de condições que permitem que se constituam grandes categorias organizadoras de representações factuais e semânticas) e de fatores externos (frequência e intensidade da interação com outros grupos, por exemplo).

Entre as categorias organizadoras de representações vou privilegiar aqui a memória. Seu efeito será proporcional a sua força. Denomino memória forte[104] uma memória massiva, coerente, compacta e profunda, que se impõe a uma grande maioria dos membros de um grupo, qualquer que seja seu tamanho, sabendo que a possibilidade de encontrar tal memória é maior quando o grupo é menor. Uma memória forte é uma memória organizadora no sentido de que é uma dimensão importante da estruturação de um grupo e, por exemplo, da representação que ele vai ter de sua própria identidade. Quando essa memória é própria de um grupo extenso, falarei de uma grande memória organizadora.

Denomino memória fraca uma memória sem contornos bem definidos, difusa e superficial, que é dificilmente compartilhada por um conjunto de indivíduos cuja identidade coletiva é, por esse mesmo fato, relativamente inatingível. Uma memória fraca pode ser desorganizadora no sentido de que pode contribuir para a desestruturação de um grupo.

Por vezes, essa debilidade da memória não é ontológica: em um momento histórico particular, não pode prover de sua capacidade de organizar e estruturar o grupo social por razões vinculadas às mutações que o mesmo possa ter sofrido. É o que parece acontecer em diversos países modernos que apresentam formas antigas de memória religiosa. Na realidade, essa oposição não é assim tão demarcada e se observam, na maior parte do tempo, grupos que se organizam em torno de memórias que tendem a se fortalecer e conjuntos de indivíduos que evoluem no quadro de memórias em via de desaparecimento. O grau de pertinência das retóricas holistas será sempre mais elevado na presença de uma memória forte, vigorosa, do que de uma fraca, inconsistente.

É possível alimentar essas hipóteses e enriquecer essas definições com certas observações de Maurice Halbwachs:

> [...] ao passo que é fácil se fazer esquecer em uma grande cidade, os habitantes de uma aldeia não cessam de se observarem, e a memória de seu grupo registra fielmente tudo o que pode alcançar dos fatos e gestos de cada um deles, porque eles agem sobre essa pequena comunidade e contribuem para modificá-la.

Em meios como esse, acrescenta o autor, "todos os indivíduos se recordam e pensam em comum".[105] Existe, assim, para adotar uma linguagem weberiana, uma socialização da memória, que pode ser objetiva quando se trata de uma memória factual e que é, pelo menos, o sentimento subjetivo que os membros de um grupo possuem de compartilhar a mesma memória.[106]

As sociedades caracterizadas por um forte e denso conhecimento recíproco entre seus membros são, portanto, mais propícias à constituição de uma memória coletiva – que será nesse caso uma memória organizadora forte – do que as grandes megalópoles anônimas. Nesse

Memória e identidade

sentido, podemos qualificá-las como meios de memória. É *mutatis mutandis* o mesmo fenômeno que se produz no interior de uma família concebida como um "grupo de pessoas diferenciadas", mas no qual é exercido um controle permanente. De fato, observa Halbwachs, não existe meio "onde a personalidade de cada homem se encontre mais demarcada", mas é também um meio fechado no interior do qual, "por ocasião dos contatos cotidianos que temos uns com os outros, nos observamos mais longamente e sobre todos os aspectos",[107] o que pode favorecer a emergência de uma memória familiar.

De fato, cada vez que no interior de um grupo restrito as memórias individuais querem e podem se abrir facilmente umas às outras, como nos casos em que existe uma "escuta compartilhada"[108] visando os mesmos objetos (por exemplo, monumentos, comemorações, lugares que terão o papel de "ponto de apoio", de "sementes da recordação"),[109] percebe-se então uma focalização cultural e homogeneização parcial das representações do passado, processo que permite supor um compartilhamento da memória em proporções maiores ou menores.[110] Assim, como bem mostra Jean-Pierre Vernant, na Grécia arcaica se constitui uma memória comum dos heróis-defuntos e esta é mantida presente no interior do grupo graças à epopeia, a memória do canto "repetida a todas as orelhas", estabelecendo uma relação entre a comunidade dos vivos e o indivíduo morto, que entra, então, no "domínio público".

A memorização coletiva é possível, pois o contexto é aquele de uma memória forte enraizada em uma tradição cultural – a glorificação e elogio dos heróis – "que serve de cimento ao conjunto dos helenos, em que eles se reconhecem a si mesmos porque é apenas através da gestão dos personagens desaparecidos que suas próprias existências sociais adquirem sentido, valor e continuidade". É a glória imortal, não perecível, que se canta aos vivos, aqueles que não concebem sua própria identidade "a não ser por referência ao exemplo heroico".[111]

Nesse sentido ainda, Patrick J. Geary descreveu a eficácia das comunidades textuais de monges e escribas que, ao final do primei-

46

ro milênio, forjaram uma memória coletiva – memória compartilhada essencialmente pelos clérigos e príncipes –, manipulando cartas (modificações, destruições, acréscimos, dissimulações etc.). De novo, as memórias individuais se abriam umas às outras visando um mesmo objeto, que era o poder, e se unindo produziam uma memória compartilhada, "espécie de meio no qual se forma a identidade". Mas se a memória coletiva é isso, enfatiza Geary, há uma boa razão:

> [...] longe de ser o compartilhamento espontâneo de uma experiência viva e transmitida, a memória coletiva foi também orquestrada, não menos que a memória histórica, como uma estratégia favorecendo a solidariedade e mobilização de um grupo através de um processo permanente de eliminação e escolha.[112]

Uma memória verdadeiramente compartilhada se constrói e reforça deliberadamente por triagens, acréscimos e eliminações feitas sobre as heranças. Pude verificar isso por ocasião de uma pesquisa sobre a memória dos odores e saberes profissionais.[113] Meus informantes eram perfumistas que exerciam sua profissão em pequenos grupos em que as trocas eram intensas e nos quais existia uma memória organizadora forte. No processo de constituição de uma memória compartilhada, pude observar a importância que tinha, por vezes, objetivos comuns e essa abertura recíproca de memórias individuais. De fato, durante as sessões coletivas de aprendizagem e treinamento, os "narizes" fazem corresponder certos adjetivos – *verde, frutado, florido, amadeirado, animal, balsâmico, oriental, cítrico etc.* – às sensações experimentadas ao se aspirarem os componentes utilizados para a criação de perfumes. O objetivo, dizem eles, é chegar progressivamente "*a usar os mesmos adjetivos*". O léxico é por vezes aleatório ("*tentamos dar um nome*"), mas é o contexto da enunciação, quer dizer, a situação de descrição da experiência olfativa que é o determinante. Quando essa situação é de compartilhamento da experiência olfativa, as tentativas de descrição da mesma (que são tentativas de redução da diferença entre o odor percebido e o odor nomeado) serão controladas coletivamente e assim

Memória e identidade

progressivamente focalizadas pela ajuda de uma denominação consensual que poderá ser memorizada, pronta a ser utilizada por ocasião de uma experiência posterior.

Para empregar uma linguagem fotográfica, há um "enquadramento" sensorial, uma orientação, uma objetivação progressivamente compartilhada por aqueles que vivem juntos a mesma experiência olfativa. A incorporação da experiência se conjuga com a sua descrição verbal, objetivando chegar a uma harmonia olfativa no quadro de um trabalho de equipe no qual os perfumistas se esforçam por "estabilizar" um léxico. A partir de um caos sensorial originário, a objetivação léxica progressivamente compartilhada permite identificar as confluências entre os múltiplos sinais olfativos, ajudando a construir formas olfativas pertinentes para o exercício da profissão: o tom verde, aquoso, leve etc. Há, assim, uma construção empírica de ordem classificatória própria ao grupo de perfumistas considerados. Uma vez colocada em prática, essas formas olfativas serão memorizadas, reconhecidas e tornar-se-ão operatórias. Pode-se então afirmar a existência, nesse caso, de uma forma de memória coletiva.

Essa pesquisa nos mostra que não pode haver construção de uma memória coletiva se as memórias individuais não se abrem umas às outras visando objetivos comuns, tendo um mesmo horizonte de ação. Isso é evidentemente mais fácil em grupos menores, como, por exemplo, as famílias cuja trama memorial é o objeto de trabalho de Anne Muxel.[114] Nesses grupos nos quais, para falar de termos durkheiminianos, a probabilidade de uma solidariedade de tipo mecânico é mais elevada, a cultura, "memória oral e aura", "se tece entre a boca e a orelha".[115]

Hesitando entre uma concepção positivista[116] da memória segundo a qual, como critica Roger Bastide, "tudo o que não é fisiológico é sociológico"[117] e um individualismo mínimo que "consiste em descrever o indivíduo como sendo exclusivamente a sede ou o ponto de passagem de forças ou ideias coletivas",[118] Maurice Halbwachs se equivocou em ver nas memórias individuais os "fragmentos"[119] da me-

48

Memória e identidade

mória coletiva, conferindo a essa a substância[120] com a qual tende a despojar as primeiras. Mas teve razão em insistir sobre a importância dos quadros sociais que fazem com que "uma corrente de pensamento social [...] tão invisível quanto o ar que respiramos"[121] irrigue toda rememoração. A evocação, observa Maurice Bloch, implica em uma comunicação com o outro e, no curso desse processo, a lembrança individual, sem cessar, submetida às transformações e reformulações, "perde seu caráter isolado, independente e individual."[122] Nesse sentido, observa Danièle Hervieu-Léger, a memória coletiva "funciona como uma instância de regulação da lembrança individual".[123] Os quadros sociais facilitam tanto a memorização como a evocação (ou o esquecimento) – "podemos nos apoiar sobre a memória dos outros" –[124] os orientam,[125] conferindo-lhes uma "luz de sentido"[126] comandada pela visão de mundo atual da sociedade considerada. Nisso toda a memória é social, mas não necessariamente coletiva – e em alguns casos e apenas sob certas condições se produzem "interferências coletivas" que permitem a abertura recíproca, a inter-relação, a interpenetração e a concordância mais ou menos profunda de memórias individuais. Quando os caminhos tomados por estas se cruzam e se confundem, esse encontro confere alguma pertinência à noção de memória coletiva que, nesse momento, dá conta de uma relativa permeabilidade de consciências, em certos casos excepcionais e provisórias, de sua "fusão"[127] e da convergência perfeita entre as representações do passado elaboradas por cada indivíduo.[128] Quanto maior essa convergência, maior será aquela das representações identitárias e mais pertinente será a retórica holista. Ao final, a memória coletiva segue as leis das memórias individuais que, permanentemente, mais ou menos influenciada pelos marcos de pensamento e experiência da sociedade global, se reúnem e se dividem, se encontram e se perdem, se separam e se confundem, se aproximam e se distanciam, múltiplas combinações que formam, assim, configurações memoriais mais ou menos estáveis, duráveis e homogêneas.

Memória e identidade

Comecei esta seção de maneira injusta no que se refere à Françoise Zonabend, isolando o texto citado da pesquisa etnográfica, particularmente rica e sutil. Assim, a fim de restabelecer o equilíbrio, concluirei este capítulo ressaltando o imenso interesse de sua pesquisa que, incontestavelmente, colocou em evidência os fenômenos de memórias compartilhadas na aldeia de Minot, mesmo se o compartilhamento não é assim tão grande quanto ela deixa por vezes transparecer. A autora termina o seu livro, *La mémoire longue*, com as seguintes observações:

> Nem encarregado de explicar o presente ou prever o futuro, nem estagnando sob o peso do passado, esse tempo da coletividade tem a função de criar uma duração própria na qual o grupo se reencontre semelhante a si próprio. Estabilidade necessária, singularidade exemplar na qual cada grupo inventa sua própria história, possui uma memória que lhe pertence e difere fundamentalmente daquela do grupo vizinho. De fato, nas sociedades nas quais as formas de sociabilidade exaltam a diferença, esse tempo serve para pensar o outro. A memória coletiva aparece como um discurso de alteridade no qual a possessão de uma história que não se compartilha confere ao grupo sua identidade.[129]

A memória coletiva, como a identidade da qual ela é o combustível, não existe se não diferencialmente, em uma relação sempre mutável mantida com o outro. Mas, se existe o compartilhamento memorial, não seria porque Minot é um meio no qual operam ainda memórias fortes e estruturadas, o que justifica a utilização de retóricas holistas pelos pesquisadores? Ao longo desta obra tentarei apontar sistematicamente, de um lado, as situações caracterizadas por uma memória forte suscetível de contribuir para a construção de uma identidade coletiva ou, de acordo com os termos de Malraux, de uma "consciência de conjunto" e, de outro lado, as situações de memória fraca, de natureza a favorecer uma dissolução ou um colapso de identidades.

Memória e identidade

NOTAS

[1] No livro *Anthropologie de la mémoire* (Paris, PUF, 1996, p. II) eu precisei exatamente os limites desse campo. Neste livro, retomo algumas passagens curtas da obra citada, buscando desenvolvê-las no que diz respeito à relação entre memória e identidade.

[2] Michel Dummett, *Les origines de la philosophie analytique*, Paris, Gallimard, 1991, p. 118.

[3] Sobre esses saberes e essas experiências implícitas, ver Maurice Bloch, "Le Cognitif et l'ethnographique", *Gradhiva*, 17, 1995, p. 49.

[4] Henri Bergson, *Matière et mémoire*, Paris, PUF, 1939 (1. ed. 1896), p. 86-87.

[5] Marcel Jousse, *Anthropologie du geste*, Paris, Gallimard, 1974, p. 75.

[6] Ver Paul Connerton, *How societies remember*, Cambridge, Cambridge University Press, 1989, índex, 122p.

[7] Sobre a circunsição como inscrição na carne da lembrança de ancestrais e do sentido de um destino comum, ver Patricia Hidiroglou, "La transmission du judaisme à travers les rituels: l'exemple de la circoncision", *Ethnologie des faits religieux en Europe*, Paris, CTHS, p. 242.

[8] Georges Vignaux, *Les sciences cognitives. Une introduction*, Paris, La Découverte, 1992, p. 199.

[9] André Leroi-Gourhan, *Le geste et la parole*, II: *la mémoire et les rythmes*, Paris, Albin Michel, 1964, p. 27.

[10] Nicolas Dodier, Isabelle Baszanger, "Totalisation et alterité dans l'enquête ethnographique", *Revue Française de Sociologie*, XXXVIII, 1997, p. 58, n. 26.

[11] Pierre Héraux, *Élements d'une théorie de la transmission sociale*, Dossiê de síntese teórica feito para o exame de habilitação a orientar teses. Université de Nice, jan. 1995, p. 303.

[12] Pascal, *Pensées*, Brunschvicg, 252; M. Halbwachs, *Les cadres sociaux de la mémoire*, op. cit., p. 148.

[13] Gregory Bateson, *La cérémonie du Naven*, Paris, Minuit, 1971, p. 229.

[14] É o que mostra Maurice Bloch entre os zafimanirys de Madagascar cujo comportamento atesta que possuem – no sentido de memória – o conceito de "grupo de aliados dentre os quais normalmente procuraremos nossas esposas", sem que haja uma palavra exata para designar isso. Essa conceitualização não verbalizada é transmitida por ocasião da socialização na primeira infância, sendo exemplo disso a incitação a que os bebês mamem no seio de outras mulheres que não o de sua mãe, mulheres que "pertencem quase sempre à mesma metade da aldeia". Essa prática contribui, sem que a criança se dê conta, "à formação de uma conceitualização não verbalizada das duas metades da aldeia e de relações que mantêm entre elas". M. Bloch, op. cit., p. 52-53. Em outro registro, aquele da conceitualização não verbalizada da morte – ou, mais exatamente, dos mortos – entre os manouches, ver Patrick Williams *"Nous, on n'en parle pas". Les vivants et les morts chez les Manouches*, Paris, Maison des Sciences de l'Homme, 1993, 110p.

[15] Pierre Bourdieu, *Le sens pratique*, Paris, Minuit, 1980, p. 115-123.

[16] P. Bourdieu, *Médiations pascaliennes*, Paris, Seuil, 1997, p. 163.

[17] Idem, p. 166.

[18] Idem, p. 79.

[19] Idem, p. 251.

[20] E. Tulving, apud Guy Tibergheim, *La mémoire oubliée*, Sprimont, Mardaga, 1997, p. 117.

[21] A. Muxel, op. cit., p. 116 e 130.

[22] A. Leroi-Gourhan, op. cit., p. 63-76.

[23] "Metamemoria: lo que cada sujeto sabe sobre su propria memória", apud José Jiménez, *Memoria*, Madrid, Ed. Tecnos, 1996, p. 24. A metamemória é uma forma de "metarrepresentação", quer dizer, "uma representação da ordem superior de uma representação de um estado das coisas". Pierre Jacob, *Porquoi les choses ont-elles um sens?*, Paris, Odile Jacob, 1997, p. 45.

[24] A. Muxel, op. cit., p. 13.

51

Memória e identidade

[25] Por exemplo, "quando damos ênfase a certas histórias que nos envolvem diretamente, no sentido de afirmar nossa identidade" (P. Antze, M. Lambek, op. cit., p. xvi).

[26] Sobre esse ponto ver, por exemplo, Norbert Élias, *La societé des individus*, Paris, Fayard, 1991, p. 56.

[27] "[...] consciousness and memory can only be realized by an individual who acts, is aware, and remembers. Just as a nation cannot eat or dance, neither can it speak or remember. Remembering is a mental act, and therefore it is absolutely and completely personal". Amos Funkeistein, "Collective Memory and Historical Consciousness", *History and Memory*, 1, primavera/verão 1989, p. 6. Ver ainda Geoffrey E. R. Lloyd, "Les communautés ne pensent pas, seuls les individus pensent", em *Pour en finir avec les mentalités*, Paris, La Découverte, 1993 e 1996, p. 17.

[28] François Récanati, *La transparence et l'énonciation. Pour introduire à la pragmatique*, Paris, Seuil, 1979, p. 54. Porém, em alguns casos, o nome memória designando a faculdade individual de memória pode ser metafórico, como, por exemplo, quando se utiliza a metáfora "espacial" da memória, "culturalmente determinada pela natureza técnica dos meios sociais de arquivamento". G. Tiberghein, op. cit., p. 8.

[29] Um único exemplo: "A Saint-Denis, l'implosion de la barre HLM 'B3' réveille la *mémoire du quartier*", *Le Monde*, 1-2 out. 1995.

[30] André Green define identidade a partir de três características: constância, unidade, reconhecimento do mesmo. Em Claude Lévi-Strauss (org.), *L'identité*, Paris, PUF, 1983, p. 82. Não me demorarei sobre o que pode ser paradoxal em tentar definir identidade, o que, de acordo com as teorias mais comumente aceitas, não cessa de se desfazer para renascer sob outras e novas formas.

[31] Sobre esse ponto, ver Douglas Hofstadter e Daniel Dennet, *Vues de l'esprit. Fantaisies et réflexions sur l'être et l'âme*, Paris, InterÉditions, 1987, p. 17.

[32] Para Maurice Halbwachs a memória coletiva sugere que o grupo permanece o mesmo porque ela é "um quadro de semelhanças". *La mémoire collective*, Paris, PUF, 1950, p. 78.

[33] De acordo com Aristóteles, metaforizar é "perceber a semelhança".

[34] "Não há comunidade que não seja imaginada". Benedict Anderson, *L'imaginaire national*, Paris, La Découverte, 1996, p. 20.

[35] Ernest Gellner, apud Pierre Birnbaum e Jean Leca, *Sur l'individualisme*, Paris, Presses de la Fondation Nationale des Sciences Politiques, 1986, p. 38.

[36] Por exemplo, o peso de certos traços culturais, tais como a língua, os hábitos indumentários etc., na construção de identidades, depende das relações subjetivas que os membros dos grupos em interação estabelecem com essas características objetivas, relações subjetivas que o pesquisador tem por tarefa objetivar.

[37] Por uma atualização das teorias relativas a uma forma particular de identidade – a etnicidade –, ver P. Poutignat e J. Streiff-Fenart, op. cit.; ver igualmente Gerd Baumman e Thijl Sunier, *Post-migration ethnicity. De-essentializing cohesion commitments and comparison*, Amsterdam, Het Spinhuis Publisher, 1995, 188p.

[38] Michel Oriol (org.), *Les variations de l'identité. Étude de l'évolution de l'identité culturelle des enfants d'emigrés portugais en France et au Portugal*, Relatório final da ATP, CNRS 054, Nice, 1984, v. 1, p. 91.

[39] Fredrik Barth, em P. Poutignat e J. Streiff-Fenart, op. cit., p. 213.

[40] Alguns exemplos: "[...] identidade é um tipo de espaço virtual cuja referência é indispensável para explicar um certo número de coisas, mas sem que tenha jamais uma existência real" (C. Lévi-Strauss, op. cit., p. 332). "A singularidade, a unicidade de todo homem e de todo o grupo são ficções protegidas por uma mnemotécnica e não por uma essência identitária" (Marc Fumaroli, "'Je est un autre': leurres d'identité", *Diógene*, 1997, n. 177, p. 122). Citemos ainda J. Jiménez, "identidade: ficción entrevista que germina en el vigoroso oleaje del recuerdo", op. cit., p. 34; ou Paul Veyne evocando: "as identidades pretendidas" em "L'interprétation et

l'interprète. A propos des choses de la religion", *Enquête*, n. 3, 1996, p. 260. Ver ainda *L'illusion identitaire*, obra recente de Jean-François Bayart na qual ele se entrega a uma crítica sistemática de cunho culturalista. De acordo com suas teses, as identidades primordiais existem apenas como "fatos de consciência e como regimes de subjetividade, mais do que estruturas propriamente" (Paris, Fayard, 1996, p. 101).

[41] W. V. Quiné, *Quiddités. Dictionnaire philosophique par intermittence*, Paris, Seuil, 1992, p. 211.

[42] Todas as citações deste parágrafo provêm da obra publicada sob a direção de Vincent de Coorebyter, *Rhétoriques de la Science*, Paris, PUF, 1994, p. 2-3. Sobre a função da retórica nas Ciências Humanas, ver igualmente Francis Affergan, *La pluralité des mondes. Vers une autre anthropologie*, Paris, Albin Michel, 1997, p. 35. Para uma análise mais profunda da retórica de descrição em Antropologia, ver Clifford Geertz, *Ici et là-bas. L'anthropologue comme auteur*, Paris, Métailié, 1996, 156p.

[43] Em algumas monografias se lê que tal população tem tal concepção da alma. É impossível pensar que essa afirmação se apoie apenas em entrevistas [...] Meu sentimento é que a parte da criação é grande entre os pesquisadores": Jack Goody, *L'homme, l'écriture et la mort*, Paris, Les Belles Lettres, 1996, p. 85. Desse ponto de vista é notável que, nos trabalhos de etnologia consagrados à sociedade francesa contemporânea, o pronome indefinido "on" – pronome-camaleão – tende a substituir o "ils" das sociedades exóticas: "On communie dans la connaissance des mouvements de l'histoire, on en rassemble les inestimables trésors [...] on ne se contente plus des choses, on veut aussi connaitre et préserver leur mode de production et leurs usages." Daniel Fabre (org.), *L'Europe entre cultures et nations*, Paris, Éditions de la Maison des Sciences de l'Homme, 1996, p. 2-3.

[44] Para a crítica de um caso particular de generalização – as "mentalidades" –, ver Geoffrey E. R. Lloyd, op. cit., passim.

[45] Mesmo quando o número de indivíduos seja elevado, as generalizações feitas a partir de classes modais carecem de um exame crítico. Sobre isso, ver Alain Desrosières, *La politique des grands nombres. Histoire de la raison statistique*, Paris, La Découverte, 1993, bibliografia, índex, 442p.

[46] Essa expressão deve muito a Louis Dumont. Chamo atenção a sua distinção entre o "holismo", que "valoriza a totalidade social e negligencia ou subordina o indivíduo humano", e o "individualismo", ideologia que valoriza o indivíduo concebido como um ser moral, independente e autônomo e "negligencia ou subordina a totalidade social": *Essais sur l'individualisme. Une perspective anthropologique sur l'ideologie moderne*, Paris, Seuil, 1983, p. 69 e 264. Para holismo, acrescento Vincent Descombes, "a identificação do sentido deve se fazer em um conjunto, em um sistema" ("L'esprit comme esprit des lois", *Le Débat*, n. 90, maio-ago., 1996, p. 75). Ensaio uma primeira analise das retóricas holistas, aqui modificada e aumentada, no artigo "Memoria collettiva e retoriche olistiche", *Prometeo*, set. 1997, n. 59, p. 14-23.

[47] Sobre a recusa da ideia de sociedade como "totalidade estabelecida na permanência" ver, por exemplo, Georges Balandier, *Le Désordre*, Paris, Fayard, 1988, p. 63-87.

[48] Estamos assim próximos dos conceitos classificatórios e das totalidades do mundo "sublunar" discutidas por Paul Veyne em *Comment on écrit l'histoire*, Paris, Seuil, 1971 e 1978, p. 38-42, 93-95 e passim.

[49] A consciência coletiva definida por Durkheim em termos holistas: ela é "a forma mais alta da vida psíquica, pois é a consciência das consciências" (*Les formes élémentaires de la vie religieuse*, Paris, PUF, 1968, p. 633).

[50] N. Dodier, L. Baszanger, op. cit., p. 38.

[51] Ver Dan Sperber, *Le symbolisme en général*, Paris, Hermann, 1974, p. 113.

[52] Ver P. Veyne, "L'interpretation et l'interprète. A propôs des choses de la religion", op. cit., p. 257.

[53] Ela também favoreceu certas formas de ilusão estatística apagando as particularidades individuais em benefício de categorizações por vezes fantasiosas. Sobre esse assunto, ver

53

Memória e identidade

C. Javeau, "De l'homme moyen à la moyenne des hommes: l'illusion statistique dans les sciences sociales", em V. de Coorebyter, op. cit., p. 53-67.

[54] A propósito dessa generalização, ver Mooses I. Finley, *Mythe, mémoire, histoire*, Paris, Flammarion, 1981, p. 124.

[55] Penso aqui em Marc Augé, que busca em vão o parisiense no metrô, em *Un ethnologue dans le métro*, Paris, Hachette, 1986, p. 74.

[56] Dan Sperber, *La contagion des idées*, Paris, Odile Jacob, 1996, p. 31.

[57] P. Poutignat e J. Streiff-Fenart, op. cit., p. 25.

[58] M. Fumaroli, op.cit., p. 127.

[59] Amy Gutmann, em Charles Taylor, *Multiculuralisme. Différence et démocratie*, Paris, Aubier, 1994, p. 18.

[60] Richard Pottier, *Anthropologie du mythe*, Paris, Éditions Kimé, 1994, p. 229.

[61] Danièle Hervieu-Léger, *La religion pour mémoire*, Paris, Cerf, 1993, p. 206.

[62] Luiz Fernando Baêta Neves Flores, op. cit., p. 43.

[63] Maurice Halbwachs, *La topographie légendaire des Évangiles en terre siante*, Paris, PUF, 1974 e 1971. A aproximação entre essas duas definições resulta em uma frequente confusão entre esses dois tipos de memória (social e coletiva), confusão essa mantida por Halbwachs.

[64] M. Halbwachs, *Les cadres sociaux de la mémoire*, op. cit., p. 144.

[65] Tzvetan Todorov, *Nous et les autres. La réflexion française sur la diversité humaine*, Paris, Seuil, 1989, p. 237.

[66] Françoise Zonabend, em Tina Jolas, Marie-Claude Pingaud, Yvonne Verdier e Françoise Zonabend, *Une campagne inventée*, Paris, Éditions de la Maison des Sciences de l'Homme, 1990, p. 428.

[67] F. Récanati, op. cit., p. 181-182.

[68] Bruno Latour, *Le métier du chercheur. Regard d'un anthropologue*, Paris, Inra, 1995, p. 66.

[69] Esse princípio de Donald Davidson "estipula que interpretar o outro é um empreendimento que demanda considerá-lo *a priori* como um par cognitivo, um semelhante racional": Gérard Lenclud, "O factual e o normativo em etnografia. As diferenças culturais decorrem de uma descrição", em Marc-Olivier Gonseth, Jacques Hainard e Roland Kaehr (eds.), *La différence*, Neuchâtel, Musée d'Ethnographie, 1995, p.23.

[70] Em alguns anos de intervalo, Maurice Bloch pôde obter uma versão totalmente diferente desses acontecimentos. Mesmo que a segunda versão não contradiga a primeira, ela se baseava mais sobre os fatos simplesmente porque, da cabana de onde falava, o informante observava um vale no qual acontecimentos importantes ocorreram no momento da revolta. O contexto visual ou, mais genericamente, o contexto social pode estimular a narrativa e favorecer mais ou menos a verbalização de lembranças (Maurice Bloch, "Mémoire autobiographique et mémoire historique du passe éloigné", *Enquête*, n. 2, 1995, p. 59-76).

[71] Bertrand Russel, *Signification et verité*, Paris, Flammarion, 1969, p. 172.

[72] M. Bloch, op. cit., p. 65.

[73] Idem, p. 76. Sobre a necessidade de não confundir rememoração com o objeto da memorização, ver igualmente D. Sperber, *La contagion des idées*, op. cit., p. 47.

[74] F. Recanati, op. cit., p. 34.

[75] Desde que o antropólogo possa verificar que em um grupo membros suficientemente numerosos declaram que se recordam como eles acreditam que os outros se recordam, então a retórica holista (memória coletiva) começa a se tornar pertinente. Isso acontece porque nesse caso o compartilhamento de uma representação de que existe uma memória compartilhada que será atestada, quer dizer, uma metamemória, é bem diferente da prova empírica da existência de uma memória coletiva enquanto realidade objetiva. Jon P. Mitchell desenvolve uma argumentação próxima da exposta aqui em "Anthropologies of History and Memory", *Easanewsletter*, n. 19, mar. 1997, p. 16.

[76] Pierre Bourdieu, "A propos de la famille comme catégorie réalisée", *Actes de la recherche en sciences sociales*, n. 100, dez. 1993, p. 36.

[77] O que sempre perturbou os homens da Igreja ou do Estado e os "fabricantes" de ideologias. D. Sperber, *Le symbolisme em general*, op. cit., p. 149.

[78] M. Halbwachs, op. cit., p. 34.

[79] E. R. Leach, op. cit., p. 35-36.

[80] Fredrick Barth, em Adam Kuper (ed.), *Conceptualizing Society*, Londres, Routledge, 1992, p. 20.

[81] G. M. Eldeman, *Biologie da la conscience*, Paris, Odile Jacob, 1992, p. 176-177.

[82] Bertrand Russell, *Histoire de mes idées philosophiques*, Paris, Gallimard, 1961, p. 205.

[83] Bertrand Russell, *La méthode scientifique em philosophie. Notre connaissance du monde extérieur*, Paris, Payot, 1971, p. 102. Ver ainda do mesmo autor: *Signification et vérité*, Paris, Flammarion, 1969, p. 141-142. Nessa mesma linha, pode-se igualmente consultar: Michael Dummett, op. cit., p. 106; Dan Sperber e Deirdre Wilson, *La pertinence. Communication et cognition*, Paris, Minuit, 1989, p. 20-21, 64-65 e passim; Halbwachs, sobretudo em sua obra *La mémoire collective*, op. cit., p. 63.

[84] D. Sperber, *La contagion des idées*, op. cit., p. 8.

[85] Sperber dá o exemplo do "molho Mornay tal como pode aparecer num livro de receitas", op. cit., p. 86.

[86] Idem, p. 38.

[87] Aproximo-me aqui da distinção que faz Kierkegaard entre evocação de dados puramente factuais, o que ele denomina memória, e a forma poética do acontecimento memorizado, o que ele denomina de lembrança. Soren Kierkegaard, *In vino veritas*, Paris, Climats, 1992, p. 12 e 33.

[88] M. I. Finley, op. cit., p. 32.

[89] D. Sperber, op. cit., p. 40.

[90] Idem, p. 40. Se tomamos o exemplo do dispositivo simbólico que em todos os indivíduos "cria seus próprios percursos na memória" (D. Sperber, *Le symbolisme en general*, op. cit., p. 135), podemos supor que os encadeamentos causais de representações mentais e de representações públicas vão contribuir à criação de certos percursos próximos ou similares nas memórias de um número mais ou menos grande de indivíduos.

[91] Idem, p. 42.

[92] "As coisas socioculturais são [...] agenciamentos ecológicos de coisas psicológicas. Os fatos sociológicos se definem, portanto, a partir dos fatos psicológicos, mas não se reduzem a estes (Idem, p. 47).

[93] Não me distanciei da posição de Roger Bastide, que vê na memória coletiva "a memória de um esquema de ações individuais, de um plano de ligação entre lembranças, de uma rede formal: os conteúdos dessa memória coletiva não pertencem ao grupo, são propriedade de diversos participantes da vida e do funcionamento desse grupo (como mecanismos elaborados para a aprendizagem no corpo e no pensamento de cada um)". Bastide acrescenta que nenhuma dessas memórias individuais "é possível sem que encontre seu lugar em um conjunto no qual cada um constitui uma parte" ("Mémoire collective et sociologie du bricolage", *Bastidiana*, 7-8, p. 232).

[94] Essa distinção é puramente metodológica: não tenho a intenção de afirmar, contra Cassirer, que em nossa percepção do mundo possamos ter a intuição objetiva de um fato ou de uma coisa.

[95] Mesmo esse postulado é constestável: uma sondagem de 1976 "mostrava que 53% dos franceses interrogados ignoravam quem havia sido o chefe de Estado entre 1940 e 1944 [...], uma outra, em 1980, revelava que a metade dos pesquisados pensava que teria sido a Alemanha que havia declarado guerra à França": Éric Conan e Henry Rousso, *Vichy, un passé qui ne passe pas*, Paris, Gallimard, 1996, p. 394. Se a ignorância parece ter recuado desde essas pesquisas que datam de quinze ou vinte anos, parece-me, entretanto, muito arriscado seguir Annette Wieviorka quando ela afirma que o processo de Klaus Barbie "fez entrar as crianças de Izieu na

Memória e identidade

memória coletiva francesa": *Le procès de Nuremberg et de Tokyo*, Bruxelles, Éditions Complexe, 1996, p. 76. Trata-se de um enunciado essencialmente retórico, pois é pouco provável que um grande número de franceses compartilhe a lembrança de Izieu.

[96] A observação é válida para toda outra memória de dados factuais, mesmo não histórica.

[97] Vincent Descombes, *Les institutions du sens*, Paris, Minuit, 1996, 350p.

[98] Descarto aqui a discussão desse argumento que não concerne diretamente à tese que defendo. Sobre a significação diferenciada que os locutores dão às palavras que utilizam e sobre a colocação entre aspas de algumas dentre elas (quer dizer, a suspensão provisória ou definitiva de sua compreensão), ver D. Sperber, *Le symbolisme em general*, p. 111, ou M. Dummet, op. cit, p. 146-147.

[99] O que Hilary Putnam chama de "holismo da significação": a linguagem que descreve a experiência a faz no interior de uma "rede de crenças": Hilary Putnam, *Représentation et réalité*, Paris, Gallimard, 1988, p. 34. De acordo com o holismo semântico, o conteúdo de uma crença C de um indivíduo é determinado pelas ligações epistêmicas de C, quer dizer, "pelas relações entre C e todas as outras crenças desse indivíduo". Esse holismo semântico "implica que dois indivíduos não podem compartilhar crenças a menos que compartilhem todas as suas crenças", unanimidade que é, certamente, pouco provável (Pierre Jacob, *Porquoi les choses ont-elles un sens?*, op. cit., p. 206-207).

[100] Notemos que nas palavras do testemunho o enunciado "*O médico diz que esse indivíduo está morto*" é constatação. De fato, pouco importa nesse exemplo o sentido da dúvida: sem nada mudar em nossa argumentação, poderíamos imaginar uma situação inversa com a colocação em dúvida pelo médico ateu da crença na imortalidade.

[101] Formulação ela própria problemática, pois deixa subentendido que os limites do grupo: 1) existem e 2) são facilmente identificáveis, o que falta demonstrar.

[102] Sobre a ausência de dúvida como condição da eficácia simbólica no interior de um grupo, ver Claude Lévi-Strauss, *Anthropologie Structurale*, Paris, Plon, 1958 e 1974, p. 218.

[103] Sobre esse ponto, ver Paul Veyne, "L'interpretation et l'interprète. À propos des choses de religion", op. cit., p. 254-257, ou, do mesmo autor, *Le quotidien et l'interessant*, Paris, Les Belles Lettres, 1995, p. 180-187; ou, ainda: Jack Bouju, "Tradition et identité. La tradition dogon entre traditionalisme rural et néotraditionalisme urbain", *Enquête*, n. 2, 1995, p. 106; J. Goody, op. cit., p. 154-156.

[104] Utilizo essa expressão em um sentido próximo daquele dado por Georges Balandier, para quem essa memória "está imersa no presente": *Le Dédale. Pour finir avec le xx siècle*, Paris, Fayard, p. 43.

[105] M. Halbwachs, *La mémoire collective*, op. cit., p. 68.

[106] O papel das associações de pequenas comunidades será sempre muito importante em relação à metamemória e no processo de socialização da memória, o que acrescenta interesse para que se tornem objeto de estudo antropológico.

[107] M. Halbwachs, *Les cadres sociaux de la mémoire*, op. cit., p. 163.

[108] Marcel Detienne, *L'invention de la mythologie*, Paris, Gallimard, 1981, p. 86.

[109] M. Halbwachs, *La mémoire coletive*, op. cit., p. 135-136.

[110] Como observam os psicossociólogos, a frequência e intensidade das trocas no interior de um grupo parecem conduzir a um consenso extremo. A esse respeito, ver Serge Galam e Serge Moscovici, "Vers une théorie des phénomènes collectifs: consensus et changements d'attitudes", em E. Drozda-Senkowska (org.), *Irrationalités collectives*, Lausanne, Delachaux & Niestlé, 1995, p. 265-304.

[111] Jean-Pierre Vernant, *L'individu, la mort, l'amour*, Paris, Gallimard, 1989, p. 83, 86-87. Sobre esse aspecto ver também Michèle Simondon, *La mémoire et l'oubli dans la pensée grecque jusqu'à la fin du ve siècle avant J.C.*, Paris, Les Belles Lettres, 1982, p. 10 e 198.

[112] P. J. Geary, op. cit., p. 31.

[113] "Mémoire des odeurs et savoir-faire professionels", comunicação feita durante o CXXI Congresso Nacional das Sociedades Históricas e Científicas, Nice, 26-32 out. 1996.

[114] "Tal como um mosaico variado, são os pequenos pedaços de memória dispersas nas histórias de cada um que desenham a trama de uma memória comum, que conferem forma a um desenho que poderia ser compartilhado. Essa memória coletiva familiar seria uma coleção de fragmentos esparsos, contidos na possibilidade de um encontro frágil de imagens e emoções necessariamente contidas na singularidade própria de cada indivíduo" (A. Muxel, op. cit., p. 204).

[115] M. Detienne, op. cit., p. 77 e 73.

[116] Mesmo que não pareça pronta a assumir totalmente essa concepção: "Alguns, seguindo seu temperamento particular e as circunstâncias de sua vida, possuem uma memória que não é aquela de nenhum outro" (*Les cadres sociaux de la mémoire*, op. cit., p. 144).

[117] R. Bastide, op. cit., p. 222.

[118] Raymond Boudon, em P. Birnbaum e J. Leca, op. cit., p. 54.

[119] M. Halbwachs, *La topographie légendaire des évangiles en terre sainte*, p. 122.

[120] Ao ponto de pretender dividi-la em faixas: *Les cadres sociaux de la mémoire*, p. 219.

[121] M. Halbwachs, *La mémoire collective*, op. cit., p. 30.

[122] Maurice Bloch, op. cit., p. 63.

[123] D. Hervieu-Léger, op. cit., p. 179.

[124] M. Halbwachs, *La mémoire collective*, p. 30.

[125] Ver, por exemplo, como na sociedade florentina do começo do século XV, as formas e os conteúdos das memórias individuais entre os trabalhadores são "ligadas a natureza da atividade profissional, no nível econômico, na procedência geográfica e no papel social" (Franco Franceschi, "La mémoire des laboratores à Florence au début du XX siècle", *Annales ESC*, set.-out. 1990, n. 5, p. 1.159.

[126] Gérard Namer, *Mémoire et societé*, Paris, Méridiens Klincksieck, 1987, p. 39.

[127] Roger Bastide, *Sociologie et psychanalyse*, Paris, PUF, 1950 e 1995, p. 275.

[128] "Cada memória individual é um ponto de vista da memória coletiva" (M. Halbwachs, op. cit., p. 33).

[129] Françoise Zonabend, *La mémorie longue. Temps et histoire au village*, Paris, PUF, 1980, p. 310, final do último capítulo denominado "Memórias e identidade".

DA MNEMOGÊNESE
À MEMOGÊNESE

A MEMÓRIA INDIVIDUAL E A CONSCIÊNCIA

"Os homens morrem porque não são capazes de juntar o começo ao fim", dizia Alcméon de Crotona. Somente *Mnemosyne*, divindade da memória, permite unir aquilo que fomos ao que somos e ao que seremos, preocupação que evoca "o bom vinho" de Rabelais, esse vinho de memória que permite ao homem saber ao mesmo tempo "o que ele foi e o que será".[1] Evocando, no segundo de seus *Passeios*, uma queda que o teria feito desmaiar, Rousseau conta que, ao retomar a consciência, não se lembrava de nada, tendo como consequência perder a noção de si próprio.[2] A perda de memória é, portanto, uma perda de identidade.

Ao chegar ao campo de Buchenwald, Armand Gatti tenta superar a provação concentracionária montando clandestinamente uma peça de teatro intitulada *Ich Bin, ich war, ich werde sein* ("Eu sou, eu era, eu serei"), ato de resistência significando que, para ele, "a vontade de futuro devia partir do presente e intercalar um retorno em direção ao passado",[3] quer dizer, um ato de memória. Sem memória o sujeito se esvazia, vive unicamente o momento presente, perde suas capacidades

Memória e identidade

conceituais e cognitivas. Sua identidade desaparece. Não produz mais do que um sucedâneo de pensamento, um pensamento sem duração, sem a lembrança de sua gênese que é a condição necessária para a consciência e o conhecimento de si. Assim, quando Proust desperta em seu quarto em Combray no meio da noite sem recordar o lugar onde repousa, sente-se "mais desprovido do que os homens das cavernas", e apenas a lembrança virá "tirar-lhe do vazio".[4] Numerosos são os exemplos dessa imbricação entre memória e identidade, múltiplos são os casos nos quais a memória consolida ou desfaz o sentimento identitário. A consciência de si, observa Nicolas Grimaldi, "não seria possível sem a lembrança ou a expectativa, o lamento ou a impaciência, pelos quais *o tempo* nos coloca, de alguma forma, a distância de nós mesmos".[5]

As relações de si para si mesmo, o trabalho de si sobre si mesmo, a preocupação, a formação e expressão de si, supõem um trabalho da memória que se realiza em três direções diferentes: uma memória do passado, aquela dos balanços, das avaliações, dos lamentos, das fundações e das recordações; uma memória da ação, absorvida num presente sempre evanescente; e uma memória de espera,[6] aquela dos projetos, das resoluções, das promessas, das esperanças e dos engajamentos em direção ao futuro. Sob esse ponto de vista, a relação que temos com o tempo não é *bidirecional,* como afirma Jean Chesneaux,[7] mas *tridirecional.* Somente a ação conjugada e unificadora dessas diferentes memórias pode nos ajudar a conceitualizar, para aceitá-la, nossa inscrição em um tempo – é a *Zeitigung* heideggeriana – que é sempre ambivalente e trágica. Cada ser humano, de fato, constrói sua identidade no correr do tempo que, simultaneamente, altera-o[8] de maneira irreversível a ponto de que, dizia Aragon, quando aprendemos a viver já é tarde demais. A vasta mitologia da reminiscência que se desenvolve desde a Grécia arcaica[9] é inteiramente povoada por essa questão, evidentemente central para a identidade dos indivíduos[10] e dos grupos, identidade esta definida mais por coordenadas temporais do que espaciais. Quer se trate de se liberar do tempo – ao reencontrar as origens, os fins últimos ou, ainda, o "mundo das ideias" no quadro da anamnese platônica – ou de domá-lo, domesticá-lo – o tempo reduzido à parte sensível da alma em Aristóteles –, a função da memória afeta as grandes categorias psicológicas tais como o Tempo e o Eu.

Essas grandes categorias são subjacentes na acepção mais comum da memória humana, definida como uma forma particular de conhecimento dos acontecimentos do passado, consistindo, da parte de quem rememora, em reativá-los e ordená-los, em parte ou totalmente, de maneira verídica ou errônea, ou ainda meio-verdadeira ou meio-falsa. Isso pressupõe a codificação, o estoque e a retenção de informações de acordo com modalidades que, tal como a reativação (evocação ou reconhecimento), variam infinitamente ao longo da vida de um indivíduo. Todavia, teríamos dificuldade de reduzir a memória a uma simples forma de cognição, pois "ela é sem dúvida a própria forma da cognição", podendo ser definida como "uma propriedade emergente de um sistema da memória".[11]

De fato, é o conjunto da personalidade de um indivíduo que emerge da memória.[12] Origem do sentimento de continuidade temporal,[13] condição necessária da representação da unidade do Eu – "é aí que me encontro comigo mesmo", escreve Santo Agostinho –,[14] ela é, desse ponto de vista, bem mais eficiente que as simples sensações: é da duração ou da repetição destas que nasce a consciência de si, o que supõe a capacidade propriamente mnemônica de perceber essa duração ou descobrir essa repetição. Essa faculdade multidimensional implica componentes conscientes (consciência perceptiva, epistêmica, mnemônica) e inconscientes, representacionais e motivacionais.[15] É um "sistema tensional essencialmente dinâmico que implica as intenções, os valores [...] logo as motivações, uma afetividade".[16] Por isso mesmo compromete toda a pessoa em sua percepção do mundo. Através da memória o indivíduo capta e compreende continuamente[17]o mundo, manifesta suas intenções a esse respeito, estrutura-o e coloca-o em ordem (tanto no tempo como no espaço) conferindo-lhe sentido.[18] É

Memória e identidade

aí que se encontra uma diferença radical entre a memória humana e aquela dos computadores. Estes, lembra-nos Claude Simon, possuem uma memória, mas são desprovidos de lembranças.[19] Por outro lado, os acontecimentos memorizados não se integram em um sentido, não são objeto de representações que, entre os homens, são o resultado de uma interação consistente em "um acontecimento conjunto de um mundo e de um espírito".[20] Esse acontecimento se inscreve no presente: é apenas "à medida que as lembranças podem ser dotadas de um sentido e vinculadas ao presente"[21] que a memória humana funciona, apoiando-se sobre a imaginação.[22] Por outro lado, os computadores são estranhos a toda ideia de fluxo do tempo que se origina da "sucessão de sensações que a memória evoca".[23] Enquanto o cérebro humano é capaz de desenvolver estratégias de maneira autônoma e de construir seus próprios programas (auto-organização), o computador é apenas executante de um programa.[24]A memória humana é representativa,[25] a dos computadores é simplesmente presentativa, incapaz de escolher entre lembrar ou esquecer.[26]

É sobre a base dessa faculdade representativa atribuída à memória humana que John Eccles – cego por sua fé no dualismo-interacionismo –[27] define o "eu" como "uma unidade de experiência que resulta da ligação feita pela memória entre os estados de consciência testados em momentos distintos, distribuídos sobre a duração de uma vida".[28] Essa unidade de experiência é por si evolutiva, sempre mutável e, quando ela se fragmenta,[29] a identidade se fragmenta também.

Assim, na perspectiva de uma neurologia da identidade aplicada a descobrir as bases neuronais do Eu, Sacks descreve o caso de um "marinheiro perdido" cuja memória parou em 1945 e que, a partir de então, é um homem sem passado, logo sem identidade, "submerso em um momento constantemente mutável, vazio de sentido", uma "alma perdida".[30]

Uma das formas mais comuns dessa perda de si é a "amnésia infantil" (salvo raríssimos casos, são ausentes no adulto lembranças pessoais anteriores a 2 anos de idade). Essa amnésia que acompanha o desenvolvimento da memória autobiográfica da criança está estreita-

Da mnemogênese à memogênese

mente associada à tomada de consciência de sua identidade (entre os 3 e 5 anos de idade). Acontece o mesmo com certas formas de amnésia juvenil colocadas em evidência pela prática clínica: "as emoções, os afetos e os novos desejos que emergem após a puberdade são de tal intensidade que não chegam a se instalar em nossas memórias. Deixam, por outro lado, um registro, marcas sensíveis, impulsos, cicatrizes à altura de sua força".[31] Igualmente Jean Guillamin estabelece uma ligação entre a emergência da personalidade e a organização das lembranças na criança: a recordação extrai não apenas a energia que a anima, mas também sua razão de ser, as emoções, as necessidades e os valores.[32] No outro extremo da escala etária, o declínio da memória entre os indivíduos que envelhecem é sempre vivido como uma alteração de suas personalidades: diremos, por exemplo, de uma pessoa acometida por uma perda massiva de memória, que "já não é mais a mesma". Aliás, o "vazio de memória" é com frequência experienciado como uma ausência de si que pode se tornar completa entre os indivíduos acometidos (por horas ou anos) por uma amnésia de identidade. Em alguns casos patológicos como a encefalite herpética, que impede a estocagem de nova informação, a pessoa adoecida considera que não está mais "vinculada a ela mesma".[33] Enfim, se julgará severamente a personalidade de um indivíduo cuja memória prospectiva ou intencional (quer dizer, a memória relativa às ações a serem efetuadas em um determinado momento) é falha, confirmando, assim, a relação estreita, estabelecida pelo senso comum, entre memória e identidade pessoal.

As falhas de memória, os esquecimentos e as lembranças carregadas de emoção são sempre vinculados a uma consciência que age no presente. Porque a memória organiza "os traços do passado em função dos engajamentos do presente e logo por demandas do futuro", devemos ver nela menos "uma função de conservação automática investida por uma consciência sobreposta" do que um modo essencial da consciência mesma, o que caracteriza a interioridade das condutas. A lembrança não "contém" a consciência, mas a evidencia e manifesta, é "a consciência mesma que experimenta no presente a dimensão de seu passado".[34]

Memória e identidade

Essa experiência pode estar carregada de impressões insuportáveis, quer dizer, lembranças que não se ousa confessar aos outros e, sobretudo, a si próprio, pois elas colocariam em risco a imagem que se faz de si mesmo. É sobre esse laço profundo entre memória, excluída do campo da consciência, e identidade do sujeito que se funda a teoria psicanalítica. Desde seu primeiro tópico, Freud concede um lugar proeminente à memória na organização do psiquismo, cujas três instâncias – consciente, pré-consciente e inconsciente – são definidas em função da maior ou menor facilidade de acesso das lembranças à consciência. Seu aprofundamento posterior da questão da lembrança, observa Jean Guillaumin, "não é outra coisa que aquela da identidade pessoal através do tempo, quer dizer, a representação, ou melhor, a presença de si a si próprio".[35]

Por um lado, a contenção de certas irrupções mnésicas é uma defesa do Ego contra a lembrança de algum acontecimento traumático, doloroso ou perigoso, resistência que pode se manifestar através de sintomas neuróticos, pelos sonhos, pelos *lapsus linguae* ou *calami* e todos os atos falhos. A noção de repressão da energia pulsante do inconsciente, compatível com certas teorias biológicas,[36] é, portanto, fundamental para compreender os mecanismos que permitem ao sujeito impedir a devastação pelo passado da imagem que ele faz de sua identidade no presente. Desse ponto de vista se afirma o caráter ambivalente da memória no jogo identitário, pois ela pode simultaneamente organizar ou desorganizar a construção da uma imagem satisfatória de si própria. Se Sócrates considera que sobre o molde de cera que nos forneceu *Mnemosyne* pode ser inscrito "tudo o que podemos querer nos lembrar entre as coisas que vimos, escutamos ou concebemos pessoalmente",[37] não é porque supomos que aquilo que *não* queremos lembrar – sem dúvida herança de um passado que consideramos perigoso – não se inscreverá ali?

Por outro lado, a restauração da identidade individual (alterações psicológicas, abandono de sintomas patológicos) pode pas-

64

Da mnemogênese à memogênese

sar pela ab-reação* de lembranças dolorosas ou traumáticas, previamente censuradas ou mascaradas pelas "lembranças impedidas" ou "lembranças indiferentes".

Liberando ou abandonando os mecanismos de proteção do Eu, o indivíduo poderá "virar a página" para "voltar a ser ele mesmo". Um dos elementos vinculados à cura analítica "consiste em liberar a memória cronológica a fim de relançar a capacidade de recordar no futuro".[38] O sujeito que se libera de uma parte de suas determinações inconscientes, que se libera de certas cargas traumáticas – pretender se desembaraçar de tudo é irreal e pouco conforme ao que se conhece hoje como a construção psíquica –, reapropria-se ao mesmo tempo de sua história pessoal, condição indispensável para se inscrever em um futuro que, no sentido mesmo do termo, seria impensável sem lembranças, quer dizer, sem isso que, em um passado filtrado e colocado em forma pelo crivo da memória, consideramos ser a causa do que somos e do que seremos.[39] Percebemos então que, no processo de mobilização memorial necessário a toda consciência de si, a lembrança não é a imagem fiel da coisa lembrada, mas outra coisa, plena de toda a complexidade do sujeito e de sua trajetória de vida.

De fato, a lembrança do tempo passado não é a lembrança do tempo que passa nem a lembrança do tempo que *passou*, pois, como observa M. I. Finley, a consciência da duração entre o momento da rememoração e o acontecimento recordado é flutuante (de acordo com o caso haverá contração ou extensão) e aproximativa: "há muito tempo" ou "outro dia",[40] etc. Em razão dessa imagem grosseira da duração, observa Bachelard, "nossa alma não guardou a fiel lembrança de nossa idade nem a verdadeira medida da longa jornada ao longo dos anos: guardou, isso sim, a lembrança dos acontecimentos que colocamos como decisivos de nosso passado", quer dizer, os acontecimentos que são percebidos como tal, que fazem sentido para quem lembra, ordenados de acordo com um sistema racional no momento

---

* N. T.: Descarga emocional que acompanha um afeto até então recalcado na consciência.

Memória e identidade

mesmo da evocação, por ocasião dos "instantes ativos" bachelardianos nos quais acontece a "tomada de memória"[41] que é, ao mesmo tempo, tomada de consciência de si mesmo. Esses instantes ativos são também de projeção, pois o contexto da evocação, o enquadramento da lembrança – a referência aos "quadros sociais" de Maurice Halbwachs é explícita aqui –, consiste em dar ao ato de memória certo objetivo traduzindo-o "na linguagem do futuro humano".[42] O ato memorial tem uma dimensão teleológica. Desse ponto de vista podemos considerar a memória bachelardiana como uma resposta às interrogações aristotélicas ou agostinianas sobre o passado que não é mais, o futuro que ainda não é e o presente que foi abolido no momento mesmo em que nasceu. Recordar permite juntar essas três dimensões temporais, como bem observou Kant, para quem a faculdade de recordar e a faculdade de prever servem "para unir em uma experiência coerente o que não é mais com o que ainda não é, em meio do que é o presente".[43] O apelo ao passado é um constante desafio lançado ao futuro, consistindo em ponderar hoje sobre o que foi feito e o que poderia ter sido feito.

Há um argumento de peso em favor da alteridade da lembrança: não se pode recordar um acontecimento passado sem que o futuro desse passado seja integrado à lembrança.[44] "Eu sei que estive na Córsega antes da guerra, escreveu Merleau-Ponty, porque eu sei que a guerra estava no horizonte de minha viagem à Córsega."[45] Nossa memória acrescenta à lembrança o futuro dessa lembrança. Por essa mesma razão, o tempo da lembrança não é o passado, mas "o futuro já passado do passado".[46] O tempo da lembrança é, portanto, inevitavelmente diferente do tempo vivido, pois a incerteza inerente a este último está dissipada no primeiro. Isso pode explicar os numerosos casos de embelezamento de lembranças desagradáveis que, ao serem relembradas, são aliviadas da angústia e do sentimento de contrariedade provocados pela incerteza da situação vivida durante a qual se teme sempre o pior. A lembrança é, portanto, algo distinto do acontecimento passado: é uma imagem (*imago mundi*), mas que age sobre o acontecimento (*anima mundi*), não integrando a duração e acrescentando o futuro do passado. Essa hipótese da alteridade da lembrança se integra perfeitamente à teoria segundo a qual não existe para o homem uma realidade independente de sua intencionalidade. Aqui de novo a ideia de que "para a consciência humana nada é simplesmente apresentado, mas representado".[47] Pode-se pensar então em aplicar à imagem memorial aquilo que dizia Bachelard sobre a ressonância poética de toda imagem,[48] propícia por natureza à atividade da imaginação e criação. Essa alteridade memorial é, finalmente, uma modalidade de alteridade ontológica do sujeito que diversos conjuntos de indivíduos (as "sociedades") se esforçam em querer dominar, reduzir ou aniquilar.

NOMEAÇÃO, MEMÓRIA E IDENTIDADE

> *"Considere se é uma mulher*
> *Aquela que não tem cabelos nem nome*
> *Nem forças para deles se recordar."*[49]

Evocando a ligação entre a perda do nome e a da memória, Primo Levi dificilmente poderia melhor expressar aquilo que está no princípio mesmo do sistema concentracionário: a aniquilação da memória e da identidade dos deportados antecede a suas exterminações físicas e começa pela "de-nominação", manifestando-se administrativamente pela substituição do nome de cada pessoa por um número de registro. Nesse sentido, podemos dizer que "a Shoah é a antimemória".[50]

O nome próprio, e mais genericamente toda a nominação do indivíduo ou de um conjunto de indivíduos, é uma forma de controle social da alteridade ontológica do sujeito ou da alteridade representada de um grupo. Essa forma de controle não objetiva reduzir essa alteridade, mas, em certos casos, restaurá-la. "Lugar da inscrição social do grupo sobre o sujeito",[51] "descrição abreviada"[52] socialmente reconhecida

Memória e identidade

de uma pessoa, o nome é sempre uma questão identitária e memorial. Quer se trate da identidade pessoal entre os samos,[53] inteiramente contida em seus nomes, ou dos nomes de clãs dos iroquis confiados aos "guardiões" da memória,[54] do registro escrupuloso dos nomes dos mortos comemorados nos *libri memoriales* na Idade Média e nessa mesma época, da gestão hábil de uma memória onomástica no quadro das estratégias de poder;[55] que se trate ainda das antroponímias utilizadas em Minot (Châtillonais) como "instrumentos mnemotécnicos" que "situam o indivíduo em uma linhagem, inscrevendo-o em um tempo e um espaço comum",[56] ou da regra de transmissão de nomes próprios que com frequência está de acordo com a memória genealógica,[57] ou ainda a publicação por Serge Klarsfeld, em outubro de 1994, de uma lista de 11 mil nomes de crianças vítimas do nazismo e de Vichy no *Memorial das crianças judias deportadas da França*,[58] em todos os casos a nominação, a memória e a identidade estabelecem relações muito fortes. Todo dever de memória passa em primeiro lugar pela restituição de nomes próprios. Apagar o nome de uma pessoa de sua memória é negar sua existência; reencontrar o nome de uma vítima é retirá-la do esquecimento, fazê-la renascer e reconhecê-la conferindo-lhe um rosto, uma identidade.

"Nobre ou miserável, todo homem leva um nome desde seu nascimento",[59] relembra Alcinoos a Ulysses, e na Grécia antiga os homens comuns que desapareciam no esquecimento de Hades se tornavam *nônumnoi*, ou seja, "anônimos".[60] A memória indestrutível do nome e do renome, aquela que exalta continuamente os vivos a respeito dos "bons mortos", que conseguiram sobreviver em glória de geração em geração graças às suas mortes heroicas, opõe-se à ausência de memória da massa indistinta dos "sem-nome", privados de lembrança, imersos lá "onde não existe mais nada nem ninguém". Enquanto a evocação de mortos ilustres pelos vivos distingue, em uma glória pós-humana, mas pessoal, os indivíduos que recuperam assim suas identidades, as cabeças vazias "encapuzadas de trevas" vagam sem força no Hades e "nada têm a recordar". De um lado, uma sociedade estruturada pelo nome, pela memória, pela temporalidade, pela individualidade fundada sobre o renome e a identidade; de outro, o horror do anonimato, o esquecimento, a atemporalidade, a multidão e o caos de sombras ignoradas.[61]

Na atualidade, não se lembrar do nome de uma pessoa pode parecer uma ofensa para esta última, sobretudo se o esquecimento é manifesto em sociedade. Ela terá o sentimento de ser negada em sua individualidade, naquilo que Bourdieu denomina "sua constante nominal".[62] Ao contrário, chamar alguém por seu nome – e mesmo escrever corretamente seu sobrenome – é lembrar-se da atribuição e do reconhecimento social de uma identidade. Igualmente, "fazer o nome" é agir para a posteridade, ter a esperança estéril de não desaparecer no esquecimento. Como mostram esses diferentes exemplos, não é suficiente apenas nomear para identificar, é preciso ainda conservar a memória dessa nominação, o que é a razão de ser da memória administrativa registrada nos atos de estado civil.

Por outro lado, a mudança de nome é com frequência uma prova real para o sujeito cuja identidade se vê, ao mesmo tempo, ameaçada e colocada em questão. Algumas pessoas originárias de antigas colônias francesas (Indochina, Estados do Magreb), que optaram pela França no momento da independência, solicitaram a mudança de seus nomes de família. Elas foram muitas vezes acusadas de querer esquecer suas origens em benefício de uma "identidade nova".[63] Igualmente, as numerosas mudanças de nomes israelitas aceitos pela administração após a Segunda Guerra Mundial não foram sempre acompanhadas por um desaparecimento da identidade judaica, o que pode criar situações plenas de confusão e conflitos: assim, observa Nicole Lapierre, uma mulher judia tendo um nome de origem bíblica e um sobrenome modificado poderá ter o sentimento de uma "traição das origens".[64]

A que atribuir essa importância que assume a nominação? Sem dúvida, isso se deve ao fato de que a memória de um sobrenome, quer

Memória e identidade

dizer, a permanência no tempo de uma identidade atribuída, é uma fonte essencial da totalização existencial.

A TOTALIZAÇÃO EXISTENCIAL

> *"Isso submerge. Nós o organizamos.*
> *Cai em pedaços. Nós o organizamos de novo*
> *e caímos nós mesmos em pedaços."*[65]

Como dar um sentido aos acontecimentos de uma vida, a uma série de ações desarticuladas, fragmentadas, à descontinuidade do real, "miríade de acontecimentos pessoais"?[66] Como fazer surgir a ordem da confusão e do acaso, a harmonia e a concordância do que é fragmentado, discordante e díspar, "o inteligível do acidental, o necessário ou o provável do episódico?"[67] Essas perguntas, todos que rememoram sua própria vida as fazem, explicitamente ou não. Uma vez que o que faz a identidade de uma pessoa não pode jamais ser realmente ou totalmente rememorado,[68] responde Benedict Anderson, devemos *contá-la*, fazer "uma narrativa de identidade",[69] um "discurso de apresentação de si" que terá a forma de uma "totalidade significante".[70] Essa tende a ser total nos dois sentidos da palavra: pretende nada deixar na sombra – o que é falso, bem entendido: essa primeira dimensão do projeto de totalização não é jamais realizada – e se apresenta como um somatório de atos do passado que seria o resultado lógico, quase aritmético, o que é sempre verdade para quem recorda. De fato, o estatuto de verdade do discurso de apresentação de si está para além de toda possibilidade de prova.

Toda apresentação de si repousa, portanto, sobre a intriga e a anamnese. Responder à questão *quem?*, escreve Hannah Arendt,[71] é sempre contar a história de uma vida. Encontramos aqui a noção de identidade narrativa de Ricoeur, para quem o tempo "torna-se tempo humano na medida em que é articulado de maneira narrativa".[72] Essa narração, que está no princípio da totalização existencial, é de fato uma reconstrução, tornando-se possível pela aptidão propriamente humana de colocar o passado a distância. Apoiando-se no conceito de MOP (*memory organization packets* ou *pacotes de organização de memória*), Roger C. Schanck sustenta que o fato de contar uma história não é apenas uma simples repetição, mas um real ato de criação: "é o processo de criação mesmo da história que cria a estrutura mnemônica que conterá a essência dessa história para o resto de nossa vida. Falar é recordar".[73] Essa reconstrução é tributária, por sua vez, da natureza do acontecimento memorizado, do contexto passado desse acontecimento e também daquele do momento da recordação.

É o distanciamento do passado que o permite reconstruir para fazer uma mistura complexa de história e ficção, de verdade factual e verdade estética. Essa reconstrução tende à elucidação e à apresentação de si. De fato, o ato de memória que se dá a ver nas narrativas de vida ou nas autobiografias coloca em evidência essa aptidão especificamente humana que consiste em dominar o próprio passado para inventariar não o vivido, como supunha Maget,[74] mas o que fica do vivido. O narrador parece colocar em ordem e tornar coerente os acontecimentos de sua vida que julga significativos no momento mesmo da narrativa: restituições, ajustes, invenções, modificações, simplificações, "sublimações",[75] esquematizações, esquecimentos,[76] censuras, resistências, não ditos, recusas, "vida sonhada", ancoragens, interpretações e reinterpretações constituem a trama desse ato de memória que é sempre uma excelente ilustração das estratégias identitárias que operam em toda narrativa.

Muitos relatos autobiográficos são efetivamente permeados por diversos fenômenos como a trama, os rearranjos mitológicos, a paramnésia, a ocultação, os déficits mnésicos em razão da idade ou ainda os delírios de memória similares às hipermnesias oníricas. Esses fenômenos produzem efeitos diferentes, dependendo se a memória

Memória e identidade

restituída for familiar, profissional, local, nacional. No entanto, seria errôneo querer avaliar essa identidade narrativa a partir de critérios de verdadeiro ou falso, rejeitando pura e simplesmente as anamneses que parecem de pouca credibilidade, pois para toda manifestação da memória há uma verdade do sujeito, diferenças recuperadas entre a narração (a memória restituída, as maneiras de "ter por verdadeiro")[77] e a "realidade" factual: se podemos dizer que a verdade do homem é o que ele oculta, o fato de ocultar é também sua verdade. A realidade de uma narrativa é ser "real para um sujeito", o que é "a realidade de um encontro com o real".[78] A partir dessas ocultações, pode-se esperar melhor compreender os processos complexos que acompanham, de início, a memorização e, em seguida, a rememoração. É no mesmo quadro teórico que é preciso inscrever o esquecimento que surge na narrativa. Na perspectiva da totalização existencial, é necessário menos considerar esse esquecimento como uma debilidade do que como uma estratégia narrativa *inconsciente*. É o "momento da verdade da relação entre o sujeito com seu próprio texto psíquico".[79] Longe de ser um defeito de comunicação consigo mesmo,[80] o esquecimento permite muitas vezes ao sujeito assegurar a permanência dessa comunicação, graças a uma triagem sempre sutil entre as lembranças aceitáveis e aquelas que, a seus próprios olhos, tornam o passado psicologicamente, e por vezes fisicamente, insuportável. Existe, de fato, um passado "onde há boas razões para não se mover"[81], e cada pessoa dispõe de múltiplos recursos memoriais quando tenta criar "um passado útil",[82] utilidade sempre apreciada em função da situação presente. Na relação que mantém com o passado, a memória humana é sempre conflitiva, dividida entre um lado sombrio e outro ensolarado: é feita de adesões e rejeições, consentimentos e negações, aberturas e fechamentos, aceitações e renúncias, luz e sombra ou, dito mais simplesmente, de lembranças e esquecimentos. A lembrança, tal como ela se dispõe na totalização existencial verbalizada, faz-nos ver que a memória é também uma arte da narração que envolve a identidade do sujeito e cuja motivação primeira é sempre a esperança de evitar nosso inevitável declínio. É por isso que muitas vezes as pessoas, ao envelhecer, tornam-se muito falantes ou então definitivamente silenciosas, após terem aceitado o inevitável.

Produzindo esse passado composto e recomposto, o trabalho complexo da memória autobiográfica objetiva construir um mundo relativamente estável,[83] verossímil e previsível, no qual os desejos e projetos de vida adquiram sentido e a sucessão de episódios biográficos perde seu caráter aleatório e desordenado para se integrar em um *continuum* o mais lógico possível – Halbwachs vê na narrativa "uma lógica em ação",[84] cujo ponto de origem e ponto de chegada – apresentado também como um fim – são constituídos pelo próprio sujeito ou eventualmente por sua família (as raízes, a posteridade), seu clã, seu país (mitos fundadores, desígnios, destinos). Toda a conduta da narrativa produz, portanto, uma ilusão biográfica, uma ficção unificadora. Esse ato de memória nunca é uma reprodução pura do acontecimento ausente, mas, em sua forma mais acabada, uma construção que exige a participação das funções psicológicas mais elevadas.

Na maior parte do tempo essa lógica em ação é inconsciente, mas pode acontecer de se tornar explícita. Assim, observa o monge Arnold por volta do ano 1030, "não apenas é permitido às coisas novas de modificar as antigas como, se estas estão desordenadas (contrárias à ordem desejada por Deus), podemos rejeitá-las totalmente; se elas estão conforme a boa ordem das coisas, mas, sem ser de grande utilidade, podemos ocultá-las respeitosamente".[85] O sucesso dessa ação de depuração da memória jamais está assegurado e pode acontecer de, após ter resumido seu passado, um indivíduo não poder ficar "solidário de sua tradição",[86] vendo-se invadido por um sentimento de vergonha ou culpa. Por outro lado, a reminiscência que rege essa tentativa de acesso a si mesmo obedece sempre a uma "teleologia linear",[87] transforma um passado feito de rupturas e descontinuidades em um traçado que religa o que estava separado. Aquele que volta a redimensionar sua

Memória e identidade

vida a partir desses traços dispersos de seu passado os dispõe sobre um eixo temporal contínuo que supõe poder recapitular sua vida inteira. Impõe-se, então, em toda a sequência autobiográfica (narrativas de vida, mas também, de certa forma, as múltiplas práticas autobiográficas comuns que objetivam inscrever "a singularidade do eu" tal como diários, egomuseus, trocas epistolares, arquivos pessoais[88] de toda natureza), a recordação de uma trajetória ou de uma história de vida que, ao menos parcialmente, justificaria o destino individual. Além disso, o fato de dotar de coerência sua trajetória de vida satisfaz uma preocupação que podemos qualificar como estética: permite ao narrador transformar a seus próprios olhos a narrativa de si próprio em uma "bela história", quer dizer, uma vida completa, rica em experiências de toda natureza. Nesse sentido, todo aquele que recorda domestica o passado e, sobretudo, dele se apropria, incorpora e coloca sua marca em uma espécie de selo memorial que atua como significante da identidade.

Essa apropriação do passado pode ser observada também na tendência dos sujeitos a, de um lado, memorizar menos os acontecimentos neutros do que aqueles carregados afetivamente e, de outro, entre esses últimos, esquecer aqueles que são desagradáveis mais rapidamente do que os outros. Com o tempo, vai-se atenuando o lado desagradável de algumas lembranças, o que se obtém através de algumas estratégias como as omissões. Mesmo que não exista nada de sistemático no princípio do prazer da memória, podemos considerar que, de uma maneira geral, o "otimismo memorial" prevalece sobre o pessimismo. Alan Baddeley cita a experiência relativa à recusa feita por Marigold Linton: observando suas lembranças tais como as havia registrado e o sentimento geral que tinha concernente à sua vida passada, ela percebe que os acontecimentos registrados eram descritos como dolorosos ou desagradáveis ainda que sua memória os houvesse conservado com uma tonalidade agradável.[89] No mesmo registro, porém mais dramático, Baddeley relata também os resultados de uma pesquisa feita junto a antigos deportados que foram interrogados em dois momentos, uma primeira vez por ocasião de suas liberações entre 1943 e 1947, e uma segunda vez entre 1984 e 1987. As entrevistas feitas neste último período revelam uma atenuação ou repressão de lembranças mais dramáticas ou humilhantes[90] que teriam relatado no momento de suas liberações: abusos extremos, mortes de companheiros ocorridas sob seus olhos etc. Uma forte emoção provocada por um acontecimento particularmente aterrorizante pode mesmo conduzir à amnésia psicogênica, ou seja, a censura total da lembrança. No entanto, tal como observou Gerard Namer, o esquecimento não é a regra e acontece do deportado manejar as lembranças não pela recusa, "mas religando-as, construindo um tecido de memória que dá sentido às cruéis e insanas lembranças".[91] Acontece também de as lembranças recorrentes chegarem a perturbar fortemente o estado psíquico de antigos deportados, como se pode observar na "síndrome do sobrevivente", que se desenvolve através de pesadelos, do terror, do sentimento de abandono, da ansiedade e de uma irritabilidade incurável.[92]

Por outro lado, uma vez que os quadros sociais da memória orientam toda evocação, a anamnese de todo indivíduo dependerá daqueles que lhe são contemporâneos: ele oferecerá, portanto, uma visão dos acontecimentos passados em parte transformada pelo presente ou, mais exatamente, pela posição que ele próprio ocupa nesse presente. Da mesma forma que para reler um livro com a mesma disposição com que se leu na infância seria necessário esquecer tudo o que se viveu desde então e reencontrar tudo o que sabíamos naquele momento,[93] a pessoa que desejasse reviver fielmente um acontecimento pertencente à sua vida passada deveria ser capaz de esquecer todas as experiências posteriores, incluindo aquela que estivesse vivendo durante a narração. Essa coincidência perfeita entre o "eu narrador" e o "eu narrado" é, evidentemente, impossível.[94]

Por ocasião do processo contra Paul Touvier aberto em Versalhes em 17 de março de 1994, os testemunhos reconstruíram relatos histó-

Memória e identidade

ricos não apenas de suas experiências pessoais, muitas vezes trágicas como as das vítimas do acusado, mas também de tudo o que puderam ler e escutar sobre essa questão ao longo de cinquenta anos.[95] Maurice Bloch observou a mesma imbricação entre memória autobiográfica e memória histórico-semântica que, segundo sua definição, "se refere aos fatos que o sujeito aprendeu por intermédio de outras pessoas" nas narrativas já citadas sobre a revolta de 1947 em Madagascar.[96]

Por outro lado, essa construção instável em si mesma pode ainda mudar em sua forma e conteúdo quando o sujeito "presentifica" a informação rememorada. Sabe-se que o estado emocional do narrador, as influências que sofre, pode ter um efeito sobre a natureza das lembranças evocadas sem que se possa realmente determinar se a qualificação feita do acontecimento, quando recordado, deva-se a elementos seus ou à projeção do seu humor no momento mesmo da reminiscência. Seja o que for, o sujeito que experimenta um sentimento interior de tristeza terá, talvez, a tendência a recordar experiências qualificadas como tristes, conferindo assim uma visão tendenciosa de sua própria vida. Essa dependência do contexto participa, portanto, da reconstrução das lembranças.

Graças a essa reconstrução, a consciência "organiza a significação total da experiência". Esse poder unificador – e revificador – da consciência atuante "não é nada mais do que a elaboração da unidade pessoal".[97] Quando um indivíduo constrói sua história, ele se engaja em uma tarefa arriscada consistindo em percorrer de novo aquilo que acredita ser a totalidade de seu passado para dele se reapropriar e, ao mesmo tempo, recompô-lo em uma rapsódia sempre original. O trabalho da memória é, então, uma maiêutica da identidade, renovada a cada vez que se narra algo. Por essa razão, a totalização não é uma soma, contrário ao que acredita o narrador. Através de "efeitos de iluminação" narrativos, o locutor ilumina episódios particulares de sua vida, deixando outros na sombra. Mesmo a narrativa mais atenta é trabalhada pelo esquecimento ao qual se teme, pelas omissões que se desejam e pelas amnésias que se ignoram, tanto quanto é estruturada pelas múltiplas pulsões que, na classificação de nosso passado, nos fazem dar sentido e coerência à nossa trajetória de vida.

Em suma, a imagem que desejamos dar de nós mesmos a partir de elementos do passado é sempre pré-construída pelo que somos no momento da evocação. No entanto, isso não significa a ausência total da reprodução. Na maior parte dos casos, a pré-construção e a reconstrução se organizam ao redor do que, de acordo com Bachelard,[98] poderíamos chamar de núcleo memorial, que é também um núcleo de sentidos, constituído por elementos do passado relativamente estabilizados, quer dizer, conservados sem mudanças desde sua percepção original.

Em resumo, podemos definir a totalização existencial como um ato de memória que investe de sentido os traços mnésicos, por vezes subitamente, como no caso dos "acessos de memória". Em função de objetivos e relações no presente, esse ato de memória organiza os traços mnésicos deixados pelo passado:[99] ele os unifica e os torna coerentes a fim de que possam fundar uma imagem satisfatória de si mesmo.

Esse trabalho da memória nunca é puramente individual. A forma do relato, que especifica o ato de rememoração, "se ajusta imediatamente às condições coletivas de sua expressão,"[100] o sentimento do passado se modifica em função da sociedade. Encontramos aqui as teses de Halbwachs e a intuição de que, em toda anamnese, é impossível dissociar os efeitos ligados às representações da identidade individual daqueles relacionados às representações da identidade coletiva. Muitas de nossas lembranças existem porque encontramos eco a elas, observação que conduziu Halbwachs a elaborar a noção de "quadros sociais da memória". Por isso, é um tecido memorial coletivo que vai alimentar o sentimento de identidade. Quando esse ato de memória, que é a totalização existencial, dispõe de balizas sólidas, aparecem as memórias organizadoras, poderosas, fortes, por vezes monolíticas, que vão reforçar a crença de uma origem ou uma história comum ao grupo. Quando há uma diluição desses marcos, confusão de objetivos

Memória e identidade

e opacidade de projetos, as memórias organizadoras não chegam a emergir ou permanecem fracas, esparsas: nesse caso a ilusão do compartilhamento se esvanece, o que contribui para um desencantamento geral. No primeiro caso, as identidades se mostram seguras delas mesmas, fortes, inabaláveis e compactas; no segundo, observam-se identidades inquietas, frágeis, fragmentadas. Não se deve procurar nenhuma cronologia nesse modelo, pois, como já destaquei várias vezes, é no mesmo movimento dialético que a memória vem confortar ou enfraquecer as representações identitárias, e estas vêm reforçar ou enfraquecer a memória. Em todos os casos, esse trabalho de memória é coletivo desde sua origem, pois se manifesta "no tecido das imagens e da linguagem"[101] que devemos à sociedade e que nos vai permitir dar uma ordem ao mundo.

NOTAS

[1] Claude Gaignebet, *A plus haut sens*, t. I, Paris, Maisonneuve & Larose, 1986, p. 383.

[2] Jean-Jacques Rousseau, *Les rêveries du promeneur solitaire. Deuxième promenade*, Paris, Gallimard, "La Pléiade", 1959, p. 1005.

[3] Entrevista ao France Culture de 10 de dezembro de 1994, apude Jean Chesneaux, *Habiter le temps*, Paris, Bayard, 1996, p. 5.

[4] Marcel Proust, *Du côté de chez Swann*, Paris, Robert Laffont, 1987, p. 27.

[5] N. Grimaldi, *Ontologie du temps. L'attente et la rupture*, Paris, PUF, 1993, p. 8.

[6] "O presente do futuro é a espera" (Saint Augustin, *Les confessions*, XI, XX).

[7] J. Chesneaux, op. cit., p. 112.

[8] Alteração no sentido de perda, mas também no sentido próprio do termo, quer dizer, que nos faz outro, tal como Proust constatando o efeito do tempo sobre seu amor por Albertina: "Porque eu compreendia que morrer não era algo novo, mas que, ao contrário, desde minha infância eu havia já morrido algumas vezes. Para tomar o período mais antigo, não tinha dado à Albertina mais do que minha vida? Poderia então conceber minha pessoa sem a continuação de meu amor por ela? Ora, eu não a amava mais, eu era não mais o ser que a tinha amado, mas um ser diferente, eu cessei de amá-la quando me tornei um outro" (*A la recherche du temps perdu. Le temps retrouvé*, Paris, Laffont, 1987, p. 833-834).

[9] Jean-Pierre Vernant, "Aspects mythiques de la mémoire", em *Mythe et pensée chez les grecs*, Paris, Maspero, 1965, p. 109-136.

[10] A noção de indivíduo na cultura grega arcaica tende a distanciar ou mesmo ignorar a intimidade do Eu e não tem, portanto, a mesma significação que a ela damos nas sociedades modernas. Sobre esse ponto, dentre uma literatura abundante, ver J. P. Vernant, *L'individu, la mort, l'amour*, op. cit., particularmente o capitulo X, p. 211-232.

[11] G. Tiberghien, op. cit., p. 13.

[12] Tese que subentende toda a reflexão de Georges Gusdorf em *Mémoire et Personne*, Paris, PUF, 1993, 576p.; ou ainda a de Henri Bergson em *La pensée et le mouvant*, Paris, PUF (Col. "Quadrige"), 1993, 304p.

[13] Esse ponto é essencial: a consciência deve à faculdade da memória o fato de ser originariamente temporal. Graças a essa faculdade acedemos imediatamente ao sentimento da duração, provavelmente em função de determinismos biológicos e de certas observações de ordem fisiológicas tais como o envelhecimento, bem antes de despertar em nós a ideia da conservação de lembranças em geral. De fato, observa Nicolas Grimaldi, "não é a conservação das lembranças que nos dá o sentido do tempo, mas o fato de sermos capazes de lembrar que tivemos um passado". Somente pode ter "o sentimento que o *tempo passa* um ser que não passa com o tempo" (op. cit., p. 48 e 93). A memória é, portanto, transcendente ao tempo no sentido de que ela não desaparece (pelo menos não totalmente) no movimento mesmo de escoamento do tempo, o que resume bem o célebre verso de Apollinaire: "os dias passam e eu permaneço".

[14] Saint Augustin, *Les confessions*, X, VIII.

[15] G. Tiberghien, op. cit., p. 167-168.

[16] Jean Guillaumin, *La gênese du souvenir*, Paris, PUF, 1968, p. 96.

[17] Consideramos aqui uma das metáforas mais influentes da consciência, aquela da "corrente de pensamento" de W. James que, lembra Jean Delacour, "salienta o encadeamento melódico e o fluxo incessante dos conteúdos da consciência". *Biologie de la conscience*, Paris, PUF, 1994, p. 36.

[18] Cassirer fala de "pregnância simbólica". *A filosofia das formas simbólicas*, III, Paris, Minuit, 1972, p. 202.

[19] C. Simon, apud M. Calle (org.), op. cit., p. 6.

[20] Francisco J. Varela, Evan Thompson e Eleanor Rosh, *L'inscription corporelle de l'esprit: sciences cognitives et experiénce humaine*, Paris, Seuil, 1993, p. 35.

[21] P. J. Geary, op. cit., p. 42.

[22] Imaginação que desde Aristóteles em *De memória et reminiscentia* é considerada como auxiliar da memória, o que se pode observar também em toda obra de Proust.

[23] Condillac, *Traité des sensations*, capítulo IV, 15.

[24] Jean-Pierre Changeux, *L'homme neuronal*, Paris, Fayard, 1983, p. 161.

[25] A lembrança, observa Husserl, é representação, pois o objeto rememorado aparece com um caráter modificado: ele "não se apresenta como presente, mas como tendo sido presente", o que leva a dizer que ele é percebido através da duração e da "sequência fluida" do vivido (Edmund Husserl, *Leçons pour une phénoménologie de la conscience intime du temps*, Paris, PUF, 1964, p. 78-69).

[26] Tzvetan Todorov, *Les abus de la mémoire*, Paris, Arléa, 1995, p. 14.

[27] Teoria fundada sobre a hipótese de que as ações obedecem às leis da física quântica, vinculando os acontecimentos mentais, "não materiais", aos acontecimentos neuronais do cérebro.

[28] John Eccles, *Como a consciência controla o cérebro*, Paris, Fayard, 1997, p. 34.

[29] Ver Alexandre Luria, *L'homme dont la mémoire volait en éclat*, Paris, Seuil, 1995, 310p.

[30] Oliver Sacks, *L'homme qui prenait as femme pour um chapeau*, Paris, Seuil, 1988, p. 48.

[31] Patrice Huerre, *L'adolescence em héritage. D'une géneration à l'autre*, Paris, Clamann-Levy, 1996, p. 11.

[32] J. Guillaumin, op. cit., p. 99.

[33] *La mémoire emprisonnée*, Arte, 16 jun. 1996.

[34] J. Guillaumin, op. cit., p. 200, 202 e 259.

[35] Idem, p. 152.

Memória e identidade

36 É o caso da teoria edelmaniana de seleção de grupos neuronais, a TSGN. De acordo com essa teoria, as diversas regiões do sistema nervoso se estruturam geneticamente em redes neuronais, de maneira diferenciada de um indivíduo a outro. A memória é uma propriedade dinâmica das populações de neurônios assim constituídas, consistindo em um "fortalecimento específico de uma capacidade de categorização previamente estabelecida". Edelman acrescenta que, do ponto de vista da evolução, isso é, sem dúvida, vantajoso, ou seja, "ter mecanismos capazes de rejeitar as categorizações que colocam em risco a eficácia dos conceitos sobre si próprio" (Gérard M. Edelman, *Biologie da la conscience*, Paris, Odile Jacob, 1992, p. 157-158 e 224).

37 *Théétète*, 191, c-d.

38 Sylvie Le Poulichet, Bouffée de mémoire, em Henri Pierre Jeudy, *Patrimoines en folie*, Paris, Éd. de la Maison des Sciences de l'Homme, 1990, p. 171.

39 "Porque nada pode, separado do que o causa, assumir o futuro" (Platon, *Timée*, 28).

40 M. I. Finley, op. cit., p. 26-28.

41 Gaston Bachelard, *La dialectique de la durée*, Paris, PUF, 1950, p. 48.

42 Idem, p. 46.

43 Emmanuel Kant, *Anthropologie d'un point de vue pragmatique*, primeira parte, I, 34, em *Oeuvres philosophiques*, III, Paris, Gallimard, 1986, p. 1000.

44 N. Grimaldi, op. cit., p. 211.

45 Maurice Merleau-Ponty, *Phénomenologie de la perception*, Paris, Gallimard, 1945, p. 474.

46 N. Grimaldi, op. cit., p. 211.

47 Gilbert Durand, *L'imagination symbolique*, Paris, PUF, 1964, p. 64.

48 Gaston Bachelard, *La poetique de la rêverie*, Paris, PUF, 1960, p. 103.

49 Primo Levi, *Si c'est um homme*, Paris, Julliard, 1987, p. 9.

50 Magda Hollander-Lafon, antiga deportada para Auschwitz-Birkenau, apud Édith Castel, "La traversée de la mémoire", *Cahiers pour croire aujourd'hui*, n. 15, 1995, p. 117.

51 Jean-Marie Benoist, em C. Lévi-Strauss (org.), *L'identité*, p. 17.

52 B. Russell, *Histoire de mes idées philosophiques*, op. cit., p. 210.

53 População do noroeste da Haute-Volta, ver Françoise Héritier, em C. Lévi-Strauss, op. cit., p. 69.

54 Claude Lévi-Strauss, *La pensée sauvage*, Paris, Plon, 1962, p. 250.

55 P. Geary, op. cit., p. 41 e 118-127.

56 F. Zonabend, op. cit., p. 224.

57 F. Zonabend, em Lévi-Strauss (org.), *L'identité*, p. 265. Sobre esse aspecto, ver também J. Le Goff, *Histoire et Mémoire*, p. 113; M. Halbwachs, *Les cadres sociaux de la mémoire*, p. 167; Nicole Lapierre, *Changer de nom*, Paris, Stock, 1995, 386p.; ou ainda várias contribuições contidas na obra de Tiphaine Barthélemy e Marie-Claude Pingaud, *La génealogie entre science et passion*, Paris, CTHS, 1997, 422p.

58 É igualmente a razão de ser do memorial *Yad Vashem* em Jerusalém: "Eu lhes darei um nome eterno que não perecerá jamais", *Isaías*, 56:5.

59 *Odisseia*, VIII, p. 550-554.

60 Jean-Pierre Vernant, "L'individu dans la cité", em *Sur l'individu* (collectif), Paris, Seuil, 1987, p. 25.

61 J. P. Vernant, *L'individu, la mort, l'amour*, op. cit., p. 86-89 e 101.

62 Pierre Bourdieu, *Raisons practiques. Sur la théorie de l'action*, Paris, Seuil, 1994, p. 85.

63 Nicole Lapierre, "Changer de nom", *Communications*, n. 49, 1989, p. 154.

64 Idem, p. 156.

65 Rainer Maria Rilke, *Élegie de Duino* (huitième élégie).

66 G. Bachelard, *La dialectique de la durée*, op. cit., p. 35.

67 Paul Ricoeur, *Temps et Récits*, 1: *L'intrigue et le récit historique*, Paris, Seuil, 1983, p. 85.

Da mnemogênese à memogênese

[68] De fato, guardamos um fraco eco do "rumor das distâncias atravessadas" ao longo de uma vida: como é estranho, observa B. Anderson, "ter necessidade de ajuda de outro para compreender que o bebê nu da foto, confortavelmente instalado sobre uma colcha ou um berço, não é outro senão nós mesmos" (op. cit., p. 204).

[69] Idem, p. 205.

[70] A. Muxel, op. cit., p. 31.

[71] Hannah Arendt, *Condition de l'homme moderne*, Paris, Calmann-Lévy, 1961 e 1983, p. 231-246.

[72] P. Ricoeur, op. cit., p. 17.

[73] Roger Schank, "De la mémoire humaine à la mémoire artificielle", *La recherche*, n. 273, fev. 1995, p. 154.

[74] Marcel Maget, *Guide d'étude directe des comportements culturels*, Paris, CNRS, 1962, p. 83.

[75] M. Bloch, op. cit., p. 73.

[76] Sobre o papel do esquecimento ordinário (diferente da amnésia) considerado não como uma debilidade, mas como um ativo permitindo ao sujeito de "restaurar, substituir, compensar e preservar sua identidade", ver O. Sacks, op. cit., p. 20.

[77] P. Ricoeur, op. cit., p. 402.

[78] J. Guillamin, op. cit., p. 150 e 151. Sobre esse ponto de vista, ver igualmente Freddy Raphael, "Le travail de la mémoire et les limites de l'histoire orale", *Annales ESC*, jan.-fev. 1980, 35, p. 131.

[79] Paul-Laurent Assoun, "Le sujet de l'oubli selon Freud", *Communications*, n. 49, 1989, p. 109.

[80] Claude Lévi-Strauss, *Anthropologie structurale deux*, Paris, Plon, 1973, p. 230.

[81] Charles Peguy, *Cahiers*, x, xiii, Paris, Gallimard, "La Pléiade", 1988, p. 1312.

[82] P. J. Geary, op. cit., p. 233.

[83] Sobre as relações entre a existência de um mundo estável, reprodutível e revisível e a memória episódica autobiográfica, ver J. Delacourt, op. cit., p. 38-39.

[84] M. Halbwachs, *La topographie légendaire des évangiles en terre sainte*, p. 149. De 19 de agosto a 1 de setembro de 1997, o jornal *Le Monde* forneceu uma perfeita ilustração dessa lógica em ação em uma série de reportagens intituladas "retorno sobre a imagem" e que consistia, após seleção de doze grandes fotografias dos últimos 130 anos (Kim Phuc, a criança-símbolo do Vietnã vítima de um bombardeio em Napalm em 8 de junho de 1972; Mstislav Rostropovich tocando diante do muro de Berlim em 11 de novembro de 1989 etc.) em entrevistar os "heróis" dessas imagens. Ficaram surpreendidos em ver como a maior parte deles conseguia integrar o acontecimento antigo representado pela fotografia em uma lógica de vida que não apenas encontra seu resultado provisório no momento mesmo da entrevista com a jornalista Annick Cojean, mas igualmente em uma espécie de causalidade inversa, parece querer justificar o acontecimento passado pelo presente que se torna originário: a lógica unificadora e totalizante opera de maneira bidirecional, do passado em direção ao presente, mas também, o que é mais surpreendente, do presente em direção ao passado. Podemos fazer uma constatação similar quando se analisa o gênero de confissões e memórias (Saint-Simon, Cardinal Retz, Rousseau, Chateaubriand etc.) ou ainda aquele dos "romances" autobiográficos que, como pode dizer Annie Ernaux a respeito de *A vergonha*, como uma etnologia de si próprio.

[85] J. P. Geary, op. cit., p. 244.

[86] M. Blondel, "Identité", em A. Lalande, op. cit.

[87] James Clifford, *Malaise dans la culture. L'ethnographie, la littérature et l'art au xx' siècle*, Paris, École Nationale Superièure des Beaux-Arts, 1996, p. 338.

[88] Ver Anna Luso, "Les archives du moi ou la passion autobiographique", *Terrain*, 28 mar. 1997, p. 125-138.

[89] Alan Baddeley, *La mémoire humain. Théorie et practique*, Paris, PUG, 1992, p. 409.

[90] Ver igualmente Raul Hilberg, *La politique de la mémoire*, Paris, Gallimard, 1996, p. 126; ou ainda Nathalie Zadje, *Enfants de survivants*, Paris, Odile Jacob, 1995, p. 120.

Memória e identidade

[91] G. Namer, op. cit., p. 142.

[92] N. Zadje, op. cit., p. 12.

[93] M. Halbwachs, *Les cadres sociaux de la mémoire*, op. cit., p. 87.

[94] Mesmo que, de acordo com a tese de Deleuze, a interiorização do antigo contexto seja mais provável no caso da memória involuntária, que permite alcançar "o ser em si do passado", do que com a memória voluntária, que se contenta de recompor o passado "com os presentes" (op. cit., p. 70-76). Como exemplo de memória involuntária, Deleuze cita as sensações que suscita a célebre Madeleine, mas podemos pensar também nos efeitos da evocação do perfume de um buquê de heliotrópios em *Fumées*, de Tourgeniev (*Romans et nouvelles complets*, II, Paris, Gallimard, 1982, p. 837).

[95] E. Conan e H. Rousso, op. cit., p. 176.

[96] M. Bloch, op. cit., p. 76. Sobre os mesmos acontecimentos, ver igualmente Jennifer Cole, "Quand la mémoire resurgit. La rébellion de 1947 et la répresentation de l'État contemporain à Madagascar", *Terrain*, n. 28, mar. 1997, p. 9-28.

[97] J. Guillaumin, op. cit., p. 200 e 201.

[98] Em *La Poétique de la rêverie*, Bachelard evoca o "núcleo da infância" presente em toda alma humana e suscetível de se expressar por ocasião de preciosos instantes de iluminação da memória.

[99] O que não significa que esses traços sejam eles mesmos imagens fiéis do passado.

[100] J. Guillaumin, op. cit., p. 181.

[101] S. L. Poulichet, op. cit., p. 170.

PENSAR, CLASSIFICAR: MEMÓRIA E ORDENAÇÃO DO MUNDO

Para conservar a lembrança e, de maneira mais ampla, para pensar,[1] é necessário memorizar um mundo previamente ordenado. Evocando a ciência do concreto que anima o "pensamento selvagem" e pressentindo os avanços mais recentes nas neurociências,[2] Claude Lévi-Strauss observou que "a classificação, mesmo heterogênea e arbitrária, salvaguarda a riqueza e a diversidade do inventário; decidindo que é preciso dar conta de tudo, ele facilita a constituição de uma "memória".[3] Na *Summa de exemplis ac similitudinibus rerum* do começo do século XIV, o dominicano Giovanni da San Gimignano expõe assim a primeira regra tomista relativa ao domínio de uma boa memória: o homem deve "dispor, em uma ordem determinada, as coisas das quais quer se lembrar".[4] Isso parece confirmar a evocação mais fácil de tarefas concluídas do que daquelas abandonadas ou interrompidas. Como a incompletude provém da desordem, a melhor taxa de evocação das primeiras faz refletir sobre a necessidade de colocar o passado em ordem.

Esse princípio está na origem de múltiplos saberes e habilidades. Ele funda as primeiras artes da memória, como demonstrou Frances A. Yates a respeito dessa forma particular de mnemotécnica repousando

Memória e identidade

sobre os lugares de memória, o que se chamou de método dos lugares.[5] Igualmente, se a escrita pode melhorar o processo de rememoração é porque o alfabeto cristaliza as possibilidades auditivas de organização e fornece uma forma classificatória particularmente eficaz.[6] Da mesma forma, podemos ver no princípio arcôntico do arquivo, objeto-memória por excelência, um princípio de unificação, identificação e classificação.[7]

Recordar, assim como esquecer, é, portanto, operar uma classificação[8] de acordo com as modalidades históricas, culturais, sociais, mas também bastante idiossincráticas, como ilustra o "ordenamento" evocado por Perec em *Pensar/Classificar*. É a partir de múltiplos mundos classificados, ordenados e nomeados em sua memória, de acordo com uma lógica do mesmo e do outro subjacente a toda categorização – reunir o semelhante, separar o diferente – que um indivíduo vai construir e impor sua própria identidade. As descontinuidades que ele vai impor sob forma de categorias e taxonomias diversas à sua experiência do mundo exterior lhe permitem identificar e se orientar em um "*corpus* de dados sensíveis que seria, de outra forma, caótico".[9] Por essa razão a perda de capacidade de classificar é insuportável tanto para os indivíduos quanto para os grupos: assim, os estereótipos serão, muitas vezes, as muletas de um pensamento classificatório frustrado ou posto em questão por uma massa de informações muito complexa ou desordenada. Do ponto de vista das relações entre memória e identidade, a maneira pela qual esse pensamento classificatório vai se aplicar à categoria do tempo será fundamental, pois, tal como já falado no segundo capítulo, as representações da identidade são inseparáveis do sentimento de continuidade temporal (identidade narrativa, apelo à tradição, ilusão da permanência, fidelidade mais ou menos forte a seus próprios engajamentos, mobilização de traços historicamente enraizados no grupo de pertencimento etc.).

REPRESENTAÇÃO E MODULAÇÃO DO TEMPO

A primeira operação de ordenamento consiste em distinguir o presente do passado, operação sobre a qual podemos pensar que faz parte dos universais antropológicos,[10] pois, tal como observa com alguma ironia Russell, "nossa confiança na memória em geral é tal que não podemos aceitar a hipótese de um passado completamente ilusório".[11] Michael Dummett observa que se um cão pode se lembrar do lugar onde escondeu sua provisão de ossos, não está ao contrário em condições de dar-se conta, de repente, que deve ter esquecido algo em algum lugar pela razão fundamental de que não possui os conceitos necessários para localizar os acontecimentos no passado. Esses conceitos "são acessíveis aos seres providos de uma linguagem que implique em um sistema de datação absoluto ou válido para o presente".[12] Pensar o tempo supõe classificá-lo, ordená-lo, denominá-lo e datá-lo.

São as diferentes temporalidades próprias às sociedades consideradas que vão ter um papel fundamental nos processos identitários. Estes vão ser forjados e instaurados a partir de memórias cuja natureza depende estreitamente das modalidades segundo as quais os membros de um grupo representam o tempo – falamos da multiplicidade de tempos sociais –[13] e se acomodam num fluxo temporal irreversível.

TEMPO PROFUNDO E MEMÓRIA LONGA

Em primeiro lugar, a amplitude da memória do tempo passado terá um efeito direto sobre as representações de identidade. Na época de tempos sem pré-história, a memória dos europeus se detinha na história santa. O estudo de fósseis no século XVII e, em 1844, a descoberta por Boucher de Perthes de instrumentos de sílex nos aluviões do Somme, aumentaram progressivamente a memória da humanidade para algo ao redor de três milhões de anos, e atualmente, com as des-

Memória e identidade

cobertas mais recentes, em mais de quatro milhões de anos, mesmo que se trate ainda de uma memória cheia de espaços vazios. O homem vai, portanto, compor a imagem que fazia de sua própria identidade com aquela de diversos grupos da ordem dos primatas. Mais tarde, como observa Stephen Jay Gould, com a descoberta de "tempos profundos" – o tempo geológico e astronômico –, a representação que o ser humano fazia de seu lugar no universo mudou de novo, radicalmente: enquanto estava seguro e satisfeito pensando que a Terra tinha sido "regida desde seus primeiros dias pela vontade humana",[14] a tomada de consciência do *deep time* acompanha-se no homem pelo sentimento de que ele não é talvez mais do que uma nota de pé de página no grande livro do universo. A memória de tempos profundos pode então ser perturbadora, pois ela significa a ruína da concepção antropocêntrica da identidade defendida por Aristóteles quando afirmava a necessidade de "que seja para os homens que a natureza tenha feito isso".[15]

Enquanto a memória do tempo profundo tende a enfraquecer a consciência identitária, a memória longa a reforça. Essa memória é menos uma memória profunda do que a percepção de um passado sem dimensão, imemorial, em que se tocam e por vezes se confundem acontecimentos pertencentes tanto aos tempos antigos quanto aos períodos mais recentes. Essa memória longa, que Françoise Zonabend descreve como "uma visão de mundo"[16] própria a uma coletividade, revela memórias fortes, pois organiza de maneira estável a representação que um grupo faz de si mesmo, de sua história e de seu destino. Assim, em Minot, misturam-se as rememorações de "ouvir dizer" sobre um passado imemorial remontando à época de Hallstatt (origem suposta da comunidade) e as evocações reais relativas a acontecimentos vividos pelos informantes. O tom é o mesmo, os termos são idênticos, as referências, semelhantes:

> Os antigos faziam isso pela tradição... Os avós conheciam o costume [...]. Assim todas as evocações do passado tomam a forma de coisas vistas, inscritas na mesma duração, remetidas a um mesmo tempo: o da comunidade. Um tempo fora da História, fora dos acontecimentos que se resume, de fato, na origem da aldeia.[17]

A memória longa ignora a cronologia rigorosa da História e suas datas precisas que balizam o fluxo do tempo.

Essa memória longa era ainda mobilizada em torno de 1900 por camponeses dinamarqueses que conservavam a lembrança de um episódio da Guerra dos Trinta Anos relativa à sua aldeia, mesmo que houvessem esquecido as circunstâncias gerais e a data do acontecimento.[18] No mesmo registro, Claude Cockbrun narra o encontro que teve, logo após a Segunda Guerra Mundial, com três judeus de fala latina em Sofia. Após tentar sem sucesso estabelecer a conversação em várias línguas, ele tenta o espanhol, ao que eles compreendem e respondem em uma forma falada muito estranha dessa língua. Cockburn segue:

> eu observei que era muito particular encontrar espanhóis em Sofia. Eles explicaram dizendo que não eram espanhóis, mas, diz um deles, "nossa família morava na Espanha antes de se estabelecer na Turquia. Agora nós nos instalamos na Bulgária". Imaginando que pudessem talvez ter sido "deslocados" da Espanha pelas convulsões da Guerra Civil, eu lhes perguntei quanto tempo já havia se passado desde sua partida, ao que responderam: aproximadamente quinhentos anos. Eles falavam desses acontecimentos como se tivessem ocorrido dois anos antes.[19]

Verifica-se aqui que o tempo em sua duração "não é assimilado como uma quantidade mensurável, mas como uma qualidade associativa e emocional"[20] que remete às representações que fazem os membros de um grupo sobre sua identidade e sua história. Na verdade, o mais comum é que a memória pareça incapaz de restituir fielmente a duração. De fato, a consciência do passado não é a consciência da duração; e se nos lembramos de acontecimentos passados, não temos

Memória e identidade

a memória de sua dinâmica temporal, do fluxo do tempo cuja percepção, como sabemos, é extremamente variável em função da densidade dos acontecimentos. Por vezes a memória contrai o tempo, como quando tentamos nos lembrar de um tempo sem acontecimentos, como o tempo de cativeiro ou de uma longa doença. Fica então debilitado em nossas lembranças um tempo que teve uma duração longa.[21]

Em outras circunstâncias, ao contrário, a memória confere ao tempo uma extensão maior, esforçando-se em eternizar o passado, como se pode observar em lembranças do ritmo de um ritual.[22] Percebe-se, tanto em um caso quanto no outro, que o ato de memória isola os acontecimentos e os esvazia da duração. Em certo sentido os esquematiza "como esboço racional, um plano de desenvolvimento para a narrativa de nosso passado".[23]

Em geral, essas representações valorizam os tempos mais antigos. Em Minot, de acordo com Françoise Zonabend, o ponto de ruptura entre dois tempos "antigamente/no presente", dicotomia que "colore todas as recordações", situa-se ao redor dos anos após a Segunda Guerra Mundial, época em que tudo foi mudado e a partir da qual "tudo muda continuamente".[24] Essa referência a um tempo que teria sido imóvel em uma determinada época, essa ilusão de que "nada de essencial havia se transformado ali em um período mais ou menos longo"[25], está na origem da ideologia dos "velhos bons tempos", nostalgia de um passado idealizado (genealogia, acontecimentos históricos gloriosos, mitos, tradições etc.) que, de acordo com modalidades variáveis, observamos em todos os grupos, na maioria das sociedades.[26] Mais que expressão de uma "crise identitária", é preciso ver no mnemotropismo que nasce do sentimento de extenuação de uma Idade do Ouro imaginada a expressão de uma busca identitária. Esta se enraíza em um passado situado além da cissura inaugural da era sombria do tempo presente. Em alguns casos, ela pode se manifestar por uma espera do retorno da Idade do Ouro, aquela que se exprime na expressão judaica *Hadech Yamenou Kekedem*.[27] Voltarei em breve a essas ancoragens identitá-

Pensar, classificar

rias nas memórias míticas de origem. Além disso, essa reconstrução tem uma função social: muitas vezes manifestando nostalgia por um passado pintado com cores de "velhos bons tempos", o narrador faz uma crítica da sociedade atual que pode trair a exigência subjacente de mudanças para o futuro. O conteúdo da narrativa é, nesse caso, uma negociação entre uma certa representação do passado e um horizonte de espera. Por essa razão a memória, portadora de uma estrutura possível de futuro, é sempre uma memória viva.

Há casos, porém, como no interior da sociedade camponesa da Vendeia estudada por Bernadette Bucher, em que essa memória dos bons velhos tempos não funciona de acordo com esquemas clássicos: os membros da comunidade estão divididos entre a lembrança da dura realidade do passado (água a ser retirada de poços, trabalhos braçais etc.) e o medo de que as melhorias trazidas pelo progresso contribuam para o declínio de valores que davam a essa comunidade o sentido de sua identidade.[28] Acontece o mesmo com algumas formas de memória migrante. Essa memória retém as datas que não são necessariamente dignas de alegria (como, por exemplo, aquela da partida), momentos opacos e difíceis que inibem a constituição de imaginários cuja tendência é mais de preservar "os fatos, os personagens ou os momentos cristalizados, exemplares, grandiosos".[29]

Em segundo lugar, a importância conferida à memória não pode ser a mesma em uma sociedade na qual a representação do tempo é cíclica (ou pendular) e numa outra, como a sociedade ocidental, na qual essa representação é sagital. No primeiro caso, o tempo circular se vincula ao eterno retorno do "mesmo", do imutável, no qual o imemorial organiza um passado estável e previsível que "funda as solidariedades" e as permanências, assim a comunidade pode se representar idêntica a ela própria desde que se apoie sobre um passado "sempre idêntico no qual se desfaçam [...] os vazios da História".[30] Além disso, a necessidade de buscar e encontrar o tempo perdido se afirma menos que qualquer outra forma de relação com o tempo: o retorno assegura-

89

Memória e identidade

do das mesmas balizas temporais – "nada de novo sob o sol" – dispensa a memória de um esforço permanente visando recuperar o tempo passado: paradoxalmente, estamos em presença de memórias fortes, despreocupadas de sustentabilidade, uma vez que essa é assegurada pelo ciclo do tempo. No segundo caso, em contrapartida, o sentimento de que a todo instante a sociedade volta as costas a um passado fugaz e imprevisível está na origem de uma obsessão e de uma insistência com relação à memória. Temos aqui uma questão de memórias fracas, mais ou menos desamparadas em sua relação com um tempo desordenado e evanescente.

A MEDIDA DO TEMPO

Os membros de uma sociedade têm à sua disposição múltiplos instrumentos para organizar o tempo: categorias temporais, agendas, calendários, relógios e todos os meios de registro cujo inventário é incumbido ao historiador ou antropólogo. Entre as várias razões que se conhecem para o sucesso da prática da fotografia em todos os meios sociais está certamente a maneira cômoda com a qual essa "arte moderna," que é uma arte da memória, permite representar materialmente o tempo passado, registrá-lo e dispô-lo em ordem. Mantendo com seu passado tantos elos quanto fotos em seu álbum, o sujeito faz da fotografia o "suporte de uma narrativa possível"[31] dele próprio ou de sua família.

Para Durkheim, o calendário "exprime o ritmo da atividade coletiva ao mesmo tempo em que tem por função assegurar a regularidade".[32] Como as outras formas de domesticação e recortes temporais (agendas, sequências e ritmos sociais etc.), facilita a orientação da memória e fornece as referências a partir das quais os indivíduos organizam suas existências. Unindo o presente, o passado e o futuro, o calendário representa uma referência essencial tanto para a identidade dos indivíduos como para os grupos, quando estes se esforçam para pensar no tempo. O tempo, assim provisoriamente domesticado nesse "templo da memória coletiva",[33] autoriza a ancoragem de cada sujeito em uma temporalidade fundadora da identidade. Isso permite compreender as violentas resistências manifestadas em todas as tentativas de reformas de calendário[34] que, ao final das contas, afetavam os indivíduos em suas modalidades de inscrição no tempo, quer dizer, em suas formas de estar nesse tempo. Igualmente, as representações temporais com ajuda de categorias arbitrárias,[35] tais como o século ou milênio, tendem a ativar os processos memoriais e identitários, sobretudo quando se aproxima o fim de um período ou se abre um novo. Assim, o "fim de século" ou, mais ainda, o "fim de milênio" e, em menor medida, o começo de um século ou milênio[36] são considerados como momentos particularmente significativos. Para os grupos e indivíduos, representam a ocasião de fazer balanços, projetos e vislumbrar novos horizontes, momento para se recapitular o passado para melhor afrontar um futuro que se apresenta sempre como incerto e, portanto, temido.

TEMPO PRIVADO E TEMPO ANÔNIMO: DO PRESENTE REAL AO TEMPO REAL

Os inúmeros trabalhos sobre a memória (em Psicologia ou em Antropologia) mostram que os melhores índices de evocação ou reconhecimento estão associados a acontecimentos integrados na vida do sujeito. Isso é particularmente verdadeiro em relação à memória episódica que tem sempre uma especificidade pessoal muito forte. De uma maneira geral, a memória se implanta essencialmente em um tempo privado, íntimo, como mostra bem a evolução do calendário no qual, a partir do século XVI, encontramos muitas vezes menções a informações biográficas.[37] É ainda isso que vemos em um testemunho sobre mecanismos de memorização das populações da Vendeia no século XVIII: o sistema de referência temporal da sociedade rural "não se articula em

Memória e identidade

torno de uma escala de datação absoluta, centrada sobre datas específicas (1760, 1770)", mas se organiza "em torno de intervalos construídos a partir do momento presente (há dez anos, há vinte anos)",[38] quer dizer, centrados sobre o sujeito que recorda aqui e agora. O mesmo fenômeno foi observado nos livros de *ricordanze* dos *laboratores*, em Florença, no começo do século xv. O ato narrativo não se atém a um tempo abstrato expresso em divisões por dia, mês e ano; ele se estrutura em torno de indicadores temporais centrados sobre o narrador, quer se trate de contar o tempo a partir do momento no qual os fatos são produzidos ou tomar como referência os acontecimentos advindos da experiência pessoal,[39] o que Françoise Zonabend chama de "momentos articuladores do ciclo individual"[40] ou o que Marc Augé qualifica de "formas elementares de acontecimento":[41] nascimento, doença, morte, casamento, assim como outros mais banais (viagens a destinos distantes, comunhão, mudança de casa, episódios da vida profissional). Em pesquisa sobre a memória dos acontecimentos históricos em Allauch, Lucien Aschieri constatou que os fatos praticamente nunca são datados nas narrativas de seus interlocutores. As datas são estabelecidas, na maior parte do tempo, em relação a uma cronologia familiar.[42] Isso vem ao encontro das observações feitas por Boris Cyrulnik, bastante impressionado quando examina um doente neurológico

> pelas imperativas respostas em termos de história ou de relações humanas. "Desde quando você tem vertigens? – Desde que minha esposa se foi. – Mas há quanto tempo partiu sua esposa? – Após o fracasso de meu filho nos exames escolares". Jamais uma cifra ou uma data. Essencialmente acontecimentos.[43]

Essas formas tradicionais de ser no tempo participaram (e participam ainda) de memórias fortes, enquanto aquelas que se desenvolvem hoje tendem mais a memórias fracas. O imperativo moderno do "tempo real", massivamente presente em muitos aspectos da vida contemporânea, anuncia talvez uma nova relação com a temporalidade: após o homem ter procurado se liberar do tempo, e tentar domesticá-lo, as

Pensar, classificar

sociedades parecem hoje se submeter a ele, a ponto de ceder a uma religião do efêmero (clipes, clichês, flashes, objetos descartáveis, reportagens *ao vivo* etc.), antes de mergulhar totalmente no imediatismo e na instantaneidade. A era do cibermundo e da "videosfera" transforma radicalmente nossa experiência de temporalidade e "o instante invade a consciência",[44] submetida a um tempo uniforme, indiferenciado, banalizado.[45]

A submissão ao tempo real não autoriza mais o ordenamento que supunha a aceitação da duração. O *presente real* complexo e temporal se dissolve na suposta simplicidade e atemporalidade do *tempo real*:[46] o *presente real* – pronto a desaparecer no passado no momento em que ele anuncia o futuro – se inscreve, por essa razão, na duração e contribui a dar ao tempo toda sua densidade; sobre o *tempo real*, ao contrário, podemos repetir o que dizia Alain Gauthier e Henri Pierre Jeudy sobre o princípio emblemático da imagem: ela prescinde "de todo fenômeno de rememoração enfraquecendo a temporalidade cronológica das lembranças".[47] É um "presente que é para si mesmo o próprio horizonte".[48] Enquanto o *presente real* se vincula a um tempo sagital – este que acontece entre um passado e um futuro – ou de um tempo cíclico – esse que retorna de acordo com uma periodicidade determinada –, o *tempo real* é acrônico[49] (e não ucrônico, o que suporia que, como utopia, possa se vincular a um projeto), pois o acontecimento em *tempo real* próprio à modernidade não acontece e nem se torna; ele vem, é tudo, sem a espessura da duração, sem jamais ter sido inscrito em uma cronologia. Nossa sociedade merece o título de cronófaga não porque ela devora o tempo, mas porque ela o escamoteia em suas características próprias que são a duração, o fluxo, a passagem. Na expressão, tão comum nos dias de hoje, "eu não tenho tempo", não se deve compreender que não possuímos o tempo como categoria organizadora de nossas existências, e Jean Chesneaux diria que nós já não sabemos mais "habitá-lo", o que explicaria que seja quase impossível *perder o tempo*.[50]

Memória e identidade

A dissolução do *presente real* no *tempo real* traduz a passagem de uma experiência concreta e íntima do tempo a uma categoria temporal abstrata, anônima e desencarnada. O *presente real* é concreto no sentido de que reenvia ao que é presente, nesse caso o sujeito inscrito no tempo do futuro e da morte. O *tempo real*, ao contrário, abstrato e indefinido, depende do tempo "vulgar" no sentido a ele conferido por Paul Ricoeur: uma sucessão de instantes quaisquer,[51] cada um portando consigo o esquecimento do que o antecede. Já o *tempo real* – o tempo do instante – é o tempo interrompido, no sentido preciso de uma interrupção imaginária de fluxo do tempo, e *o presente real* é tempo contínuo, feito de heranças e projetos, ganhos e perdas, combinação sutil de um passado que não é totalmente passado e de um futuro inscrito, *hic et hunc*, em um "horizonte de espera". O *presente real* é rico de uma "memória de ação",[52] ao passo que o *tempo real* encerra uma ação sem memória.

O CAMPO DO MEMORÁVEL

Se existe sempre a alternativa entre memória e esquecimento, é sem dúvida porque nem tudo o que é memorizável é memorável e, sobretudo, porque nem tudo pode sê-lo. De fato, observa Halbwachs, o tempo só tem realidade "na medida em que possui um conteúdo, quer dizer, quando oferece uma matéria de acontecimentos ao pensamento",[53] o que supõe evidentemente que sejam estabelecidos acontecimentos e que estes sejam objeto de escolha e hierarquização. Na escolha dos acontecimentos destacados, esse ordenamento das referências memoriais, é preciso observar o trabalho de construção da identidade que vai se fundar sobre os *memoranda*, quer dizer, as coisas "dignas de entrar na memória".[54] Essa formulação não é totalmente rigorosa, pois sugere um registro passivo de uma seleção de coisas do passado, ideia muitas vezes subjacente no discurso sobre a "manutenção das

94

tradições". Ora, observa Marcel Detienne, o memorável, "longe de ser o passado registrado ou um conjunto de arquivos, é um saber no presente, operando por reinterpretações, mas cujas variações incessantes não são perceptíveis no interior da tradição falada".[55] Como ocorre essa produção do memorável? Para além das categorias resumidas no "antes/agora" ou "naquele tempo/presente", o campo do memorável mobilizado no quadro das estratégias identitárias se constituirá a partir de um certo número de referências temporais – as "pedras numerárias", como dizia Buffon –, em que o mais significativo é, de um lado, o momento qualificado como o de origem e, de outro, a experiência fenomenológica[56] do acontecimento.

A MEMÓRIA DAS ORIGENS

O momento original, a causa primeira é sempre um desafio para a memória e identidade, razão pela qual a referência à origem é uma invariante cultural.[57] "Musa, recorde-me as causas desses acontecimentos", escreve Virgílio nas primeiras páginas de *Eneida*. No entanto, começos inteiramente novos são inconcebíveis, observa Paul Connerton, pois o excesso de lealdade e hábitos muito antigos impedem a substituição completa de uma temporalidade antiga por uma nova origem.[58] Certamente, o esquecimento pode ser decretado (novo calendário, lei de anistia), mas o decreto não se inscreve totalmente no corpo social. No entanto, isso não impedirá que os grupos e indivíduos imaginem ser possível abolir a continuidade da ordem temporal para instaurar um novo momento-origem que virá fundar suas identidades presentes. Quando a determinação desse momento de origem puder prescindir de uma historicização dos acontecimentos fundadores, os mesmos serão enraizados em uma antiguidade indeterminada, com o objetivo de naturalizar a "comunidade", que então não terá "necessidade de outra definição que a autoproclamação de si".[59]

95

Memória e identidade

O que é verdadeiro para o indivíduo (nascimento, batismo, comunhão, casamento, memória de um ancestral ilustre, acontecimento inaugural de uma linhagem, "novo começo" em razão, por exemplo, de uma migração)[60] o é ainda mais na escala de grupos: cosmogonias, teogonias, *archaiologia,* viagens,[61] rupturas inaugurais, narrativas e textos de fundação (epopeia de Gilgamesh, *Mahabharata,* saída do Egito, *Eneida,* nascimento de Cristo ou de Buda, batismo de Clóvis, Hégira, Revolução Francesa); o discurso feito sobre o acontecimento original – o "marco zero do cômputo" –[62] terá um papel maior na definição das identidades individuais e coletivas, que será recuado no tempo como, por exemplo, faziam os francos com sua pretensa descendência dos troianos, ou os judeus ao se considerarem como descendentes de "José, filho de Jacó, filho de Isaac, filho de Abraão".[63]

O efeito será máximo com os mitos de origem, que têm por característica serem situados "fora do tempo": há muito tempo,[64] no começo, no "tempo do sonho", naquele tempo, tempos primordiais e passados, além do tempo, que não veremos mais (Idade do Ouro, Jardim de Éden), mas que, no entanto, condiciona "o hoje do narrador".[65] Desse modo, "os beneficiários do mito se veem como os únicos a terem sido favorecidos por essa relação, e esse parentesco privilegiado tem por efeito dotar esse grupo humano de sua identidade em relação aos outros, provendo uma forte coesão entre seus membros"[66] ou de uma grande parte dentre eles. Quando um grupo é amputado da memória de suas origens, a elaboração que seus membros fazem da identidade (quer dizer, sua representação) se torna complexa e incerta, o que parece ser o caso da ilha de Martinica, onde, de aculturação em deculturação, a história de longa duração (passado servil, deportações, humilhações diversas) foi erradicada.[67]

Entre os laços primordiais que estão no fundamento da etnicidade encontramos sempre a referência a uma origem comum.[68] Pouco importa, tal como coloca Sélim Abou, que "a origem seja muitas vezes mitificada e que os legados culturais não sejam jamais totalmente homogêneos. O essencial é que esses elementos comuns são vividos pelo grupo em questão (ou, em todo caso, por uma parte de seus membros) como suas características distintivas e assim sejam percebidos pelos outros",[69] o que é uma forma de naturalização da comunidade.[70] Acontece o mesmo por ocasião de toda tentativa de construção de uma identidade nacional. Assim, na Noruega, a referência às origens míticas da nação, "no caso do passado glorioso que constitui a época Viking e o começo da Idade Média", cumpriu "uma função essencial na gênese da identidade da nação norueguesa" no século xix.[71]

Como em todo ato de memória, a referência às origens se faz sempre selecionando e escolhendo: entre os dogons karambés, observa Jacky Bouju, o presente de cada geração "consiste, em algumas circunstâncias, em vincular-se não ao passado em geral, mas em certos acontecimentos que se relacionam com a origem do grupo e que, como tal, constituem os fundamentos históricos locais de sua identidade política atual".[72]

Pode acontecer também, como entre os masaïs, que o mesmo mito de origem sirva "a fundar a separação entre um grupo e seus vizinhos e a invocar uma origem comum entre eles em presença de inimigos ou estrangeiros na região [...]. Esse exemplo é particularmente revelador, pois mostra que a ficção da origem comum não impede de alargar ou estreitar os limites do grupo em função das circunstâncias".[73]

Observa-se, ainda, a presença marcante das origens na memória social migrante que, para facilitar a construção de uma identidade de grupo, "pende para os símbolos possíveis de reificação e por aqueles que acentuam a permanência da origem": cozinha, indumentária, expressões e perfis corporais, gestualidade, ritos religiosos.[74] Nas narrativas coletivas, destaca Jean Guillaumin, os membros do grupo depositam, para seus próprios usos, a imagem de seu passado mais conveniente às suas necessidades comuns".[75] Daí o desafio da pureza da transmissão e da autenticidade do que é transmitido desde as origens, pois essas duas qualidades supostamente vão condicionar a

Memória e identidade

representação de uma identidade "essencial", "pura" e autêntica, muitas vezes contra o *xenos* – com todos os derivados sectários, fundamentalistas, étnicos ou racistas (em torno do "sangue", do "inato", da autoctonia e das raízes) cuja história das sociedades humanas continua nos dando exemplos. Compreende-se, assim, a insistência de uma "pedagogia das origens", tal como vamos encontrar em diversas formas de produção institucional das linhagens[76] – por exemplo, por ocasião das grandes peregrinações mundiais nos altos lugares da história cristã (Roma, Santiago de Compostela, França, "filha mais velha da Igreja") com o objetivo de fortalecer uma identidade católica –, ou ainda, no culto aos arquivos cuja etimologia remete bem "ao original, ao primeiro, ao principal, ao primitivo, logo, ao começo",[77] ou, ainda, nos manuais escolares[78] ou inúmeros museus como, por exemplo, o Museu dos Monumentos Franceses: "uma genealogia utópica da República é implantada através da recuperação dos interesses dos antiquários".[79]

A etnografia não foi estranha a esse projeto, o que fica atestado, por exemplo, pela pesquisa de origem e de identidade que inspirou a etnografia napoleônica[80] ou animou os membros da Academia celta.

A MEMÓRIA DOS ACONTECIMENTOS

O ponto de origem não é o suficiente para que a memória possa organizar as representações identitárias. É preciso ainda um eixo temporal, uma trajetória marcada por essas referências, que são os acontecimentos. Um tempo vazio de acontecimentos, cuja maior ou menor densidade permite distinguir os "períodos" e as "épocas", é um tempo vazio de lembranças.[81]

Cada memória é um museu de acontecimentos singulares aos quais está associado certo "nível de evocabilidade"[82] ou de memorabilidade. Eles são representados como marcos de uma trajetória individual ou coletiva que encontra sua lógica e sua coerência nessa demarcação. A lembrança da experiência individual resulta, assim, de um processo de "seleção mnemônica e simbólica"[83] de certos fatos reais ou imaginários – qualificados de acontecimentos – que presidem a organização cognitiva da experiência temporal.[84] São como átomos que compõem a identidade narrativa do sujeito e asseguram a estrutura dessa identidade. De forma genérica, são os significantes da identidade pessoal mobilizados em função de três critérios: sua eficácia memorial presumida, a natureza das interações intersubjetivas e o horizonte de espera no momento da rememoração.

Do ponto de vista de um grupo ou de uma nação, esse agenciamento e essa modelagem da identidade se faz a partir de acontecimentos ou de "restos de acontecimentos"[85] que, longe de ser despojos no sentido que entendiam Péguy[86] e Braudel, possuem um estatuto memorial ambivalente o qual, como na Noite de São Bartolomeu de Renan, atua por vezes como "luzes rasgando as trevas"[87] da história e lançando objetos no esquecimento. É o mesmo que ocorre em relação à resistência dos Camisards em 1702, acontecimento que vai dar sentido a toda história e identidade da região de Cévennes, desde o conflito dos republicanos contra os monarquistas até o enfrentamento dos maquisards com a milícia, passando pelo combate dos partidários de Dreyfus contra os antiDreyfus.[88] Nesse sentido ainda, em Minot, a memória dos acontecimentos da ocupação, das denúncias e dos acertos de contas por ocasião da liberação voltam periodicamente a marcar as campanhas eleitorais: aqui o acontecimento histórico "se revela a melhor arma, a mais manejável, para servir às polêmicas do tempo presente".[89] Nesses dois casos – mas a observação é válida para a maior parte dos acontecimentos históricos –, a boa gestão da identidade de um grupo de pertencimento (nação, região, local) passa pela relação ambivalente que os membros desse grupo terão com os acontecimentos que, simultaneamente, são objeto de um "dever de memória" e uma necessidade de esquecimento: comemorar São Bartolomeu é demonstrar a vontade de desaprender as divisões do corpo social do qual ele é a expressão.

Memória e identidade

Recordamos que é preciso esquecer aquilo que, pelas lembranças mesmas, não pode ser esquecido.

Em cada caso, quer se trate de um indivíduo apenas ou de todo um grupo, a força das memórias dependerá da coerência geral do campo memorável, quer dizer, da estruturação mais ou menos homogênea do conjunto de lembranças a partir de um momento de origem e de uma sucessão de fatos. Como demonstrou Halbwachs, o trabalho de produção de um campo do memorável será mais fortalecido quando encontrar um eco naquilo que ele denomina de pensamento coletivo e que é, de fato, um certo grau de convergência entre as representações que cada indivíduo mantém ou se esforça em compartilhar com outros membros do grupo. Quando acontece de as diferentes partes de um grupo "organizarem o pensamento à volta de centros de interesse que não são mais os mesmos",[90] podemos então ver um sinal de enfraquecimento da memória do grupo e, ao mesmo tempo, a emergência de identidades múltiplas e compostas.

Na seção anterior, demonstrei que a memória se desenvolve essencialmente no interior de um tempo privado, íntimo. Nada a ver com o tempo característico da enunciação histórica, que "é o tempo dos acontecimentos externo à pessoa de um narrador".[91] Mesmo sendo a História "um meio de organizar o passado para impedi-lo de pesar muito sobre as costas dos homens",[92] essa disciplina exerce, entretanto, um papel subalterno na constituição do campo do memorável, não apenas porque o campo se organiza em torno de acontecimentos essenciais privados, mas também porque "não é sobre a história aprendida, mas sobre a história vivida, que se apoia nossa memória".[93] O imenso sucesso da empresa editorial dos *Lugares de memória* se deve, sem dúvida, ao que é explicitamente – fazer o inventário dos lugares materiais e ideais nos quais a memória trabalha – uma paráfrase obtida do campo memorável, tal como foi produzido pela sociedade francesa. Nesse aspecto, esse empreendimento é menos histórico do que memorial, o que não reduz em nada seu interesse.

Pensar, classificar

Se, como afirma Walter Benjamin, fazer a História é dar sua fisionomia às datas, podemos dizer que uma história de vida consiste em dar uma fisionomia aos acontecimentos considerados pelo indivíduo como significativos do ponto de vista de sua identidade. Quando opera a memória, o acontecimento rememorado está sempre em relação estreita com o presente do narrador, quer dizer, com o tempo de instância da palavra, enquanto na enunciação histórica é o acontecimento que constitui o marco temporal pelo sujeito da enunciação (quer dizer, o historiador). Se posso me permitir uma interpretação pessoal de Benveniste,[94] todo acontecimento terá nesse momento uma forma de realização, no sentido de que será evocado em memória com o estatuto de um momento particular em uma sequência biográfica cuja lógica e cujo fim provisório se supõe possível encontrar na identidade do narrador, tal como ele se apresenta no momento mesmo da enunciação. Desse ponto de vista, Paul Veyne tem razão quando pretende que "o campo do acontecimento não compreende sítios que gostaríamos de visitar e que se chamariam acontecimentos: um acontecimento não é um ser, não é um dado geométrico, mas um cruzamento de itinerários possíveis".[95] É o que faz também com que um acontecimento "não reflita fielmente o que realmente aconteceu".[96]

Nessa perspectiva, não é casual ver na história, identificada como não factual, o sinal de um enfraquecimento das grandes memórias organizadoras do laço social e a manifestação do transtorno das sociedades modernas, que, incertas de suas identidades, são igualmente indecisas quanto à significação que devem dar a acontecimentos, os quais não conseguem mais discernir a fisionomia. É surpreendente que essa história tenha antecedido em apenas algumas décadas uma época em que o fato cessou de ser memorável para se tornar degradável, "a fim de que, tão logo apareça e seja consumido, ceda, sem história, o lugar ao próximo fato".[97] Os acontecimentos são tempos fortes que fazem memórias fortes; a dissolução do acontecimento na banalidade do todo-acontecimento origina, com certeza, memórias fracas.

Memória e identidade

NOTAS

[1] Pensar (*cogitare*) é reunir no espírito "os elementos esparsos, desordenados, que estão contidos na memória" (Saint Augustin, *Les Confessions*, x, xi).

[2] Ver, por exemplo, Antonio R. Damasio, *L'erreur de Descartes. La raison des émotions*, Paris, Odile Jacob, 1995, p. 252.

[3] C. Lévi-Strauss, *La pensée sauvage*, op. cit. p. 25.

[4] J. Le Goff, op. cit., p. 147.

[5] Frances Yates, *L'art de la mémoire*, Paris, Gallimard, 1975, 434p.

[6] Jack Goody, *La raison graphique. La domestication de la pensée sauvage*, Paris, Minuit, 1979, p. 195.

[7] Jacques Derrida, *Mal d'Archive*, Paris, Galilée, 1995, p. 14.

[8] Henri-Pierre Jeudy, Palinodie, *Ethnologie française*, xxv, 1995, 1, p. 65.

[9] Georges Perec, *Penser/classer*, Paris, Hachette, 1985, 186p.

[10] Mesmo se a divisão ternária do tempo em passado, presente e futuro não se expressa sob os mesmos termos nem com a mesma força em todas as sociedades.

[11] R. Russel, op. cit., p. 175.

[12] M. Dummet, op. cit., p. 138.

[13] Ver Jacques Attali, *Histoire du temps*, Paris, Fayard, 1982, p. 32.

[14] S. J. Gould, *Aux racines du temps*, Paris, Grasset & Fasquelle, 1990, p. 14.

[15] *Politique*, i, 8, 1256b.

[16] F. Zonabend, *La mémoire longue. Temps et histoires au village*, op. cit., p. 6.

[17] Idem, p. 14

[18] P. Veyne, op. cit., p. 57, n. 2.

[19] Claude Cockborn, *Crossing the line*, Londres, 1958, p. 155, apud M. I. Finley, op. cit., p. 27-28.

[20] M. I. Finley, op. cit., p. 27.

[21] N. Grimaldi, op. cit., p. 19. Sobre esse ponto, ver Kundera, que na *La lenteur* opõe ao par lentidão-memória o da velocidade-esquecimento (Paris, Gallimard, 1995, p. 44).

[22] Joëlle Balhoul, *La Maison de mémoire. Ethnologie d'une demeure judéo-arabe en Algérie (1937-1961)*, Paris, Métailié, 1992, p. 161-176.

[23] G. Bachelard, *La dialectique de la durée*, op. cit., p. 48.

[24] F. Zonabend, op. cit., p. 13.

[25] M. Halbwachs, *La mémoire collective*, op. cit., p. 129.

[26] M. Halbwachs, *Les cadres sociaux de la mémoire*, op. cit., p. 107.

[27] "Renove nossos dias como nos dias de antes" (Henri Atlan, "Mémoire du corps et école de pensée", em F. Ringelheim, op. cit., p. 185).

[28] Bernadette Bucher. *Descendants de Chouans. Histoire et culture populaire dans la Vendée contemporaine*, Paris, Éditions de la msh, 1995, p. 57.

[29] Luiz Felipe Baêta Neves Flores, op. cit., p. 49.

[30] F. Zonabend, op. cit., p. 221-222.

[31] A. Muxel, op. cit., p. 176.

[32] E. Durkheim, op. cit., p. 15.

[33] Hélène Benichou, *Fêtes et calendriers. Les rythmes du temps*, Paris, Mercure de France, 1992, p. 13.

[34] Ver Paul Couderc, *Le calendrier*, Paris, puf, 1946 e 1981, p. 8. Igualmente Francesco Maiello, *Histoire du calendrier. De la liturgie à l'agenda*, Paris, Seuil, 1996, 298p.

[35] Sobre esse ponto, ver Daniel S. Milo, *Trahir le temps (Histoire)*, Paris, Les Belles Lettres, 1991, 270p.

[36] Ver Dominique Barthélemy, *La mutation de l'an mil a-t-elle eu lieu? Servage et chevalerie dans la France des xe et xf siècles*, Paris, Fayard, 1997, 374p.

102

Pensar, classificar

[37] F. Maiello, op. cit., p. 161-163.

[38] Jean Vassort, *Une societé provinciale face à son devenir: les Vendômois aux xviii* et xix* siècle*, Paris, Publications de la Sorbonne, 1995, p. 266-267.

[39] F. Francheschi, op. cit., p. 1143-1167.

[40] F. Zonabend, op. cit., p. 301.

[41] Marc Augé, "L'ethnologie et le fait religieux", em *La science sauvage. Des savoirs populaires aux ethnosciences* (collectif), Paris, Seuil, 1993, p. 140.

[42] L. Aschieri, op. cit., p. 120.

[43] B. Cyrulnik, *Mémoire de singe et paroles d'homme*, Paris, Hachette, 1983, p. 21.

[44] G. Balandier, *Le dédale*, op. cit., p. 53 e 55.

[45] É o *greying of calendar*, tal como definiu o filósofo Julius Fraser. Sobre esse ponto, ver J. Chesneaux, op. cit., p. 43.

[46] Sobre tempo real, ver Georges Balandier, *Le désordre*, Paris, Fayard, 1988, p. 166-170.

[47] Alain Gauthier e Henri Pierre Jeudy, "Trou de mémoire, image virale", *Communications*, n. 49, 1989, p. 174.

[48] François Hartog, "Temps et histoire. Comment écrire l'histoire de la France?", *Annales esc*, n. 6, nov.-dez. 1995, p. 1224.

[49] Se o ciberespaço pode ser qualificado como não lugar, é também um não tempo precisamente pelo fato de sua submissão absoluta ao tempo real. O *presente real* se opõe ao *tempo real* como o lugar ao *não lugar*.

[50] Ver Jean Baudrillard, *La société de consommation*, Paris, Gallimard, 1970, p. 238-252.

[51] Paul Ricoeur, *Temps et Récits, le temps raconté*, Paris, Seuil, 1985, p. 220.

[52] Sobre noção de memória de ação, ver M. Simondon, op. cit., p. 306.

[53] M. Halbwachs, *La mémoire collective*, op. cit., p. 129. Em termos bergsonianos, poderíamos dizer que os acontecimentos preenchem o tempo da consciência transformando de tempo físico a tempo vivido.

[54] P. J. Geary, op. cit., p. 27.

[55] M. Detienne, op. cit., p. 79.

[56] Para nós não historiadores, quer dizer, para a maioria das pessoas, o que importa é "o que se acredita que ocorreu, e não o que *efetivamente* ocorreu" (E. R. Leach, op. cit., p. 219).

[57] Isabelle Schulte-Tenckoff, *La vue porte au loin. Une histoire de la pensée anthropologique*, Lausanne, Éditions d'en Bas, 1985, p. 87.

[58] P. Connerton, op. cit., p. 6-7.

[59] J. Bouju, op. cit., p. 113.

[60] Ver A. M. Granet-Abisset, op. cit., p. 9-34.

[61] Sobre o mito da viagem fundadora, ver Joël Bonnemaison, *Gens de pirogue et gens de la terre. Les fondements géographiques d'une identité. L'archipel du Vanuatu. Essai de géographie culturelle*, livre i, Paris, Orstom, 1996, p. 156-157.

[62] P. Ricoeur, *Temps et Recits*, 3: *Le temps raconté*, op. cit., p. 194.

[63] N. Zadje, op. cit., p. 34.

[64] Ver Richard Price, *Les premiers temps. La conception de l'histoire des Marrons Saramaka*, Paris, Seuil, 1994, 280p.

[65] Lucie Jerphagnon, *Histoire de la pensée. Philosophies et philosophes*, i: *Antiquité et Moyen Age*, Paris, Éditions Tallandier, 1989, p. 27.

[66] Idem, p. 28.

[67] F. Affergan, *La pluralité des mondes. Vers une autre anthropologie*, op. cit., p. 165-182. Ver também Jean-Pierre Jardel, "De quelques approches de la notion de temps", *Inventions européennes du temps. Temps traditionnels, temps historiques*, Strasbourg, Pact Eurethno, 1993, p. 199-204.

Memória e identidade

[68] P. Poutignat e J. Streiff-Fenart, op. cit., p. 93-95.

[69] Sélim Abou, "Les métamorphoses de l'identité culturelle", *Diogène*, n. 177, jan.-mar. 1997, p. 4.

[70] Dolors Comas d'Argemir nos dá vários exemplos atribuídos a diferentes línguas europeias nessa tentativa de naturalização das comunidades: francês de estirpe, espanhol de pura cepa, italiano di razza, português da gema, *full-blooded English, Reinrassiger Deutscher* ("L'arbre et la Maison. Métaphores de l'appartenance", em D. Fabre, *L'Europe entre cultures et notions*, op. cit., p. 208).

[71] Marc Maure, "Le paysan et le viking au musée. Nationalisme et patrimoine en Norvège au xixe siècle", em D. Fabre, op. cit., p. 63 e 65.

[72] J. Bouju, op. cit., p. 111.

[73] P. Poutignat e J. Streiff-Fenart, op. cit., p. 181.

[74] Luiz Felipe Baêta Neves Flores, op. cit., p. 48.

[75] J. Guillaumin, op. cit., p. 182.

[76] D. Hervieu-Léger, op. cit., p. 251.

[77] J. Derrida, op. cit., p. 12.

[78] Ver Anne-Marie Thiesse, *Ils apprenaient la France. L'exaltation des régions dans les discours patriotique*, Paris, Éditions de la Maison des Sciences de l'Homme, 1997, 138p.

[79] Dominique Poulot, *Musée, Nation, Patrimoine, 1789-1815*, Paris, Gallimard, 1997, p. 372.

[80] Marie-Noëlle Bourguet, "Des préfets aux champs: une ethnographie administrative de la France en 1800", em Britta Rupp-Eisenreich, *Histoires de l'anthropologie: xvi-xix siècle*, Paris, Klicksieck, 1984, p. 268-269.

[81] N. Grimaldi, op. cit, p. 19. Igualmente a banalização do acontecimento enfraquece a memória, processo que bem tentam os revisionistas que buscam banalizar a Shoah, fazer dela "um detalhe".

[82] G. Tberghein, op. cit., p. 62.

[83] D. Sperber, op. cit., p. 91.

[84] Servem para repartir a duração (M. Halbwachs, *Les cadres sociaux de la mémoire*, op. cit., p. 282).

[85] C. Lévi-Strauss, *La pensée sauvage*, 1962, p. 32. Para uma análise aprofundada da bricolagem de conjuntos de acontecimentos, ver R. Bastide, "Mémoire collective et sociologie du bricolage", *Bastidiana*, p. 209-242.

[86] C. Péguy, op. cit., p. 1.297.

[87] B. Anderson, op. cit., p. 206.

[88] Raphaël Larrère, "Enquete sur les singularités des lieux", em André Micoud (org.) *Des hauts-lieux. La construction sociale de l'exemplarité*, Paris, cnrs, 1991, p. 38.

[89] F. Zonabend, op. cit., p. 306.

[90] M. Halbwachs, op. cit., p. 121.

[91] Émile Benveniste, *Problèmes de linguistique générale*, i, Paris, Gallimard, 1966, p. 241.

[92] Lucien Febvre, *Combats pour l'Histoire*, Paris, Armand Colin, 1992, p. 437.

[93] M. Halbwachs, *La mémoire collective*, op. cit., p. 43.

[94] E. Benveniste, op. cit., p. 248-249.

[95] P. Veyne, *Comment on écrit l'Histoire*, op. cit., p. 38.

[96] F. Affergan, op. cit., p. 246.

[97] Alain Finkielkraut, *La mémoire vaine. Du crime contre l'humanité*, Paris, Gallimard, 1989, p. 112.

O JOGO SOCIAL DA MEMÓRIA E DA IDENTIDADE (1): TRANSMITIR, RECEBER

"Penso que todo conhecimento do que existe no mundo, se não se relaciona a fatos conhecidos através da percepção ou da memória, deve ser inferido a partir de premissas, das quais uma, pelo menos, seja conhecida pela percepção ou memória".[1]

Quando Halbwachs vincula "o pensamento social" a uma memória,[2] ele quer dizer com isso que ela resulta, em essência, da transmissão de um capital de lembranças e esquecimentos. Babel pode ser descrita como o fracasso da memória,[3] pois toda exteriorização do pensamento e, portanto, toda transmissão, toda cadeia de memórias, tornava-se impossível. É a mesma forma de fracasso que revela a transmissão do indizível entre inúmeros deportados aos seus filhos, os primeiros imaginando não poderem ser acreditados e os filhos não tendo a coragem de escutá-los.[4] E quando a transmissão é impossível, indizível, como imaginar que se possa ter um compartilhamento (de uma língua,[5] de "convenções verbais",[6] de representações, de saberes e fazeres, de crenças, de comportamentos, de gestos ou posturas) capaz de fundar as representações de uma identidade coletiva?

Sem essa mobilização da memória que é a transmissão, já não há nem socialização nem educação, e, ao mesmo tempo, se admitimos, como diz E. Leach, que a cultura é "uma tradição transmissível de comportamentos apreendidos",[7] toda identidade cultural se torna impossível. Se o homem não é um "homem nu", mas um ser social,

Memória e identidade

se ele pode ignorar a cifra de um ou dois milhões de neurônios que perde quotidianamente a partir dos 30 anos, é porque a transmissão contínua de conhecimentos entre gerações, sexo, grupos etc. lhe permite aprender tudo ao longo de sua vida e, ao mesmo tempo, vem satisfazer seu instinto epistêmico. A partir dessa aprendizagem – adaptação do presente ao futuro organizada a partir de uma reiteração do passado –, esse homem vai construir sua identidade, em particular em sua dimensão protomemorial. Em um mesmo grupo, essa transmissão repetida várias vezes em direção a um grande número de indivíduos estará no princípio da reprodução de uma dada sociedade. No entanto, essa transmissão jamais será pura ou uma "autêntica" transfusão memorial, ela "não é assimilada como um legado de significados nem como a conservação de uma herança",[8] pois, para ser útil às estratégias identitárias, ela deve atuar no complexo jogo da reprodução e da invenção, da restituição e da reconstrução, da fidelidade e da traição, da lembrança e do esquecimento.

A transmissão está, por consequência, no centro de qualquer abordagem antropológica da memória. Sem ela, a que poderia então servir a memória? Louis-Jean Calvet resume os questionamentos sobre a transmissão social em quatro perguntas: o que conservar? Como conservar? Quem conservar? Como transmitir?[9] Poderíamos acrescentar uma quinta: por que transmitir?

Se memorizar serve para transmitir, é o conteúdo transmitido ou o laço social que gera a transmissão? Educação, museus, arte, não são formas operacionais de transmissão visando menos transmitir *uma* memória que fazer entrar nas memórias a crença do corpo social em sua própria perpetuação,[10] a fé em raízes comuns e um destino compartilhado, ou seja, uma consciência identitária? Qualquer que seja a resposta a essa questão é certo que nada seria possível sem a expansão da memória humana.

A EXTERIORIZAÇÃO DA MEMÓRIA

Mesmo que as capacidades memoriais estritamente humanas sejam consideráveis, o homem quase nunca está satisfeito com seu cérebro como unidade única de estocagem de informações memorizadas e, desde muito cedo, recorre a extensões da memória.

Progressivamente, essa exteriorização da memória vai permitir a transmissão memorial. Desde as origens, ela traduz a vontade de "produzir traços" com o objetivo de compartilhar sinais transmitidos. De fato, as gravuras pré-históricas (Lascaux, grutas de Cosquer, Chauvet) ou proto-históricas (Vallée des Merveilles) são provavelmente a primeira expressão de uma preocupação propriamente humana: inscrever, deixar traços, assinar, deixar suas iniciais, "fazer memória", quer se trate de uma memória explícita (objetos, animais) ou de uma memória mais complexa e de mais intensa concentração semântica, aquela das formas, das abstrações, dos símbolos, tão bem descrita por Leroi-Gourhan.[11] Essa preocupação é evidente em muitas inscrições gravadas (pedras, paredes, madeiras) e em múltiplas práticas, como a que consiste em lançar moedas em uma fonte.[12] Ela se tornará explícita com a aparição da escrita, em torno de seis mil anos atrás. Heródoto escrevia "para impedir que não desapareça o que fazem os homens", nem para que se torne anônimo, sem identidade, com o projeto de fazer entrar nas memórias não apenas o tempo longínquo das origens, mas aquele dos acontecimentos mais próximos.

Em hebreu, o verbo *zekher* significa ao mesmo tempo "gravar" e "recordar-se".[13] A tradição escrita vai facilitar o trabalho dos portadores, guardiões e difusores da memória. Os primeiros memoriais consagrados ao Holocausto não foram monumentos, mas narrativas, os *Yizkor Bucher*, ou livros da lembrança, que contam a vida e a destruição das comunidades judaicas. O objetivo era o de transformar o lugar de leitura em espaço comemorativo, resposta à "síndrome da tumba ausente",[14] que exercerá um papel importante como recurso identitário.

Memória e identidade

Excetuando o caso de pequenas comunidades nas quais a transmissão oral é suficiente para impregnar o indivíduo de sua tradição cultural, e se abstraímos os múltiplos processos protomemoriais que, em todas as sociedades, podem prescindir de escritos, a escrita – e mais ainda o impresso –[15] permitiu, sem dúvida, a socialização da memória e a possibilidade de estocagem de informações cujo caráter fixo pode fornecer referenciais coletivos de maneira bem mais eficaz que a transmissão oral. Com os grandes textos, os princípios autorizados de inteligibilidade do mundo social se tornam disponíveis não apenas para a população de letrados, mas para todos os que possuem a possibilidade de escutá-los por ocasião das grandes narrações, pregações, sermões, exortações de toda natureza que se nutrem de textos fundadores. O fato de que apenas as religiões do Livro sejam verdadeiramente religiões do proselitismo é outro sinal do poder memorial da escrita.

Em muitos casos, no entanto, o escrito é antes um álibi do que um instrumento para a memória. No entanto, mesmo quando o texto fica como referência visual, com frequência citado em variadas versões, mas nunca de fato consultado, ele orienta as memórias individuais em uma mesma direção, focaliza-as em direção a significações particulares que terão, por conseguinte, grandes possibilidades de serem compartilhadas.[16]

Pesquisando sobre o papel exercido pelo documento notarial nas estratégias retóricas das populações do oásis de El Ksar (Tunísia), Mondhler Kilani observou que a simples evocação da existência do documento tem efeito de persuasão sobre os ouvintes, sem que seja necessário o uso efetivo do ato notarial.[17] Atitudes semelhantes em relação ao escrito foram observadas na região francesa de Drôme por ocasião de pesquisas realizadas entre 1978 e 1982,[18] ou ainda entre os barmas (Sudão) por Viviana Pâques em relação às genealogias escritas.[19] De fato, nesses casos precisos, pouco importa o conteúdo exato da memória escrita que é mobilizada para confortar e tornar provável a memória oral e que, por essa razão, contribui para seu compartilhamento. O texto é, nesse caso, um fator de "uniformização tendencial dos ho-

108

rizontes mentais",[20] mesmo que essa uniformização resulte fraca e adquira, muitas vezes, a forma daquilo que Benedict Anderson denomina comunidade imaginada. Podemos, então, levantar a hipótese de que a escrita facilitou a socialização de um certo conteúdo memorial mais consistente do ponto de vista factual e, provavelmente, superficial, do ponto de vista das representações.

Auxiliar de uma memória forte, a escrita pode, ao mesmo tempo, reforçar o sentimento de pertencimento a um grupo, a uma cultura, e reforçar a metamemória. Assim, o escritor local, aquele que tem o poder de registrar os traços do passado, oferece ao grupo a possibilidade de reapropriar-se desse passado através dos traços transcritos. Entretanto, com frequência a escrita, como modalidade de expansão da memória, deixa a busca identitária incompleta.

Na pequena aldeia de Eix, na Lorena, a "escrita" do lugar, feita pelos etnólogos em 1982 produziu, num primeiro momento, uma legitimidade do antigo, criou as condições de uma "memória apaziguada" e contribuiu para fundar a identidade local. No entanto, tal como constataram os mesmos pesquisadores 15 anos depois, o "ideal de coesão ao qual a escrita tinha permitido provisoriamente responder, fixando a aldeia numa espécie de permanência essencial (nos dois sentidos do termo), é colocado em questão pelas condições próprias a todo organismo vivo: mudanças de modos de vida e atividades tradicionais, modificação da estrutura da comunidade etc.".[21]

Pode-se, então, questionar a maneira de selecionar o que deve ser conservado e transmitido. Paradoxalmente, é sem dúvida mais difícil determinar o que deve ser conservado em sociedades de tradição escrita do que naquelas de tradição oral. De fato, as possibilidades de estocagem e difusão do saber memorizado se tornaram tão grandes nas primeiras, e a quantidade de informações de tal forma abundante que a recepção da transmissão, finalidade da conservação, não está mais garantida: de um lado, as capacidades de aquisição de um ser humano são limitadas e, de outro, o acesso às fontes de informação se tornou

Memória e identidade

extremamente complexo, levando em consideração a quantidade de saber a tratar. É preciso, portanto, selecionar, escolher, esquecer, e essa seleção é muitas vezes difícil e dolorosa. Enfim, quando o indivíduo se desembaraça do fardo da transmissão de memórias exteriores, há, de um lado, uma perda de autonomia e, de outro, uma mudança nas modalidades de transmissão. Ao passo que nas sociedades tradicionais isso se faz sem mediação, por um "contato vivido entre as pessoas",[22] nas sociedades modernas a transmissão de uma boa parte da memória é mediatizada (livros, arquivos, computadores etc.). Por essa razão, Claude Lévi-Strauss qualifica as primeiras sociedades de autênticas e confere às outras um caráter de inautencidade, mesmo reconhecendo que nas sociedades modernas existem níveis de autenticidade caracterizados por uma densidade psicológica particular e relações interpessoais fortes, o que podemos observar, por exemplo, em uma cidade pequena, em uma empresa ou nas relações de vizinhança.

Em todo caso, parece que a expansão da memória, tão bem descrita por André Leroi-Gourhan, pode se tornar um obstáculo para a transmissão de saberes, resultando em uma dispersão de recursos identitários necessários para a reprodução ou manutenção da tradição. O risco foi considerado desde a Antiguidade. A ilustração mais conhecida dessa tomada de consciência é o mito de Theuth,[23] no qual esse deus, dirigindo-se ao rei egípcio Thamous (outro nome de Ammon), apresenta-lhe a escritura como um remédio para a perda de memória. Thamous felicita Theuth por sua descoberta, mas, em seguida, toma precauções contra seu uso pelos homens: "pois essa invenção, ao dispensar os homens de exercer suas memórias, produzirá o esquecimento na alma daqueles que terão adquirido o conhecimento uma vez que, confiantes na escritura, buscarão fora de si os meios de se lembrar". Graças a essa invenção, acrescenta Thamous, os homens poderão procurar muitas informações que os conduzirão a se verem como competentes em muitas coisas, mas terão se tornado simplesmente "sábios em sua ilusão",[24] fechados "às realidades superiores".[25]

O jogo social da memória e da identidade (1)

Sem dúvida capazes da hipomnésia, que é a rememoração banal do que está escrito, serão inaptos a toda anamnese que autoriza a reminiscência e o acesso à verdadeira ciência.

A partir desse mito, podemos interrogar em conjunto duas formas modernas de expansão da memória e da transmissão, suscetíveis de exercer efeito sobre as representações identitárias. De um lado, a hipertrofia memorial que se dá a ver na proliferação de traços: atualmente, grupos e indivíduos têm uma forte propensão a fabricar e deixar traços e, sobretudo, consagram imensos esforços para conservá-los e transmiti-los sob a forma de impressões, relíquias, vestígios, ruínas, arquivos e objetos mais ou menos perturbadores. De outro lado, a exteriorização da memória que se exprime por uma profusão de imagens (difundidas continuamente, tratadas, estocadas) e que eu qualifico como *iconorreia*.[26] No marco de um questionamento das relações entre memória e identidade, qual é o estatuto dos traços e da imagem? Quais são as lógicas (cognitivas, sociais) que operam nessas manifestações massivas da extensão da memória humana? O que elas podem nos dizer sobre as relações que mantemos hoje com o saber, com o esquecimento, o passado, a transmissão, a identidade? Elas fazem de nós "desertores de *Mnemosye*", para retomar a expressão eloquente de Marc Fumaroli,[27] contribuindo assim a uma crise identitária? Como compreender que as sociedades modernas sejam simultaneamente trabalhadas por um mnemotropismo quase obsessivo – tal como se pode observar na "obsessão do patrimônio"[28] e em inumeráveis retromanias ou museomanias – e pela fascinação incontida pelo "tempo real"?

Com a firme intenção de evitar o "amargo prazer"[29] dos discursos feitos sobre a decadência da sociedade atual, sustentarei, na seção seguinte, que, paradoxalmente, tanto a profusão de traços quanto a iconorreia contemporânea produzem a confusão e o esquecimento e são a expressão de um transtorno identitário provocado pela incapacidade de controlar a angústia da perda que acompanha toda a vida humana.

111

Memória e identidade

A TRANSMISSÃO PROFUSA

A memória humana está de tal modo dilatada que nenhuma memória individual pode pretender esconder seu conteúdo.[30] Ao final do segundo milênio se observa uma aceleração inaudita dessa expansão da memória, a tal ponto que a modernidade poderia ser definida como uma tentativa de codificação total do mundo, cada instante se caracterizando por uma produção profusa de informações, traços, imagens.

No curso dos últimos trinta anos produzimos muito mais informações que nos cinco mil anos anteriores; a cada dia mais de mil livros são publicados no mundo; calcula-se que uma edição de fim de semana do *The New York Times* contenha muito mais informações do que uma pessoa comum, vivendo na Inglaterra no século XVII, pudesse encontrar ao longo de sua existência. Com o rápido aumento do número de telefones celulares, copiadoras, modem etc. e a tendência geral de diminuição dos custos das comunicações, consagramos cada vez mais tempo à troca de mensagens e notícias.

Essa produção de informações tem por corolário aquela da produção de traços, consequência da onda memorial que toca a maior parte das sociedades modernas. No célebre artigo que abre o primeiro volume de *Lugares da memória*, Pierre Nora constata que nenhuma época "foi assim tão voluntariosamente produtora de arquivos como a nossa, não apenas pelo volume que secreta espontaneamente a sociedade moderna, não apenas pelos meios técnicos de reprodução e conservação de que ela dispõe, mas pela crença e respeito aos traços deixados". O "inchaço hipertrófico da função de memória" e a "religião conservadora" incitam a tudo guardar, em uma compulsão arquivística contrária à essência mesma da profissão que é a "arte da destruição controlada".[31]

Mas a destruição implica a aceitação da perda, ideia que se tornou impensável na era do culto ao patrimônio.[32] Assim, Édouard Pommier questiona se basta uma obra pertencer à Antiguidade para entrar num museu. Com a busca e multiplicação de escavações, diz ele, "derrama-

112

O jogo social da memória e da identidade (1)

mos nos museus muitos objetos cuja apresentação só pode suscitar o tédio ou a vertigem se não for submetida a critérios de seleção draconianos, mas contrários ao espírito de uma cultura paralisada pelo medo mórbido de escolher".[33]

A mesma repulsa se manifesta na proliferação de museus destinados aos mais diversos tipos de objetos: um pouco sarcástico, Édouard Pommier observa que é suficiente percorrer um dicionário de palavras comuns e parar ao acaso em palavras como rolha ou computador, papelão ou ferro de passar e em seguida procurar o museu correspondente a isso. "Se não existe, está certamente sendo preparado".[34]

As casas de memória por excelência, que são as bibliotecas, não escapam ao fenômeno: correm o risco de se transformarem em "terrenos documentais abandonados", observa Jean Chesneaux. Certamente elas são informatizadas, mas o crescimento "exponencial das coleções e a verborreia crônica de nossos sistemas de comunicação"[35] tornam cada vez mais difícil o registro dessa documentação. Nesse sentido podemos dizer que "o arquivo trabalha sempre e *a priori* contra ele mesmo".[36]

Essa proliferação de traços tem seu equivalente no domínio da produção de imagens. Enquanto a televisão é objeto de numerosas pesquisas, os efeitos possíveis sobre a memória daquilo que é sua especificidade – o fato de ser uma "fonte de imagens – não é suficientemente evocado. Mesmo existindo os apóstatas das "estranhas claraboias", os "abolicionistas" que organizam "jornadas sem televisão" e desertores da pequena tela, globalmente a televisão é cada vez mais disseminada.

Em resumo, o mundo moderno produz traços e imagens a um nível jamais visto na história das sociedades humanas, estando em parte submisso às "ideologias de segurança"[37] da história e da memória que conduzem a tudo conservar, tudo armazenar, musealizar a totalidade do mundo conhecido e, por outro lado, continuando a produzir mais informações e mensagens. De acordo com Leroi-Gourhan, é possível pensar que, sob a influência das novas tecnologias de informação e comunicação, o *"homo sapiens* da zoologia está provavelmente perto do

113

Memória e identidade

fim de sua carreira":[38] uma nova espécie humana parece nascer atualmente sob nossos olhos, aquela dos "comunicantes", imersa em um universo desordenado de traços e irrigada por fluxos ininterruptos de imagens. Para além da constatação, importa tentar saber a significação e os efeitos disso, particularmente sobre as representações de identidade.

Em primeiro lugar, é importante não confundir a informação disponível e o conhecimento da mesma. A iconorreia e a profusão de traços contemporâneos levam a um risco maior: a confusão e a indiferenciação dos acontecimentos, das lembranças e saberes e um esquecimento massivo subsequente. Evocando os "bombardeamentos massivos de imagens, mensagens e informações"[39] que conhecem os indivíduos das sociedades modernas, vários pesquisadores já apontaram para esses riscos. Paul Virilio vê as premissas de uma verdadeira "industrialização do esquecimento" na mediatização que traduz a informação.[40] A proliferação de traços, de acordo com Marc Guillaume, "não garante a qualidade da memória coletiva" e sobrecarrega a memória longa, "muitas vezes autônoma, sonhadora, mas enraizada e sólida".[41]

Sabemos, aliás, que os indivíduos, em razão da impossibilidade de suportar as imensas sobrecargas memoriais, são muitas vezes incapazes de conferir sentido às informações adquiridas:[42] estas são *apresentadas*, mas raramente *representadas*. Estamos próximos da situação qualificada pelos anglo-saxões como *information overload*, sintoma cada vez mais frequente nas sociedades modernas. Em um contexto de multiplicação descontrolada de lugares de memória, mesmo os museus, afirma Jean-Louis Déotte, tornam-se "máquinas de esquecimento ativo".[43] Igualmente Jacques Tarnero se espanta pela capacidade crescente do mundo moderno em estocar sua memória em bibliotecas no momento mesmo em que se povoa de amnésicos.[44] Richard Marienstrass, igualmente, considera que "a erosão de memórias coletivas" pode estar correlacionada com a multiplicação de memórias mecânicas: é possível, diz ele, que as memórias artificiais contrariem seu objetivo proclamado e se tornem "auxiliares do esquecimento". Com certeza, essas

114

memórias tornam disponível uma grande quantidade de informações, mas, segue o autor, trata-se de uma memória morta que "nos exime da tarefa de sermos nós mesmos os depositários vivos da memória".

Nem mediadoras, nem criadoras de laços sociais, as memórias artificiais, em razão disso, não permitem à tradição sobreviver e se renovar.[45] Destinadas à repetição, essas memórias artificiais se opõem à "memória inventiva, irmã do esquecimento",[46] quer dizer, a rememoração ativa, própria às sociedades que, em suas heranças, aceitam a triagem, o compartilhamento, a eliminação e a perda.[47]

De acordo com Danièle Hervieu-Léger, a imediatez "da comunicação foca o acontecimento e faz desaparecer as hilações próprias à narrativa. A complexidade do mundo que atesta a massa enorme de informações disponíveis de maneira assim atomizada é cada vez menos submetida a esse ordenamento quase espontâneo que assegurava a memória coletiva através de encadeamentos explicativos".[48] Temos, então, o que se concebe como uma memória-simulacro. Com "a propagação viral das imagens", observam Alain Gauthier e Henri Pierre Jeudy, o esquecimento se localiza no movimento cultural, "no coração mesmo do dispositivo de circulação". A partir de então, as máquinas não comunicam mais "o consenso ou a ordem, valores ou mensagens, mas colorem os acontecimentos em trânsito, narrativas em suspensão, personagens em espera, objetos em formação, uma vez que é já a não memória que circula". A imagem "se alimenta de sua perda"[49] no sentido de que, sem trégua nem pausa, uma imagem substitui a outra.

Se esse dispositivo não autoriza a pausa e impede a reflexão, não pode também transformar nossa relação com o passado e, ao mesmo tempo, as representações que elaboramos sobre o que somos? Pesquisas recentes visando avaliar os efeitos da televisão sobre a memória do Holocausto levam-nos a crer nisso. A iconorreia televisiva produz uma agnosia sobre o acontecimento: este não é mais do que uma sucessão de planos percebidos sem duração e independente uns dos outros, mais ou menos irreais e cujo sentido escapa massivamente aos telespectado-

Memória e identidade

res. A partir de um determinado limiar, a densificação da memória icônica torna mais difícil o desenvolvimento de uma memória semântica.

Para além da irrealidade do mundo, como evoca Baudrillart, da eventualidade de um "nivelamento de valores em uma indiferença espetacular"[50] sobre a qual insiste Gilbert Durand ou dos perigos prováveis de um *"prêt-à-porter* imaginário",[51] essa hipótese de uma performance mnemônica fraca ou deficiente pode ser estendida ao conjunto do que denominei iconorreia contemporânea, porque podemos pensar que ela acentua os efeitos que acabo de evocar rapidamente relativos à televisão. Com a ajuda de um argumento *efetivamente* bizantino – uma vez que foi cunhado por Nicefora –, podemos sustentar que a iconorreia mata a imagem e torna mais difícil a transmissão: quando há muita imagem, há muitos ícones, e o indivíduo não pode mais aceder à ideia ou ao imaginário veiculado pelo suporte imagético. Nesse caso, as imagens não deixam traços, mas seus signos. Na linguagem da Pragmática ou da Semiótica poderíamos dizer que a iconorreia contemporânea torna impossível a abstração da coisa representante, necessária para aceder à coisa representada: o signo é tão massivamente presente que não pode estar simultaneamente ausente.[52]

Finalmente, as sociedades modernas são talvez menos capazes de transmitir a memória que aquelas de menor expansão memorial. Tanto Hervieu-Léger quanto Joëlle Bahloul destacam em seus trabalhos a importância dos quadros sociais para a transmissão da memória religiosa ou doméstica. Quando esses quadros sociais entram em colapso ou se tornam confusos, indefinidos, múltiplos e multiformes, a transmissão é interrompida, por vezes, de maneira irremediável, provocando uma falta, uma necessidade de memória. A compulsão memorial contemporânea e o que denominamos crises identitárias se explicariam por uma expansão descontrolada da memória. Entretanto, parar nessa constatação não seria subestimar as múltiplas vias de transmissão da tradição vivida por um grupo social? Nas sociedades modernas, como em todas as outras, uma protomemória subjacente opera nos ritos,

116

instituições, na força dos costumes, nos hábitos, nas relações entre os sexos e no corpo do sujeito.

AS VIAS DE TRANSMISSÃO

Hoje se diz que "não há identidade, coletiva e pessoal, que possa se forjar sem recurso à escrita".[53] Sem dúvida isso é muitas vezes verdadeiro, mas formas menos explícitas de transmissão de identidade ainda manifestam sua grande eficácia. No quadro de uma pesquisa sobre uma família da região do Languedoc, Louis Assier-Andrieu[54] mostra que os fundamentos da duração de uma linhagem doméstica se situam na vontade, no capital imaterial, em uma cultura doméstica bem mais do que em táticas notariais. Essa vontade de adesão a um sistema que garanta a perpetuação de uma linhagem se alimenta de uma memória doméstica de longa duração que se utiliza de vários e diferentes suportes: os documentos de família, os lugares e paisagens que envolvem a propriedade, mas também os múltiplos suportes de lembranças íntimas, objetos tidos como antigos, árvores plantadas por ocasião do nascimento de tal ou tal ancestral, mantas do século passado cuidadosamente dispostas nos armários, filmes e fotografias de família, sepulturas, itinerários etc. Todos esses signos memoriais servem menos a veicular informações ou ativar a lembrança sobre acontecimentos que para afirmar o caráter durável do laço familiar. Na família, o sinal mais forte dessa vontade de perpetuação e transmissão da linhagem foi, durante muito tempo, a conservação de uma parte do corpo de um ancestral (um dedo inteiro) imerso em um vidro com formol. Essa espécie de memória do corpo de um ascendente transmitida de geração em geração expressava, de maneira espetacular, a vontade familiar de manter a memória do corpo doméstico e, com isso, sua identidade.

É provável que a invenção da fotografia tenha favorecido a construção e manutenção da memória de certos dados factuais – acontecimentos

Memória e identidade

históricos, catástrofes –, mas também fatos familiares, oferecendo, simultaneamente, a possibilidade de manipulação dessa memória. De uma maneira geral, todos os traços que têm por vocação "fixar" o passado (lugares, escritos, comemorações, monumentos etc.) contribuem para a manutenção e transmissão da lembrança de dados factuais: estamos, assim, em presença de "passados formalizados", que vão limitar as possibilidades de interpretação do passado e que, por essa razão, podem ser constitutivos de uma memória "educada", ou mesmo "institucional", e, portanto, compartilhada.[55]

Todo grupo profissional valoriza os comportamentos apropriados e reprime os demais a fim de produzir uma memória adequada à reprodução de saberes e fazeres e à manutenção de uma identidade da profissão. Annie-Hélène Dufour mostrou, por exemplo, como os pescadores da região do Var constituem sua própria memória do mar, tanto da superfície quanto do plano mais abissal, mesmo que jamais tenham visto este último.[56]

Se as sociedades modernas demonstram tendência a privilegiar os aspectos técnicos da transmissão, não é seguro que apenas o domínio de receitas, de doutrinas pedagógicas e um didatismo genuíno sejam suficientes para "fazer uma memória". Temos muitos exemplos, nas sociedades tradicionais, da transmissão de saberes tomando outros caminhos, tais como os ritos de iniciação, as visões, a aprendizagem por impregnação, imitação etc. Quando o sioux Tahca Ushte conta[57] como ele se torna um *yuwipi*, quer dizer, um xamã, explica que isso nada tem a ver com a aprendizagem de um homem branco que segue seus estudos de medicina. O simples conhecimento das regras, das ervas, dos ritos e dos objetos não serve para nada sem a visão e o poder que ele deve aguardar, sozinho, no lugar da clarividência, no alto de uma montanha. Somente dessa forma, então, a transmissão se tornará possível.

Transmitir uma memória e fazer viver, assim, uma identidade não consiste, portanto, em apenas legar algo, e sim uma maneira de estar no mundo. Viviana Pâques observa que não compreendemos todos os segredos de um ofício quando aprendemos apenas a técnica de fabricação de uma obra de arte.[58] Françoise Zonabend insiste sobre a pedagogia silenciosa do *ver-fazer* o serviço na granja ou no ateliê de costureira, no fazer dos sapateiros, carpinteiros ou barbeiros[59] e daqueles que, nas sociedades de interconhecimento, asseguram a transmissão de múltiplas maneiras de dizer e fazer. De igual forma, não transmitimos "o remédio-memória das origens" que é, na região da Alta Provence, o camédrio, divulgando simples receitas de utilização dessa planta depurativa: "trata-se de um saber impossível de obter integralmente do exterior, porque os conceitos principais se localizam em outro nível que não o da razão".[60]

A aquisição de uma identidade profissional ou, mais genericamente, de uma identidade vinculada a poderes e saberes não se reduz apenas a memorizar e dominar certas habilidades técnicas: ela se inscreve, na maior parte dos casos, nos corpos mesmos dos indivíduos.

MEMÓRIA E PROTOMEMÓRIA

A transmissão pode ser protomemorial ou memorial. Já me refiri à primeira, imanente a toda vida social e a todo processo de aculturação. Ela se constitui por dispositivos e disposições inscritas no corpo. Podendo determinar atitudes e condutas, a transmissão protomemorial se faz sem pensar, age sobre os indivíduos de maneira involuntária, advém da imersão na sociedade, desde a primeira infância, mais do que de uma transmissão explícita. Ela conserva, reitera e reproduz bem mais do que transforma, cria e reconstrói. Possui como característica "a amnésia da origem, que nasce do costume"[61] e, nesse caso, observa Bourdieu, "é apenas porque a herança se apropria do herdeiro que o herdeiro pode se apropriar da herança".[62] Essa forma de transmissão é particularmente atuante em numerosos rituais humanos (como os de passagem, por exemplo), evoca a ordem social ao mesmo tempo

Memória e identidade

em que evoca a memória com o objetivo de afirmar a continuidade de uma sociedade ou de um grupo "a despeito da ameaça de morte"[63] que os acompanha a todo instante.

Roger Bastide fornece o exemplo do que ele denomina, de maneira imprópria penso eu, como a "sobrevivência" de religiões africanas no Novo Mundo. Na realidade, se certas religiões conseguiram permanecer vivas é porque os iniciados vindos da África trouxeram, sob forma "de matrizes físicas alojadas na intimidade de seus músculos, os deuses e os ancestrais étnicos – de tal forma que era suficiente, na nova terra, escutar de novo os *leitmotiv* musicais das divindades que se haviam encarnado em seus corpos, para que a África despertasse e se expressasse novamente". Os gestos corporais das filhas dos deuses eram "portadores dos mitos na medida em que os ritos são a tradução destes mitos em gestos".[64] Nesse caso, estamos em presença de uma transmissão que é essencialmente protomemorial e que, todavia, é decisiva no processo identitário. Aliás, quando essa transmissão protomemorial não pode mais se realizar por diferentes razões – mudanças históricas, progressos tecnológicos, rupturas demográficas –, é a sociedade como um todo que se transforma e que conhece uma mudança social sob a forma de desorganização ou mutação.

Quando no Brasil se começam a esquecer os gestos antigos, observa Bastide, é porque as antigas divindades não encarnam mais e estão destinadas a cair no esquecimento definitivo, sinal da dissolução dos grupos em suas formas anteriores.

Modo privilegiado de demonstração da identidade do grupo, a protomemória ritualizada cessa de exercer seu papel unificador quando sua transmissão é alterada. De fato, a transmissão protomemorial orienta em uma certa direção a transmissão memorial e participa da conformação, sempre parcial, das representações de mundo em uma sociedade. Toda modificação ou interrupção da primeira se traduzirá por modificação ou interrupção da segunda. De igual forma, todo avatar de transmissão memorial terá, em mais ou menos tempo, efeitos

O jogo social da memória e da identidade (1)

sobre a transmissão protomemorial: assim, os modelos culturais difundidos pelas tecnologias planetárias da informação tendem a fazer perceber como ridículos ou decadentes certos gestos, sotaques, posturas e maneiras de ser no mundo que até então eram adotadas sem que se pensasse sobre elas. Quando um determinado meio não ativa mais certas formas memoriais explícitas, mesmo a repetição daquelas que são incorporadas estão, a mais longo termo, ameaçadas. Nisso reside um risco potencial de enfraquecimento das memórias fortes.

TRADIÇÃO: A REPRODUÇÃO E A INVENÇÃO

Aquilo que denominamos como tradição própria a um grupo é a combinação entre transmissão protomemorial e memorial que interagem uma sobre a outra fazendo, por exemplo, da tradição religiosa um "sistema organizado de pensamentos e gestos".[65] Para viver e não apenas sobreviver, para ser transmitida e, sobretudo, recebida pelas consciências individuais "em inter-relação, em conexão de papéis, em complemento de funções", essa combinação deve estar de acordo com o presente de onde obtém sua significação. Ela será autêntica, quer dizer que terá sua força – a de conferir aos membros de um grupo o sentimento de compartilhamento de sua própria perpetuação enquanto tal – de sua autoridade, aquela de uma transmissão efetiva e aceita. Nesse caso, a tradição corresponde bem à definição que fornece Danièle Hervieu-Léger: um universo de significações coletivas no qual as experiências cotidianas que inscrevem os indivíduos e os grupos no caos são reportadas a uma ordem imutável, necessária e preexistente aos indivíduos e aos grupos". O que define principalmente a tradição, acrescenta a autora, "é que ela confere ao passado uma autoridade transcendente".[66]

No Brasil, as lembranças africanas revividas se modificam ao mesmo tempo em que muda a sociedade global, mobilizada por uma "luta

Memória e identidade

de raças contra a alienação cultural dos negros"[67] e também na luta de classes de acordo com um esquema mais habitual. Essas lembranças encontram sua justificativa não apenas em assegurar uma continuidade fictícia ou real entre o passado e o presente, mas também em satisfazer uma lógica identificadora no interior do grupo, mobilizando deliberadamente a memória autorizada de uma tradição. O ato de memória que se manifesta no apelo à tradição consiste em expor, inventando se necessário, "um pedaço de passado moldado às medidas do presente"[68] de tal maneira que possa se tornar uma peça do jogo identitário.

Porque a tradição se remete a um passado atualizado no presente, ela "incorpora sempre uma parte do imaginário".[69] No século xix, as produtoras de faiança de Quimper começaram a fabricar objetos representando cenas de pintura de acordo com os critérios mais acadêmicos da arte erudita. Entretanto, com o passar do tempo, observamos um processo de simplificação da decoração e dos personagens, estes últimos convertendo-se até mesmo em tipos étnicos: os "pequenos bretões". Em uma espécie de ilusão retrospectiva, esse artesanato pode se transformar em arte popular tradicional, referente disponível para estratégias identitárias cuja finalidade é, nesse caso, essencialmente econômica.[70] Como se pode ainda verificar em muitos rituais de memórias migrantes que conjugam habilmente as incorporações e as rejeições da novidade através de ideologias de conservação da herança, ou ainda na constante reinterpretação de usos "ancestrais" – como, por exemplo, a troca e a ajuda mútua, a caça em montaria – que assegura a vitalidade da identidade da Vendeia,[71] a tradição é então "tradicionante", ou seja, modo de legitimação da tradição "tradicional", referência legitimadora no presente.[72] Na ausência dessa legitimação, a tradição não é mais do que uma forma vazia de todo conteúdo compartilhado pelo grupo. Em razão dessa perda de sentido, ela se torna uma "memória historicamente consciente dela mesma",[73] uma herança objetivada, um "traço cultural sem aplicação para o presente",[74] um simples objeto de nostalgia ou "uma confusa consciência de si".[75] Portanto,

122

ela não é mais, de acordo com a expressão de Balandier, geradora de continuidade e não consegue mais se ancorar na vida quotidiana. Ela se transforma, então, em uma memória vulnerável, enfraquecendo um pouco mais a cada dia, em uma sobrevivência que, pouco a pouco, se descola da vida do grupo até seu desaparecimento completo.

RECEBER

Compreende-se que, em algumas sociedades ou alguns grupos, a ênfase seja colocada mais sobre a recepção de uma herança cultural (um conjunto de costumes ou idiossincrasias sociais, um patrimônio) que sobre a transmissão propriamente dita, pois a primeira operação abre mais possibilidades para a invenção e interpretação, princípio mesmo da tradição. É o caso da concepção dogon da "recepção", que "possibilita uma margem de escolha e interpretação dentro daquilo que é ouvido e compreendido [...]: a "recepção" da herança consiste inicialmente em uma reivindicação consciente antes de ser uma proclamação ativa".[76] A tradição "tradicionalizada" que é reivindicada consiste na afiliação religiosa do clã, sua continuidade política e a história do povoamento, peças do passado que vêm legitimar uma identidade religiosa, política e cultural sempre formulada no presente, o que explica que se possam observar as variantes entre as diversas aldeias dogons.[77]

É, igualmente, o caso das "comunidades textuais" da Idade Média. Patrick J. Geary, de maneira esclarecedora, mostrou a forma como essas comunidades recebiam a tradição para, em seguida, elaborar prescrições relativas ao passado. É o caso também da recepção da tradição dos pais por alguns jovens americanos de origem judaica. Nos anos 1950, o objetivo desses jovens era o de "reconquistar a memória das origens", reconstruindo, assim, após a Shoah, "suas identidades judaicas no interior da sociedade americana".[78] Nos anos 1970,

Memória e identidade

os *Ba'alei T'shuva* são jovens judeus provenientes, com frequência, da contracultura, que, de novo, irão se voltar em direção à tradição, mas a recepção, nesse caso, será totalmente diferente: eles veem no judaísmo ortodoxo uma crítica radical ao *american way of life* e a possibilidade concedida a cada um de "mudar sua vida" e romper com o mundo secular. De fato, o contexto e as modalidades da recepção condicionarão o resultado da transmissão, que poderá ir da continuidade pura e simples – por exemplo, em situações extremas como aquelas sofridas pelos judeus da campanha alsaciana: sob o jugo dos nazistas eles "se esforçaram para viver com fidelidade ao ritmo da plenitude do Sabat, a esperança da Páscoa, promessa de suas libertações futuras, e da sucessão de festas, evocação da glória do passado e condição de sua dignidade presente" –,[79] até a ruptura, passando, em uma aparente continuidade, pela invenção.

Encontramos, aqui, as três modalidades do tradicionalismo distinguidas por Georges Balandier: o "tradicionalismo fundamental", que objetiva a manutenção fiel dos valores; o "pseudotradicionalismo", que é uma tradição remodelada por ocasião de grandes e profundas mudanças, e o "tradicionalismo formal", que se utiliza de formas que foram mantidas, mas cujos conteúdos foram modificados.[80] "Fazer de acordo com a tradição"[81] é tanto respeitá-la sem muitas alterações, como acomodá-la ou mesmo recriá-la.

No fim das contas, a *transmissão* é tanto emissão quanto recepção. A eficácia dessa transmissão, quer dizer, a reprodução de uma visão de mundo, de um princípio de ordem, de modos de inteligibilidade da vida social, supõe a existência de "produtores autorizados" da memória a transmitir: família, ancestrais, chefe, mestre, preceptor, clero etc. Na medida em que estes serão reconhecidos pelos "receptores" como os depositários da "verdadeira" e legítima memória, a transmissão social assegurará a reprodução de memórias fortes. Ao contrário, quando os guardiões e os lugares de memórias tornam-se muito numerosos, quando as mensagens transmitidas são inúmeras, o

124

que é transmitido torna-se vago, indefinido, pouco estruturante, e os "receptores" possuem uma margem de manobra muito maior que lhes irá permitir lembrar ou esquecer à sua maneira.

DIREITO, DEVER E NECESSIDADE DE MEMÓRIA

Se há um tempo para transmitir e um tempo para receber, há igualmente um "tempo de calar e tempo de falar".[82] Ora, a memória, com frequência, recusa calar-se.[83] Imperativa, onipresente, invasora, excessiva, abusiva, é comum evocar que seu império se deve à inquietude dos indivíduos e dos grupos em busca de si mesmos. Se vivemos sob o "mal dos arquivos",[84] dos traços, das lembranças, se nos consideramos como os devedores da memória, é porque uma angústia "espreita desde o âmago de nós mesmos".[85] Arrependimentos diversos, sensibilizações ao dever de memória, *recovered memory movement* nos Estados Unidos, memória da Shoah, dos campos de internação e concentração, dever de memória em relação às minorias que se manifesta no multiculturalismo americano, criação pelo chefe de Estado de um "alto conselho da memória combatente", processos de antigos colaboradores ou criminosos nazistas, protestantes que lembram ao papa a noite de São Bartolomeu,[86] comemorações múltiplas: são apenas alguns exemplos das ressacas incessantes da memória sem os quais parece que um indivíduo, assim como um povo, "não tem nem identidade nem cultura".[87]

Não satisfazer o dever de memória é expor-se ao risco do desaparecimento: "Mas se vocês se esquecerem do Senhor, do seu Deus, e seguirem outros deuses, prestando-lhes culto e curvando-se diante deles, asseguro-lhes hoje que vocês serão destruídos."[88] O esquecimento pode mesmo estar na origem da perda de si mesmo: a amnésia de Matsyendranâth, um dos mestres yoguis mais populares da Idade Média indiana, fez com que perdesse sua identidade e quase lhe custou

Memória e identidade

também a imortalidade, o que apenas a anamnese, assimilada a um sonho, permitirá salvá-lo.[89] Através do esquecimento, a alma pode "deixar fugir seu conteúdo",[90] risco mortal para a unidade de uma vida evocada por Plutarco em uma bela passagem do *De tranquillitate animi*:

> [...] para a maior parte das pessoas, insensível e desagradável, o esquecimento se apodera de seu passado, o devora, faz desaparecer toda a ação, todo o sucesso, toda distração agradável, toda vida social, todo o prazer, sem permitir à vida constituir um todo em que o passado se entrelace com o presente; mas como se o homem de ontem fosse outro que esse de hoje e aquele de amanhã não fossem igualmente o mesmo de hoje, o esquecimento os separa e destrói, por falta de memória, tudo o que se produziu. Os que nas escolas negam o crescimento com o pretexto de que a matéria escoa continuamente fazem de cada um de nós um ser sem cessar diferente de si mesmo, em teoria; porém, os que não guardam em suas memórias a lembrança do passado e nem a evocam, mas a deixam desaparecer pouco a pouco, na realidade se tornam desprovidos e vazios, suspendendo o amanhã uma vez que o ano anterior, a antevéspera e a véspera não lhes concernem e não lhes hão em absoluto pertencido.[91]

A necessidade de recordar é, portanto, real, mesmo que apenas para que não nos tornemos seres "pobres e vazios". Mas, na realidade, mais do que necessidade de memória, o que parece existir é uma necessidade metamemorial, ou seja, uma necessidade da ideia de memória que se manifesta sob múltiplas modalidades nas sociedades modernas. Essa necessidade é indissociável da busca pelo esquecimento, que ocorre concomitante ao lembrar.

O jogo social da memória e da identidade (1)

DIREITO, DEVER E NECESSIDADE DE ESQUECIMENTO

> *"It's a poor of memory that only works*
> *backwards, the Queen remarked."[92]*

Inimigo da memória, o esquecimento, "segredo inquietante da lembrança",[93] por vezes objeto de medo e tentação, impõe-se sempre sobre as lembranças. Se "nossa mente é porosa para o esquecimento",[94] é sem dúvida porque encontra ali um abrigo, pois o esquecimento, tranquilizador como o vinho de Helena[95], pode acalmar a dor – aqui o drama do ciumento que não pode esquecer nada do que poderia ser o sinal da mentira e da infidelidade –,[96] e, de outro lado, porque sem o esquecimento, nossas lembranças não teriam nenhum alívio. A memória esquecida, por consequência, não é sempre um campo de ruínas, pois ela pode ser um canteiro de obras. O esquecimento não é sempre uma fragilidade da memória, um fracasso da restituição do passado. Ele pode ser o êxito de uma censura indispensável à estabilidade e à coerência da representação que um indivíduo ou os membros de um grupo fazem de si próprios. Porque a memória é uma "paisagem incerta",[97] os *impedimenta* da anamnese podem ser pão bento. "Esquecer é uma necessidade", escrevia Lucien Febvre, "para os grupos e sociedades que desejam viver" e não se deixar esmagar "por esse peso formidável" de fatos herdados.[98] As modalidades de esquecimento são frequentemente complexas: na aldeia de Pontet, perto de Avignon, lá onde sua mãe foi presa e deportada pelos nazistas, Isaac Lewendel percebe que certos heróis da guerra que não haviam prestado atenção ao martírio dos judeus parecem querer esquecer "uma verdade póstuma capaz de ofuscar suas glórias do passado".[99]

La memória e + importante di un bel muro pulito, pude ler inscrito na parede em um passeio numa rua de Pisa. O autor desse grafite

127

Memória e identidade

havia compreendido bem o princípio mesmo do jogo identitário ao mobilizar a memória buscando evitar os abusos,[100] evitando tornar-se um fardo e se desfazendo das escórias mais insuportáveis do passado. "Passar a esponja", como se diz na linguagem ordinária, é frequentemente a condição indispensável para seguir adiante, inovar, reconstruir. *Let bygones be bygones*, deixar que se vá o passado mesmo quando este não passa, objetivo mesmo da forma institucionalizada de esquecimento que é a anistia, bem diferente do perdão, e que consiste em apagar das memórias os elementos do passado considerados como perigosos para a sociedade ou cidade.[101] É preciso, sem dúvida, relativizar os efeitos desse conjuro do passado e a importância do esquecimento provocado pela anistia como, por outro lado, de todo esquecimento: de um lado, o silêncio ou a negação não significam sempre que é esquecimento – há coisas que resistem ao esquecimento – e, de outro lado, a amnésia jamais é absoluta e definitiva: encerrados nas estruturas profundas e obscuras da personalidade, as lembranças esquecidas permanecem em reserva, força perigosa e imprevisível que pode vir a assolar a identidade do sujeito se, por azar, ele baixar a guarda e enfraquecer suas resistências. Podemos nos queimar e mesmo nos consumir diante de um retorno da memória, como se esta fosse uma chama que se reacende. Mesmo o esquecimento do esquecimento, ao dissipar a perturbação provocada pela sensação de uma ausência ou perda, pode ceder diante da força de algumas lembranças, tal como acontece em relação às tragédias.[102] Entretanto, num tempo do cotidiano e salvo algum incidente, esse esquecimento pode ser duradouro e benéfico.

Assim, quando se perde a felicidade, a memória dessa perda pode ser tão dolorosa que o esquecimento vem ajudar aquele que sofre. Primo Levi nos diz que a experiência de se perder a si mesmo, quer dizer, de esquecer, pode, paradoxalmente, ser um meio de se proteger: no cotidiano, extenuado, enfraquecido pela fome, o deportado não tem tempo de pensar: "nossas casas são menos que uma

O jogo social da memória e da identidade (1)

lembrança". Essas ausências lhes permitem resistir às provações. Mas na кв (enfermaria), "temos todo o tempo para nós". Então, "sabemos de onde viemos: as lembranças do mundo exterior povoam nosso sono e nossa vigília, percebemos, com estupor, que nada foi esquecido, que cada lembrança evocada surgia diante de nós com uma dolorosa nitidez".[103]

Em seu regresso de Buchenwald, Jorge Semprun escolhe um "longo processo de cura da afasia e da amnésia deliberada, para poder sobreviver", e evoca a "louca felicidade," a "obsessiva felicidade do esquecimento", deliciosa negação que o protegeu durante um longo tempo da angústia da vida, das "incertezas da memória", das "metástases fulgurantes do esquecimento".[104] O que é válido para um indivíduo pode também valer para um grupo inteiro. Há culturas nas quais a memória, uma vez que é sempre atualizada, é percebida como um perigo para a identidade de pessoas desaparecidas. Entre os manouches não se fala dos mortos,[105] pois se teme que as lembranças possam trair a personalidade do defunto. O esquecimento, nesse caso, é um sinal de respeito à singularidade de cada vida humana que o trabalho da memória poderia alterar. Igualmente, o esquecimento pode ser necessário aos laços sociais e à afirmação da identidade de um grupo. É isso que observa Halbwachs ao afirmar que "a sociedade tende a descartar de sua memória tudo o que pode separar os indivíduos, separar os grupos uns dos outros, e a cada época tende a remanejar suas lembranças de maneira a dispor-lhes de acordo com as condições variáveis de seu equilíbrio".[106] Em sua obra *O que é uma nação?*, Renan aborda o tema do esquecimento ou, mais exatamente, desse esquecimento ativo que é o "relembrar/esquecer", de acordo com a expressão de Benedict Anderson. Em uma passagem luminosa, ele se eleva vigorosamente contra a obsessão da busca de traços de pertencimento étnico:

Memória e identidade

> [...] não temos o direito de sair pelo mundo tateando crânios de pessoas, prendendo-os pelo pescoço e dizendo-lhes: "tu és nosso sangue, tu nos pertence!" [...] Não é certo que os alemães, que elevaram tão alto a bandeira da etnografia, não querem que os eslavos venham, por seu lado, analisar os nomes das aldeias da região de Saxe e da Lusácia, buscar os traços dos wiltzes ou dos obotrites e solicitar contas dos massacres e das vendas em massa que os otônidas fizeram de seus antepassados? Para todos o melhor é saber esquecer.[107]

O esquecimento, acrescenta ainda Renan, é um fator essencial para a criação de uma nação: "a essência de uma nação é que todos os indivíduos tenham muitas coisas em comum e também que todos tenham esquecido outras tantas coisas".[108]

Portanto, é um esquecimento duradouro e útil que buscam os membros de uma sociedade quando imaginam fazer *tabula rasa* do passado antes de transmiti-lo, condição julgada como necessária para permitir a emergência de uma nova identidade. Essa busca, no entanto, traz alguns perigos. Às vezes, em razão de querer esquecer um período de sua história, corre-se o risco de se tornar o próprio "esquecido da história", tais quais os harkis, cuja incerta representação de sua identidade encontra sua causa em um trabalho de memória inacabado, um trabalho de recusa e censura de seu passado. Por outro lado, todo ato de ruptura deliberada com a tradição, toda recusa de transmissão, é ainda um reconhecimento da ação que essa memória exerce no grupo. Quando em uma aldeia da Costa do Marfim os jovens queimam os fetiches, símbolos da tradição, em razão de serem considerados como um obstáculo à modernidade, na verdade estão reafirmando aquilo que denunciam, numa perspectiva de efeito de circularidade.[109]

Enfim, é preciso ressaltar uma diferença fundamental entre as formas modernas do esquecimento, geradas pela submissão ao tempo real ou pela iconorreia contemporânea evocada precedentemente, e as formas mais tradicionais, como as que se podem observar na amnésia iniciática – o *cut off*[110] com o passado – ou mesmo nas amnésias festi-

130

vas: essas visam *reintroduzir* o indivíduo no presente após um período de purgação de certos elementos de seu passado que, uma vez abandonados, esquecidos, vão lhe permitir aceder a um novo estatuto (por exemplo, o de adulto). Essas são manifestações de um desejo de se *desviar* do presente, de se liberar sem que um projeto de socialização acompanhe o que se parece muito com uma fuga. Enquanto a amnésia iniciática ou festiva é, enfim, socializadora, o esquecimento provocado pela iconorreia contemporânea (ou por outras formas de desmemória: drogas, tempo da vida cotidiana etc.) é portador de uma desconexão social e, provavelmente, de perdas identitárias.

TRANSMISSÃO HISTÓRICA E TRANSMISSÃO MEMORIAL

Nos capítulos anteriores, argumentei que a história intervinha pouco na constituição do campo memorial. É preciso ainda acrescentar que a transmissão histórica difere radicalmente da transmissão memorial e, mais ainda, da protomemorial. Se ela pode ter um lugar no jogo identitário – é o caso da transmissão de passados conflitivos como a Shoah, a Ocupação, a Guerra da Argélia –, na maior parte do tempo não lhe é possível servir de "amálgama unitário", pois, normalmente, não entra na vocação dos historiadores escrever uma "história sob medida".[111] Certamente, a história produzida pelos historiadores é muitas vezes distanciada da história transmitida pelos manuais ou pelas mídias e, mais ainda, da história recepcionada pelo público. No entanto, mesmo a história vulgarizada – que é uma fonte identitária incontestável – difere da memória. As duas são representações do passado, mas a primeira tem como objetivo a exatidão das representações, enquanto a segunda não pretende senão a verossimilhança. Se a história objetiva esclarecer da melhor forma possível aspectos do passado, a memória busca mais instaurá-lo, uma instauração imanente ao ato de memorização. A história busca revelar as formas do passado, enquanto a memória as modela, um pouco como faz a tradição. A primeira tem uma preocu-

Memória e identidade

pação de ordenar, a segunda é atravessada pela desordem da paixão, das emoções, dos afetos. A história pode vir a legitimar, mas a memória é fundadora. Ali onde a história se esforça em colocar o passado a distância, a memória busca fundir-se nele. Halbwachs distinguiu a "memória histórica", que seria mais uma memória emprestada, aprendida, escrita, pragmática, longa e unificada, e a "memória coletiva", que seria então uma memória produzida, vivida, oral, normativa, curta e plural. Pierre Nora, por sua vez, opõe radicalmente a memória e a história. A primeira é a vida, levada pelos grupos vivos, em permanente evolução, múltipla e desmultiplicada, "aberta à dialética da lembrança e da amnésia, inconsciente de suas sucessivas deformações, vulnerável a todos os usos e manipulações, suscetível a longas latências e súbitas revitalizações". Afetiva e mágica, enraizada no concreto, no gesto, na imagem e no objeto, a memória "se compõe dos detalhes que a confortam; nutre-se de lembranças vagas, globais e flutuantes, particulares e simbólicas, sensíveis a todas as formas de transmissão, censura ou projeções". Ela pode, portanto, integrar-se nas estratégias identitárias. A história, ao contrário, "vincula-se às continuidades temporais, às evoluções e à relação entre as coisas". Ela pertence a todos e a ninguém e tem vocação ao universal. É uma operação intelectual e laicizante que leva à análise, ao discurso crítico, à explicação de causas e consequências. A história é sempre prosaica e, enquanto a "memória instala a lembrança no sagrado, a história busca se distanciar do mesmo".

No entanto, em certos aspectos, a história toma de empréstimo alguns traços da memória. Como *Mnemosyne*, *Clio* pode ser arbitrária, plural, falível, caprichosa, interpretativa dos fatos, que se esforça em trazer a luz e compreender. Como a memória, a história pode recompor o passado a partir de "pedaços escolhidos", tornar-se um jogo, objeto de embates e servir de estratégias militantes e identitárias. Os exemplos são inúmeros de uma história arbitrária em seus campos de análise (história factual, história das mentalidades, antropologia histórica, micro-história), em suas categorias e sequências[112] temporais, como na escolha de termos e conceitos. Assim, observa M. I. Finley, o ter-

132

O jogo social da memória e da identidade (1)

mo "gregos" em um enunciado histórico sobre a Antiguidade constitui uma generalização enganosa que não dá conta das diferentes maneiras de ser grego, variáveis no tempo, mas também de acordo com as regiões, classes etc.[113] É uma definição de "gregos" que não está muito distanciada das autodefinições às quais um grupo pode formular recorrendo às fontes memoriais.

A história é igualmente simplificadora, selet a e esquecida de fatos. Finley diz ainda que o passado não se tori inteligível exceto quando o historiador efetua uma certa seleção em torno de um ou vários centros de interesse. Documentos e arquivos são interrogados em relação ao presente do historiador, e não apenas em função de seus conteúdos. A respeito da ciência nazista, Jeanne Favret-Saada observa que foi preciso esperar 1984 e o livro de Müller-Hill (*Tödliche Wissenschaft*) para que fosse desenvolvida uma história do papel dos eugenistas, dos antropólogos e dos psiquiatras durante o período do nacional-socialismo. Se essa história foi tardia é porque era impedida por "um certo estado de forças que organizam a memória social na Alemanha e em outros lugares".[114] Como todo mundo, os historiadores são pegos pelo trabalho de construção social da memória, "suas produções são apenas um dos avatares possíveis da memória social". A história, portanto, pode ser parcial e responder aos objetivos identitários. Na prática, em suas motivações, seus objetivos e, por vezes, seus métodos, ela toma por empréstimo alguns traços da memória mesmo que trabalhe constantemente para dela se proteger. A história é, por essa razão, a "filha da memória".[115]

NOTAS

[1] B. Russell, *Histoire des mes idées philosophiques*, op. cit., p. 164.
[2] M. Halbwachs, *Les cadres sociaux de la mémoire*, op. cit., p. 296.
[3] E. Castel, op. cit., p. 36.
[4] P. Huerre, op. cit., p. 102.
[5] Sobre a língua e o que ela mesma autoriza de visão compartilhada do mundo, ver B. Anderson, op. cit., p. 31-32.

Memória e identidade

[6] Convenções verbais que, de acordo com Halbwachs, constituem "o quadro por vezes mais elementar e mais estável da memória coletiva", op. cit., p. 82.

[7] E. R. Leach, op. cit., p. 25.

[8] S. Le Poulichet, op. cit., p. 170.

[9] Louis-Jean Calvet, *La tradition orale*, Paris, PUF, 1984, 128p.

[10] Sobre a ilusão da continuidade secular ou ancestral das formas culturais e dos costumes, ver Hermann Bausinger, *Volkskunde ou l'ethnologie allemande*, Paris, Éditions de la Maison des Sciences de l'Homme, 1993, p. 77, 88-89.

[11] A. Leroi-Gourhan, op. cit., p. 217-223.

[12] Gérard Laplantine, "Inscriptions lapidaires et traces de passage: formation de langages et des rites", em *Ethnologie des faits religieux en Europe*, op. cit., p. 137-159.

[13] E. Castel, op. cit., p. 77.

[14] James E. Young, "Écrire le monument: site, mémoire, critique", *Annales ESC*, 1993, n. 3, p. 729.

[15] O texto impresso impossibilita aquilo que faziam os escribas monásticos quando personalizava os textos copiados.

[16] Pode acontecer, entretanto, que o texto favoreça o distanciamento crítico da tradição, e sobre isso ver M. Detienne, op. cit., p. 71.

[17] Mondhler Kilani, *L'invention de l'autre*, Lausanne. Éd. Payot, 1994, p. 243-244.

[18] Pierre Gaudin, Claire Reverchon, "L'historien et le texte orale", em Jean-Nöel Pelen e Claude Martel (orgs.), *Les vois de la parole. Ethnotextes et littérature orale. Approches critiques*, Aix, Ales de Lumière & Université de Provence, 1992, 196p.

[19] Trabalhos citados em J. Poirier, S. Clapier-Valladon e P. Raybaut, op. cit., p. 47-49.

[20] F. Franceschi, op. cit., p. 1160.

[21] Sylvie Maurer e Colette Méchin, "Histoire locale et généalogies: les deux mémoires", em D. Fabre, *Par écrit*, op. cit., p. 377-393.

[22] C. Lévi-Strauss, *Anthropologie structurale*, op. cit., p. 400-401.

[23] Retomo aqui os argumentos desenvolvidos por ocasião de uma comunicação feita na Universidade de Lausanne em 1997 e publicada na *Revue européenne des sciences sociales*, t. XXXVI, 1998, n. 111, p. 47-60.

[24] Platon, *Phèdre*, 274b e 275b.

[25] *Phèdre*, 249c.

[26] J. Candau, *Anthropologie de la mémoire*, op. cit., p. 47.

[27] Marc Fumaroli, "L'État culturel. Essai sur une religion moderne", Paris, Éditions de Fallois, 1992, p. 376.

[28] Henri-Pierre Jeudy (org.), *Patrimoine en folie*, Paris, Éditions de La Maison des Sciences de l'Homme, 1990, 298p.

[29] P. Veyne, *Le quotidien et l'intéressant*, p. 190.

[30] A. Leroi-Gourhan, op. cit., p. 72.

[31] P. Nora, *Les lieux de mémoire. La République*, op. cit., p. XXVI e XXVII.

[32] Tomando a expressão utilizada por Françoise Choay em *L'Allegorie du patrimoine*, Paris, Seuil, 1992, p. 9.

[33] E. Pommier, "Prolifération du musée", *Le débat*, n. 65, maio-ago. 1991, p. 147.

[34] Idem, p. 147.

[35] J. Chesneaux, op. cit., p. 39-40.

[36] J. Derrida, op. cit., p. 27.

[37] Luiz Felipe Baêta Neves Flores, op. cit., p. 46.

[38] A. Leroi-Gourhan, op. cit., p. 266.

[39] Alberto Oliverio, *Ricordi individuali, memorie collective*, Turin, Giulio Einaudi, 1994, p. 7.

[40] Paul Virilio, *L'art du moteur*, Paris, Éditions Galilée, 1993, 200p.

[41] Marc Guillaume, "Interventions et strategies du patrimoine", em H. P. Jeudy (org.), *Patrimoines en folie*, op. cit., p. 18.

134

O jogo social da memória e da identidade (1)

[42] Ver, por exemplo, A. Luria, op. cit., p. 197-305; Jorge Luis Borges, *Funes ou la mémoire*, em *Fictions*, Paris, Gallimard, 1957 e 1965.

[43] Jean-Louis Déotte, L'art à l'époque de l'apocalypse, em H. P. Jeudy, op. cit., p. 207.

[44] Jacques Tarnero, "Les désarrois de la princesse Dézécole. Combien d'octets dans une mémoire citoyenne", *Alliage*, 29-30, 1997, p. 19.

[45] Richard Marienstrass, "Histoire, mémoire, oubli", em F. Ringelheim, op. cit., p. 99.

[46] M. Detienne, op. cit., p. 242.

[47] Ver J. Geary, op. cit., p. 32.

[48] D. Hervieu-Léger, op. cit., p. 185.

[49] A. Gauthier e H. P. Jeudy, op. cit., p. 141 -147.

[50] Gilbert Durand, *L'imaginaire*, Paris, Hatier, 1994, p. 78.

[51] Marc Augé, *La guerre des rêves. Exercices d'ethnologie-fiction*, Paris, Seuil, 1997.

[52] Sobre a distinção elaborada por Nicefora no *Antirrhetikos* entre a imagem e o ícone, ver Marie-Jose Mondzain, *Image, ícone, économie. Les sources byzantines de l'imaginaire contemporain*, Paris, Seuil, 1996.

[53] D. Fabre, op. cit., p. 20.

[54] Louis Assier-Andrieu, "Maison de mémoire. Structure symbolique du temps familial en Languedoc: Cucurnis", *Terrain*, n. 9, out. 1987, p. 10-33.

[55] P. J. Geary, op. cit., p. 46, 55 e 138-139.

[56] Annie-Hélène Dufour, "Connaissance et perception de l'espace marin dans une societé de pêcheurs varois", *Anthropologie maritime*, n. 2, 1985, p. 25-29.

[57] Tahca Ushte e Tahca Erdoes, *De mémoire indienne*, Paris, Plon, 1977, 376p.

[58] Viviana Pâques, "Comment transmettre um savoir non écrit et même non formulé dans le langage?", *Premier atelier européen sur la culture orale européenne*, op. cit., p. 257.

[59] F. Zonabend, op. cit., p. 114, 115 e 139.

[60] Pierre Lieutaghi, *L'herbe qui renouvelle. Un aspect de la médicine traditionnelle en Haute-Provence*, Paris, Editions de la Maison des Sciences de l'Homme, 1986, p. 246.

[61] P. Bourdieu, *Méditations pascaliennes*, p. 114.

[62] Idem, p. 180-181.

[63] E. R. Leach, op. cit., p. 27.

[64] R. Bastide, op. cit., p. 226-227.

[65] Ver Jean-Claude Schimitt, "Religion populaire et culture folklorique", *Annales ESC*, set.-out. 1976, n. 5, p. 941-953.

[66] D. Hervieu-Léger, op. cit., p. 125-126.

[67] R. Bastide, op. cit., p. 231.

[68] Gérard Lenclud, "Qu'est-ce que la tradition?", em Marcel Detienne (org.), *Transcrire les mythologies*, Paris, Albin Michel, 1994, p. 34.

[69] D. Hervieu-Léger, op. cit., p. 211.

[70] Jean-François Gossiaux, La production de la tradition, *Ethnologie française*, xxv, 1995, 2, p. 248-255.

[71] B. Bucher, op. cit., p. 179.

[72] J. Bouju, op. cit., p. 117.

[73] Pierre Nora, *Les lieux de la mémoire*, III: *Les Francs*, 2: *Traditions*, Paris, Gallimard, 1992, p. 13.

[74] D. Hervieu-Léger, op. cit., p. 125.

[75] Stefan Collini, "A la recherche de l'Angleterre perdue", *Le débat*, jan.-fev. 1994, n. 78, p. 6-7.

[76] J. Bouju, op. cit., p. 105.

[77] Idem, p. 108.

[78] D. Hervieu-Léger, op. cit., p. 250. O autor se refere aqui ao estudo de Herbert Danzger, *Returning to tradition. The contemporary Revival of Orthodox Judaism*, New Haven, Yale University Press, 1989.

Memória e identidade

[79] Freddy Raphael, Le travail de la mémoire et les limites de l'histoire orale, *Annales ESC*, jan.-fev. 1980, n. 1, p. 134.

[80] G. Ballandier, *Le désordre*, op. cit., p. 38.

[81] T. Jolas, M.-C. Pingaud e F. Zonabend, *Une campagne inventée*, op. cit., p. XI.

[82] *Eclesiastes* 3: 7.

[83] Traki Zannad Bouchara, *La ville mémoire. Contribuition à une sociologie du vécu*, Paris, Méridien-Klinksieck, 1994, p. 21.

[84] J. Derrida, op. cit., p. 142.

[85] Georges Duby, *An 1000 An 2000, sur les traces de nos peurs*, Paris, Textuel, 1995, p. 13.

[86] *Le Monde*, 30 de maio de 1997.

[87] André Jacques, em E. Castel, op. cit., p. 14.

[88] *Deuteronômio* 8: 19.

[89] Mircea Eliade, *Aspects du mythe*, Paris, Gallimard, 1963, p. 145-146.

[90] Platão, *Gorgias*, 493c.

[91] *De tranquillitate animi*, 14 473 CDE.

[92] Lewis Carroll, *Through the Looking-Glass*, New York-London, W. W. Norton & Company, 1992 e 1971, p. 150.

[93] J. Y. Lacoste, op. cit., p. 144.

[94] Jorge Luis Borges, *L'Aleph*, Paris, Gallimard, 1967, p. 213.

[95] *Odisseia*, IV, 220-222.

[96] Ver G. Deleuze, op. cit., p. 66.

[97] P. Huerre, op. cit., p. 162.

[98] L. Febvre, op. cit., p. 436.

[99] Isaac Lewendel, *Un hiver en Provence*, Éditions de l'Aube, 1996, p. 351-352.

[100] T. Todorov, op. cit.

[101] Remeto-me aqui ao belo trabalho de Nicole Loraux, *La cité divisée. L'oubli dans la mémoire d'Athènes*, Paris, Éditions Payot & Rivages, 1997, 292p.

[102] Idem, p. 147-153.

[103] P. Levi, op. cit., p. 58.

[104] J. Semprun, *L'ecriture ou la vie*, Paris, Gallimard, 1994, p. 205, 210, 229 e 236.

[105] P. Williams, op. cit. Sobre uma forma particular de "desmemorização" dos mortos – que, contudo, sobrevivem em negativo, na memória de seus inimigos –, ver Anne Christine Taylor, "L'oubli des morts et la mémoire des meurtres. Expériences de l'histoire chez les Jivaro", *Terrain*, n. 29, set. 1997, p. 83-96.

[106] M. Halbwachs, *Les cadres sociaux de la mémoire*, op. cit., p. 290.

[107] E. Renan, op. cit., p. 49.

[108] Idem, p. 42.

[109] Marc Augé, "La force du présent", *Communications*, 1989, 49, p. 49.

[110] Arnold Van Gennep, *Les rites de passage*, Paris, Picard, 1981, p. 107.

[111] Henry Rousso apud Lucette Valensi, "Présence du passé, lenteur de l'Histoire", *Annales ESC*, maio-jun. 1993, n. 3, p. 500.

[112] "O historiador pode escrever duas linhas sobre dez anos. O leitor terá confiança, pois presumirá que esses dez anos são vazios de acontecimentos" (Paul Veyne, *Comment on écrit l'histoire*, op. cit., p. 23).

[113] M. I. Finley, op. cit., p. 124.

[114] Jeanne Favre-Saada, "Sale histoire", *Gradhiva*, n. 10, 1991, p. 4. Ver igualmente T. Todorov, "La mémoire devant l'histoire", *Terrain*, 25 set. 1995, p. 101-112.

[115] P. Veyne, op. cit., p. 15.

136

O JOGO SOCIAL DA MEMÓRIA E DA IDENTIDADE (2): FUNDAR, CONSTRUIR

MEMÓRIA GENEALÓGICA E FAMILIAR

É sem dúvida no que Maurice Halbwachs denomina como "o laço vivo das gerações",[1] quer dizer, a memória genealógica e familiar, que o jogo da memória e da identidade se dá a ver mais facilmente. O conjunto de lembranças que compartilham os membros de uma mesma família, observa Halbwachs, participa da identidade particular dessa família.[2] Apesar das diversas tentativas de fixação dessa memória (registros, árvores genealógicas, brasões etc.), a busca identitária movimenta e reorganiza, regularmente, as linhagens mais bem asseguradas, jogando em permanência com a genealogia naturalizada ("relacionada com o sangue e o solo")[3] e a genealogia simbolizada (constituída a partir de um relato fundador).

A genealogia pode ser definida como uma "busca obsessiva de identidade"[4] e se apresenta com mais força quanto mais as pessoas experimentam o sentimento de se distanciarem de suas "raízes". Ela se alimenta dos jogos identitários no presente, aos quais se submete o passado. Por essa razão, de acordo com os meios, a extensão da memória (a memória horizontal ao redor do *ego*), sua profundidade (a

Memória e identidade

memória longitudinal chamada igualmente de "comprimento de memória")[5] ou ainda a natureza da linhagem privilegiada por ocasião do momento da construção dessa memória (filiação paterna, materna ou indiferenciada, importância respectiva de parentela e consanguíneos) são muito variáveis.

Os habitantes sedentários do oásis de El Ksar (Tunísia) possuem uma memória genealógica de fraca profundidade, ao contrário do que ocorre com as populações nômades da mesma região, como se essa memória viesse, nesse caso, compensar a ausência de uma ancoragem em um território.[6] As formas de "dizer a família" e de estabelecer uma memória genealógica são sempre "emblemáticas de uma identidade cultural desaparecida ou subterrânea", mas não são as mesmas entre os camponeses, os burgueses, os nobres ou as classes médias. Uma pesquisa sobre a memória familiar dos parisienses[7] colocou em evidência uma oposição entre a memória dos meios populares e aquela das classes mais altas. As famílias do bairro XIII interrogadas pelo etnólogo revelaram não possuir uma memória genealógica abundante, nem em profundidade nem em extensão. Por outro lado, suas memórias familiares são privilegiadas: mortes trágicas, vida no povoado, vida profissional, álbum de fotografias, mobiliário e objetos que representam uma "memorização tangível"[8] da história doméstica. É na vida quotidiana que se ancora a memória familiar dessa população, menos interessada na reconstituição de árvores de Jessé que as classes mais favorecidas. Essas apresentam um comportamento muito diferente em relação a suas memórias genealógicas.

Como resultado de uma pesquisa sobre os "novos mercados genealógicos",[9] mostrei como certas sociedades comerciais (empresas de comunicação, publicações, prestadores de serviços propondo autobiografias) conseguiam tirar proveito do entusiasmo atual pela genealogia dirigindo-se em particular às categorias sociais providas de um bom poder de compra (classes média e alta). Essas sociedades se esforçam em responder às expectativas de produção de um "imaginário mínimo da continuidade"[10] e de um legendário familiar que participarão da representação de uma identidade compartilhada graças à construção de uma memória da estirpe. Idealmente, essa será uma memória de linhagem aristocrática, ainda que não se possa superestimar o desejo de pertencer a uma linhagem de ascendência nobre. Assim, não é surpreendente que certos documentos publicitários, com os quais trabalhei, designem seus futuros clientes como os *heróis* de uma *epopeia* que é a de restituir e, sobretudo, de não deixar essa memória cair no esquecimento. Não se deve romper o *fio da memória* e, para isso, o *registro em alta tecnologia* da trajetória familiar é apresentado como um *suporte eterno.*

Como explicar esse desejo de inscrever uma memória na eternidade? Um indivíduo estará realmente morto, dizia Jules Romains, no dia em que ninguém mais se lembrar dele. Ora, a memória familiar é uma memória curta: ela não remonta além de duas ou três gerações. "O esquecimento ameaça as gerações, uma após outra, e os ancestrais distanciados de nós por algumas gerações somente se confundem em uma massa anônima."[11] Cada indivíduo sabe que, uma vez que a profundidade de sua própria memória não vai além de duas ou três gerações, ele mesmo será totalmente esquecido algum tempo após sua morte. É sem dúvida esse temor do esquecimento que se manifesta no interior das classes envolvidas nos novos mercados genealógicos, uma vez que se trata de populações essencialmente urbanas privadas dos "meios de memória" tradicionais tais como as sociedades rurais, em cujo interior o interconhecimento asseguraria a manutenção, pelo menos durante certo tempo, das memórias desaparecidas.

Mesmo quando inscrita na construção de uma identidade coletiva (comunitária ou familiar, por exemplo), a transmissão que todo genealogista procura é, antes de tudo, a de si mesmo: salvaguardando a memória de seus ancestrais, ele protege também a sua. Se durante a reconstituição de sua filiação ele encontra a possibilidade de embelezá-la ou enobrecê-la, certamente tirará disso um proveito identitário eviden-

Memória e identidade

te. Todo genealogista mantém uma postura de reserva em cada geração que encontra, uma vez que esta é potencialmente perigosa para sua identidade pessoal: ela pode gerá-la, regenerá-la, mas também degenerá-la. Em sua pesquisa, o genealogista deve se entregar a um "encadeamento de seleções", pois, como fala Sylvie Sagnes, "na décima geração encontram-se, exceto casamentos consanguíneos, 1.024 linhagens". Como consequência disso, "o genealogista se reserva o privilégio de estudar uma determinada ascendência mais do que a outra". Guardião vigilante da ordem genealógica, ele "molda um parentesco sob medida" e torna-se, em razão disso, um "solista da memória" engajado em uma "retórica da distinção" e de um enraizamento que é muito mais forte que sua própria "equação sociomemorial" – sua identidade social ou profissional –, posta em perigo pelas grandes mudanças das sociedades modernas.[12] Ao final das contas, o genealogista "tem um encontro marcado consigo mesmo", e a transmissão que ele busca com toda sua força é aquela de si próprio, para além de sua morte.[13]

Anne Muxel mostra muito bem como a memória familiar serve de princípio organizador da identidade do sujeito em diferentes modalidades. De um lado, intervém o compartilhamento de certas lembranças e esquecimentos (em particular o dos mortos) ou, mais exatamente me parece, o compartilhamento da vontade de compartilhar,[14] uma vez que o nível metamemorial é importante para a representação de uma memória familiar. A reminiscência comum e a repetição de certos rituais (refeições, festas familiares), a conservação coletiva de saberes, de referenciais, de recordações familiares e de emblemas (fotografias, lugares, objetos, papéis de família, odores, canções, receitas de cozinha, patronímia e nomes próprios), bem como a responsabilidade pela transmissão das heranças materiais e imateriais, são dimensões essenciais do sentimento de pertencimento e dos laços familiares, fazendo com que os membros da parentela queiram considerar-se como *uma* família. A afiliação é uma fidelidade a um patrimônio, "um lastro de lealdade e obstinações" cuja finalidade é a reprodução do grupo familiar.

140

Por outro lado, está em jogo a reapropriação do passado familiar, à qual cada indivíduo se lança ao mobilizar as funções de revivescência e reflexividade. Essa reapropriação é sempre específica e o sentido que ela confere aos acontecimentos familiares memorizados é irredutivelmente singular, idiossincrático. Em uma lógica de diferenciação e autonomização, essa reapropriação permite ao indivíduo elaborar e logo narrar sua própria história, que será confrontada com a de outros membros da família, assim como a norma coletiva familiar. Mesmo que possa encontrar alguma ressonância com o que outros membros do grupo familiar elaboram, a lenda ou "romance familiar" é redigida na primeira pessoa. Ao mesmo tempo em que constrói sua identidade pessoal por uma totalização provisória de seu passado, o indivíduo realiza, portanto, a aprendizagem da alteridade. Desse ponto de vista, a memória familiar é para o indivíduo ao mesmo tempo a consciência de uma ligação e a consciência de uma separação.[15] Joëlle Balhoul descreve perfeitamente essa visão individual da memória familiar em sua exploração da "semântica da memória" de um grupo de judeus de Sétif (cidade da Argélia) exilados na região de Marselha: a construção de suas identidades se organiza ao redor da memória de suas antigas casas, como "uma negação simbólica da migração, da separação e da experiência de estranhamento cultural na sociedade francesa". No entanto, enfatiza Joëlle, as lembranças pessoais agregam às narrativas coletivas "a evocação das experiências íntimas que conferia à epopeia de um grupo a dimensão singular da experiência pessoal".[16] Mas mesmo no caso de conflitos que podem ir até a ruptura definitiva, a memória e a identidade pessoal devem sempre compor com a memória familiar, que é uma memória forte, exercendo seu poder para além de laços aparentemente distendidos. Solidariedades invisíveis e imaginação vinculam sempre um indivíduo a seus ascendentes: a memória familiar é nossa "terra", de acordo com os termos de um informante de Anne Muxel, é uma herança da qual não podemos nos desfazer e que faz com que, como diz Rimbaud, percorramos lugares desconhecidos sobre os traços de nossos pais.

Memória e identidade

A MEMÓRIA GERACIONAL

A memória geracional é também uma memória de fundação que tem seu lugar no jogo identitário. Ela é por vezes horizontal e vertical e apresenta duas formas, uma antiga e outra moderna. A forma antiga é uma memória genealógica que se estende para além da família. Ela é a consciência de pertencer a uma cadeia de gerações sucessivas das quais o grupo ou o indivíduo se sente mais ou menos herdeiro. É a consciência de sermos os continuadores de nossos predecessores. Essa consciência do peso de gerações anteriores é manifesta em expressões de forte carga identitária, como "as gerações anteriores trabalharam por nós" ou "nossos antepassados lutaram por nós" etc.

A forma moderna também ultrapassa o quadro familiar, mas é fundamentalmente diferente da relação anônima entre contemporâneos, predecessores e sucessores da qual fala Alfred Schutz a respeito da noção de continuidade das gerações.[17] De fato, essa memória é intergeracional e não tem a vocação de ser transmitida: é própria dos membros de uma determinada geração que se autoproclamam guardiões e está fadada a desaparecer com o último deles. Por outro lado, certas camadas geracionais, como aquelas dos imigrantes de segunda geração, são, frequentemente, gerações sem memória,[18] e por isso não têm mais nada a transmitir. Além disso, a definição desse tipo de geração não se faz a partir de critérios puramente biológicos (pertencimento a uma classe etária ou a um conjunto de classes etárias) e nisso intervêm também critérios sociais, culturais e políticos, o que Karl Mannheim resume sob a noção de conjunto geracional.[19] Falar-se-á, assim, da geração de 1968, ano em que, de acordo com Nora, foi hipertrofiada a dimensão geracional[20] (pensemos no sucesso do termo geração na política e na publicidade), mas existiu também, de maneira mais ou menos forte, a geração de 1789, a da guerra de 1914-1918, da Ocupação, da guerra da Argélia etc. Os membros de cada uma dessas gerações construíram e levaram suas próprias memórias em função da

142

imagem que faziam dessa comunidade geracional, em grande parte inventada, o que, fique claro, não impediu a manifestação de fenômenos de solidariedade no interior da geração imaginada.

PROSOPOPEIA

Um personagem desaparecido é "um encorajamento ou uma advertência",[21] observava Halbwachs. Bem ou mal, tranquilizador ou perturbador, nobre ou não, poderoso ou miserável, anônimo ou célebre, carrasco ou mártir, todo indivíduo morto pode converter-se em um objeto de memória e de identidade, tanto mais quando estiver distante no tempo. Basta ver como, no quadro da rivalidade greco-macedônia, uma certa arqueologia política foi empregada muitas vezes para vangloriar a "descoberta" da tumba de Alexandre, o Grande, com o objetivo de fomentar o orgulho nacional. De fato, as relações que os homens mantêm com os defuntos são da ordem da prosopopeia. "Se distinguimos entre nossos amigos o que são do que fazem, essa distinção se esvanece à medida que se fundem no passado."[22]

A prosopopeia memorial apresenta várias características de *Exemplum*: idealização, personagens-modelos nos quais são mascarados os defeitos e enaltecidas as qualidades, seleção de traços de caráter julgados dignos de imitação, "lendas de vidas" *post mortem* que podem fabricar deuses – não se fala hoje em dia da "ressurreição" de Che? –, transcendendo as qualidades pessoais do defunto "através de um modelo que combina arquétipos e estereótipos"[23] etc. A emulação dos grandes homens do passado pode então manifestar-se a partir de formas de tanatocracia ou, mais comumente, por tentativas de panteonização, que serão sempre jogos identitários para o grupo, sociedade ou nação. Em Mahabad, na província do Azerbaijão ocidental (Irã), em pleno coração da República curda proclamada no Irã em 22 de janeiro de 1946 e desfeita em dezembro do mesmo ano pelas tropas do Xá Mohammad Reza, a afirmação identitária passa por um trabalho da me-

Memória e identidade

mória paciente e difícil em torno dos heróis desaparecidos: mantêm-se quase clandestinamente as tumbas dos três dirigentes históricos da República curda que foram enforcados após a entrada das tropas iranianas em Mahabad ou, ainda, inventa-se no novo cemitério um lugar de memória onde são reunidas as sepulturas de escritores patrióticos, nativos da cidade.[24] No México, o *malinquinismo* (do nome de uma princesa indígena – Malinche – que foi amante de Cortéz) continua sustentando memórias ambíguas e contraditórias.[25] Para alguns, a memória de Malinche alimenta um desprezo por tudo o que é mexicano, qualificado como vulgar, e funda uma preferência pelas sociedades ocidentais, de onde vinha Cortéz. Para outros, a denúncia do *malinquinismo* não apenas é a estigmatização do comportamento da princesa indígena, acusada de ter traído seus irmãos, como também uma maneira de afirmar a força e o gênio do povo mexicano. A importância dessa noção de *malinquinismo* na linguagem corrente mexicana, com sua conotação positiva ou negativa, revela ao mesmo tempo o peso da memória de certos personagens históricos na construção das identidades coletivas e as diversas interpretações, manipulações, das quais ela pode ser objeto. De outro lado, é corrente fazer falar os mortos ou transformar-se em seus porta-vozes mobilizando suas memórias no quadro do jogo identitário presente e por vezes ambíguo, tais como os "re-enterros políticos" de "patriotas" exilados na Hungria[26] ou como o *indigenismo* deliberado que, na América do Sul, produz a seguinte situação paradoxal: os mexicanos falam em espanhol em nome de civilizações "indígenas" pré-colombianas "cujas linguagens não compreendem".[27] Atualmente, a Europa parece querer reviver o papel de Carlos Magno, tendo em vista a afirmação de uma identidade europeia, em particular por ocasião da comemoração dos dois mil anos de sua coroação imperial. Restabelecer-se-á, assim, a reivindicação das origens carolíngias que se encontra em toda a Europa da alta Idade Média.[28] Sobre o continente americano, a recuperação de restos humanos de autóctones em poder das administrações federais ou de museus se tornou uma busca identitária para os representantes das "primeiras nações" e, desde 1990, uma lei dos Estados Unidos define regras de proteção e repatriamento de tumbas de membros de diferentes povos indígenas.[29]

Na Idade Média, e mais particularmente a partir do período carolíngio, as relíquias dos santos participavam da memória temporal e espiritual de um lugar, e um monastério que fosse espoliado de suas relíquias se converteria em um lugar "sem história", sem memória fundadora e, portanto, sem identidade.[30] Se Comte considerava que o culto aos mortos era o fundamento mesmo das sociedades, se Halbwachs confere a isso o poder de aproximar os laços familiares, se em Minot isso tem por efeito "consolidar o grupo",[31] se a perda da *memoria* dos mortos era percebida como uma ameaça na comunidade monástica medieval,[32] é porque a memória dos mortos é um recurso essencial para a identidade. Esse trabalho da memória e da identidade que se organiza ao redor dos mortos se manifesta explicitamente nos monumentos cuja etimologia, por outro lado, remete à recordação: sua função é de "instigar, pela emoção, uma memória viva", dar a ver a perenidade e manter assim a "identidade de uma comunidade étnica ou religiosa, nacional, tribal ou familiar"[33] como, por exemplo, a "polonidade" inscrita na pedra do monumento erguido em 1979 em Lille em homenagem aos poloneses da região.[34] Desse ponto de vista o monumento expressa, tal como a arquitetura, uma arte da memória compartilhada, mesmo que esse compartilhamento permaneça ilusório.[35] É, sobretudo, a imagem de uma permanência, a que o grupo deseja para si mesmo. O monumento aos mortos, e, mais ainda, o cenotáfio ou a tumba do soldado desconhecido que faz com que o trabalho da memória se realize plenamente, chama a atenção "sobre um fato digno de ser evocado por uma comunidade que ele contribui para unir".[36] Sabe-se que os monumentos aos mortos, construídos em cada cidade e aldeia após a Primeira Guerra Mundial, foram os instrumentos de uma pedagogia cívica e desenvolveram, entre inúmeros franceses, o sentimento de pertencimento de uma comunidade que

Memória e identidade

pode se inscrever em um nível protomemorial. Assim, a festa do 11 de Novembro ordena "no espaço e no tempo, seguindo um ritual preciso, o movimento e a imobilidade, o silêncio e o canto, os símbolos, os gestos e as palavras".[37]

Os mortos, no entanto, devem saber se fazer esquecer e, se necessário, pode-se ajudá-los nisso. Na Grécia arcaica, a permanência da ordem social supunha a distinção entre os "bons mortos", indivíduos memoráveis que deviam permanecer presentes, e aqueles condenados ao esquecimento e ao nada, dos quais se ultrajava o cadáver, fazendo de seus corpos despedaçados "o botim dos cães e dos pássaros",[38] meio radical de fazer desaparecer os defuntos da memória dos homens, reduzindo a nada suas identidades. Segundo modalidades menos violentas, os ritos mortuários da *memoria* medieval constituíam uma técnica social de esquecimento e de lembrança.[39] A *memoria*, evoca Jean-Claude Schmitt, era uma memória litúrgica "sustentada pela inscrição dos nomes dos defuntos dignos de serem comemorados nos *libri memoriales*, os necrológicos e os obituários dos monastérios e conventos". Mas não se deve deixar iludir pelo sentido da palavra *memoria* cujo objetivo era, na realidade, "ajudar na separação dos vivos e dos mortos, abreviar a permanência desses últimos no purgatório [...] e, finalmente, permitir aos vivos esquecer o defunto".[40] Com frequência, os ritos de morte, que possuem "um valor emblemático de identidade",[41] dão lugar, como entre os lodagaas, a uma sorte de reconstituições da vida do defunto cujo objetivo é o de "arrancar os sonhos ou a lembrança", quer dizer, "fazer com que a lembrança do morto deixe de atormentar os vivos".[42] Esses ritos têm por função, de acordo com a formulação de Jean-Claude Schmitt, "atenuar a memória" com o pretexto de conservá-la e "atenuar a recordação dolorosa do defunto até que esta desapareça".[43] Nessa perspectiva, o temor dos fantasmas é compreensível: colocando a *memoria* em causa, rebelando-se contra a vontade de esquecimento dos vivos, os fantasmas não apenas representam um problema para o pensamento classificatório que,

O jogo social da memória e da identidade (2)

pela via dos ritos mortuários, coloca mortos e vivos cada um em seu lugar, como também, e sobretudo, impedem estes últimos de viverem em paz. É preciso, portanto, saber fazer um pacto com os mortos e suas memórias para evitar que a dor do desaparecimento não venha a impedir toda a afirmação de si e para poder continuar acreditando que se é capaz, *quando se quer*, de subtrair as heranças deixadas pelas gerações precedentes.

COMEMORAR

Em seu projeto de culto sistemático da humanidade, Auguste Comte concede um lugar importante à "glorificação do passado" e, a esse título, apresenta os méritos da comemoração, "sobretudo destinada a desenvolver profundamente, entre a geração atual, o espírito histórico e o sentimento de continuidade".[44] No espírito dos preceitos de Comte, aniversários e comemorações invadiam os calendários para organizar as memórias com a esperança de unificá-las,[45] de tal maneira que elas pudessem participar do jogo identitário no sentido desejado pelos grupos ou indivíduos: legitimação, valorização, conjuração, exclusão, adesão aos acontecimentos fundadores, manutenção da ilusão comunitária, da ficção da permanência e do sentimento de uma cultura comum, revitalização, "enrijecimento" ou "congelamento"[46] da identidade quando considerada ameaçada. É nesse espírito, chama a atenção Philippe Raynaud, que os *orange* irlandeses, minoritários na ilha, "celebram a presença do Estado britânico através de uma comemoração anual da Batalha de Boyne (1690) que viu a caída de Jacques II face à Guillaume d'Orange".[47] Analisando a expansão das manifestações da memória no meio protestante, Yvez Bizeul observa que a mensagem de abertura das comemorações da revogação do Edito de Nantes em Mas Soubeyran insiste "sobre o *nós* autoimplicativo e assinalador da identidade do grupo".[48] Trata-se de inscrever o acontecimento come-

147

Memória e identidade

morado no quadro dos jogos identitários aos quais devem fazer frente o grupo. Quer se trate, por exemplo, da identidade da nação ou aquela de uma cidade carregada de história (milésimo aniversário da fundação do Cairo pelo califa fatimida Al-Um'izz em 1969, os dois mil e quinhentos anos da fundação de Persépolis em 1972, a comemoração da queda de Masada,[49] o bicentenário dos Estados Unidos em 1976, os setecentos e cinquenta anos da fundação de Berlim em 1987, o bicentenário da Revolução Francesa em 1989 etc.), o Estado busca sempre "oferecer à comunidade nacional uma imagem prestigiosa com a qual se supõe que todos possam se identificar".[50] Quando o fato comemorado é ambivalente, a autocelebração será embaraçosa, como se pôde ver na França por ocasião das manifestações comemorativas da Segunda Guerra Mundial que visavam reavivar as lembranças da França vitoriosa encontrando crescentes dificuldades em apagar aquela da colaboração e da deportação. Ou ainda, como por ocasião da celebração do "milênio capetíngio" em 1987, trata-se de propor uma" espessa fatia de tempo, que por sua duração provê e garante uma identidade, pois nos mil anos se confundiram a sorte da linhagem dos Capetos e aquela da França, que se transformou em Estado-Nação no mesmo movimento".[51] Podemos também considerar que as 1.571 celebrações registradas na França entre 1986 e 1993 podem ser vistas como respostas "às interrogações identitárias atuais", tornando-se uma máquina de "fabricar consensos".

Comemorações tais como o "ano Bach" ou "ano Mozart" mostram que uma sociedade política "pode escolher celebrar seu pertencimento a um universo cultural que ultrapasse suas próprias fronteiras, quer se trate da Europa ou do gênero humano". Esse trabalho de construção da identidade "não diz respeito apenas às unidades estatais ou interestatais, mas a todo segmento da sociedade que se entenda constituir como sujeito político".[52] Nessa perspectiva, essa "máquina de remontar no tempo" que é a comemoração é sempre seletiva e ostenta um "maniqueísmo purificador", de acordo com a expressão de Antoine Prost, que "tem o dom de limpar o passado" e de "retirar dele toda a al-

148

O jogo social da memória e da identidade (2)

teridade inquietante":[53] em Nuremberg houve o cuidado de se valorizarem as aquisições culturais e ocultar "as referências embaraçosas para o *ego* alemão".[54] Jean Chesneaux ressalta ainda um exemplo de "lobotomia memorial" na comemoração complacente do aniversário do 8 de Maio de 1945 como a derrota do nazismo, silenciando aquilo que representa essa mesma data para a consciência nacional argelina: em Sétif, o massacre levado a termo pelos colonos contra milhares de nativos.[55]

De uma maneira geral, as minorias étnicas, as classes populares e as mulheres são as grandes ausências das comemorações.[56] No quadro da combinação complexa entre história memorizada, reencontrada e inventada,[57] é uma "memória supostamente compartilhada"[58] que é selecionada, evocada, invocada e proposta à celebração em um projeto integrador que busca forjar uma unidade: aquela imaginada do acontecimento comemorado e do grupo que o comemora.

Inversamente, quando os sentidos das comemorações parecem esgotar-se, é preciso talvez ver nisso o sinal de uma crise identitária. Assim Philippe Raynaud reconhece na redução do 1º de Maio e do 14 de Julho a simples feriados dedicados ao lazer "a expressão de uma perda da identidade do grupo em relação à nação (14 de Julho) ou à classe (1º de Maio).[59] Mas, nesse caso, porque podemos observar uma febre comemorativa em nossas sociedades? A "comemorativite" talvez responda ao mesmo tempo a um temor do passado e uma negação do presente, uma vez que são percebidos como ameaças para a identidade dos grupos e indivíduos. Pouco comemoramos durante os Trinta Gloriosos, observação que pode reforçar a hipótese de uma ligação entre comemoração e crise identitária.

A atividade da memória que não se inscreve em um projeto do presente não tem carga identitária, e, com mais frequência, equivale a nada recordar.[60] É preciso, portanto, ficar atento às iniciativas de artistas como Hans Haacke ou Jochen Gerz que, em suas criações ou em seus atos comemorativos, tentam transformar "a recordação do passado em questionamento crítico ao presente".[61] Um dos exemplos mais célebres

149

Memória e identidade

na Alemanha dessa "guerrilha comemorativa" é o contramonumento (ou monumento invisível) de Sarrebruck: após ter arrancado setenta pedras de calçamento da praça que conduzia à antiga residência da Gestapo nessa cidade, Jochen Gerz gravou em cada uma delas, com ajuda de estudantes, nomes de antigos cemitérios judeus na Alemanha (mais de dois mil) e em seguida recolocou-as com a face gravada contra o solo, o que tornava invisível o memorial. Essa ação comemorativa subterrânea, uma vez tornada pública, causou uma viva controvérsia na Alemanha, e numerosos visitantes foram ao local do monumento invisível. Evidentemente eles nada viram, mas responderam, assim, às expectativas de Gerz: ele esperava que, buscando a memória ao redor deles, os visitantes descobrissem a memória que já existia neles. A praça foi finalmente rebatizada como "Praça do Monumento Invisível", mas o maior impacto dessa ação foi seu poder de sugerir que "o memorial foi implantado ali onde podia ser mais eficaz: não no coração da cidade, mas no coração do espírito público".[62] O contramonumento de Jochen Gerz, pelas múltiplas reações e tomadas de posição que suscitou tanto no interior da população alemã como no da classe política, demonstra, mais uma vez, que não existe um verdadeiro ato de memória que não esteja ancorado nos desafios identitários presentes. São esses mesmos desafios que explicam a originalidade das grandes procissões luminosas organizadas no inverno de 1992-1993 contra o racismo e as violências xenófobas: aconteceu "precisamente em Berlim na noite de 30 de janeiro de 1993 – em simetria inversa ao que ocorreu sessenta anos antes com o desfile de tochas de 30 de janeiro de 1933 saudando a chegada de Hitler ao poder".[63]

Na perspectiva de melhor explicar os acontecimentos comemorativos em função dos desafios identitários contemporâneos, seria conveniente refletir sobre a significação de acontecimentos não comemorados. Assim como Freud mostrou que, no caso da memória individual seria mais importante dar atenção aos esquecimentos do que às lembranças, é possível que se compreenda melhor uma sociedade considerando o que ela não comemora, mais do que o que ela comemora.

150

O jogo social da memória e da identidade (2)

A MEMÓRIA DAS TRAGÉDIAS
COMO RECURSO IDENTITÁRIO

> *"Blood, no matter how little of it, when it spills*
> *Spills on the brain, on the memory of nation."*[64]

A memória das tragédias pertence aos acontecimentos que, como mostrei anteriormente, contribuem para definir o campo do memorável. Ela é uma interpretação, uma leitura da história das tragédias. É também uma memória forte.[65] Memória dos sofrimentos e memória dolorosa, memória do infortúnio que é sempre "a ocasião para se colocarem as verdadeiras perguntas",[66] essa memória deixa traços compartilhados por muito tempo por aqueles que sofreram ou cujos parentes ou amigos tenham sofrido, modificando profundamente suas personalidades. É sem dúvida por isso que Renan afirmava que "o sofrimento em comum une mais do que a alegria",[67] compartilhamento que se quer manifesto, por exemplo, nos mais impressionantes memoriais de guerra (em Péronne, Caen ou Verdun). No quadro da relação com o passado, que é sempre eletivo, um grupo pode fundar sua identidade sobre uma memória histórica alimentada de lembranças de um passado prestigioso, mas ela se enraíza com frequência em um "lacrimatório"[68] ou na memória do sofrimento compartilhado. A identidade historicizada se constrói em boa parte se apoiando sobre a memória das tragédias coletivas. Por exemplo, a lembrança da usurpação da terra pelos brancos e suas violações de tratados de paz "exerceu um papel fundador na emergência de um grupo *indígena* nos Estados Unidos".[69] Igualmente, Nathan Wachtel demonstra bem como na sociedade inca uma visão de mundo, que anterior ao período da Conquista estava em harmonia com um determinado tipo de organização social, torna-se trágica após a destruição do Império pelos espanhóis. A visão dos vencidos se perpetuou na "memória coletiva" e se manifesta, ainda hoje,

Memória e identidade

em uma tradição de resistência passiva à sociedade branca.[70] No Suriname ex-holandês, o amálgama social da identidade dos saramakas é a formação, por escravos "marrons" fugitivos, entre os séculos XVII e XVIII, de repúblicas rebeldes, acontecimento reverenciado como dos "primeiros tempos" para marcar que é uma referência fundadora.[71] É ao redor da memória do extermínio pelos europeus, no século XIX, de três a quatro mil aborígenes habitantes da Tasmânia que os descendentes presumidos de alguns sobreviventes dos massacres reivindicam hoje o direito a uma identidade tasmaniana. Em Madagascar, a memória dos massacres de 1947 estrutura, em profundidade, a identidade malgache, a ponto de certos informantes de Maurice Bloch contarem "a forma como tinham vivido os acontecimentos, mesmo que as evidências deixassem claro que eles não eram ainda nascidos em 1947".[72]

Na França, é em grande parte a lembrança das perseguições que funda a identidade protestante: "É o sangue que faz sentido evocando o sensível [...]. A defesa da identidade e o sentimento de pertencimento exigem que esse peso do trágico seja sentido e transmitido".[73] Sabemos que a guerra, os infortúnios e os massacres de 1793-1794 constituem um elemento articulador da memória e da identidade da Vendeia, tal como se dá a ver, com uma parte de invenção e de esquecimento, a cenografia do Puy-du-Fou. Igualmente, mais de oitenta anos após Verdun e quando desaparecem os últimos veteranos, essa batalha permanece como um símbolo para uma parte da nação. Marie-Aimée Duvernois descreveu um fenômeno curioso entre os "brancos" de Borgonha, minoria religiosa anticoncordatária. Quase dois séculos após a Concordata, esse grupo ainda é vítima da marginalização, do alcoolismo, de depressões nervosas e de doenças psicossomáticas em maior escala que o resto da população. Sua consciência exacerbada do infortúnio, aparentemente a origem desses males, poderia se fundir na memória trágica da antiga oposição entre brancos e católicos que se manifesta em suas relações ainda hoje, inclusive do ponto de vista político:

O jogo social da memória e da identidade (2)

[...] ao contrário dos católicos, os brancos em seu conjunto se mostram favoráveis à esquerda. Por essa opção, se posicionam contra a Igreja, que apoia a direita, mas, sobretudo, contra os católicos. Os brancos atuam, portanto, menos por eles mesmos do que em função destes últimos, o que os coloca numa posição singular de dependência em relação ao grupo católico.[74]

Nos Estados Unidos, as representações diferentes da identidade coletiva entre os dois rios do Potomac se enraízam no passado doloroso da Guerra da Secessão. Na Irlanda, a memória da grande fome de meados do século XIX permanece como um recurso identitário poderoso, utilizado em particular pelo Irã como uma arma anti-inglesa. Na Suíça, os massacres dos guardas suíços do rei em Paris, durante o verão de 1792, se tornaram "um mito identitário bem forjado"[75] representado pelo Leão de Lucerna, erigido em 1820-1821 em memória dos acontecimentos: durante todo o século XIX e primeira metade do XX, esse lugar de memória foi colocado a serviço da unidade da nação helvética. Ele contribuiu para fazer surgir a Suíça nova ao evocar um acontecimento no qual os suíços foram coletivamente protagonistas e solidários.

Paul Ricoeur aponta Auschwitz como um acontecimento fundador negativo. Os judeus herdaram uma "memória destrutiva e fundadora ao mesmo tempo"[76] que, em todos os casos, permanece um "referente identitário necessário".[77] Dessa forma, é na lembrança do desastre do qual são portadores os judeus de Plock (Polônia), dispersos pelo mundo, que se joga sua identidade, estruturada ao redor de uma memória viva.[78] O que nos une como judeus, observa Alain Finkielkraut, é a recusa ao esquecimento que, ao mesmo tempo, para alguns é a recusa da assimilação. Parece, acrescenta ele, "que entre muitos judeus a luta contra o esquecimento toma a forma por vezes trágica do medo de Amalek, e em outras a forma cômica, como a do medo do casamento misto".[79] Da mesma forma que o genocídio hitleriano se tornou um "referencial identitário fundamental do judaísmo contemporâneo e um de seus principais temas de mobilização",[80] o genocídio de 1915, decidido

Memória e identidade

e perpetrado pelo governo de Constantinopla e pelo movimento Ittihad (União e Progresso) "contribuiu de maneira decisiva para fixar, e até mesmo cristalizar, a identidade armênia".[81]

A tragédia implica um dever de memória que pode ser difícil quando os referenciais memoriais são ambíguos, como foi o caso para certos antifascistas judaico-alemães exilados na RDA socialista.[82] Muitas associações foram fundadas em torno da memória de tragédias que seus membros não vivenciaram (descendentes de vítimas de genocídios, deportações, terror),[83] mas se comportam como se suas identidades estivessem em jogo através das lembranças dos infortúnios de seus ancestrais. Esse dever de memória é também um direito, mas se vê confrontado com a dificuldade de transmitir aquilo que, muitas vezes, não pode ser dito nem entendido tal como a realidade do genocídio judeu que, ainda que desvendada no processo de Nuremberg,[84] levará anos para alcançar as consciências. Esse obstáculo, por vezes insuperável de um horror indizível, que se crê dever pelo menos transmitir pode causar perturbações profundas na identidade pessoal. Os testemunhos da Grande Guerra apagam de seus relatos o "processo de brutalização do conflito" (ódio entre inimigos, abusos cometidos contra os civis), querendo "exorcizar a verdadeira guerra e reconstruir uma guerra diferente, suscetível de lhes permitir viver com o trauma".[85] Durante muito tempo, Magda Hollander-Lafon sublimou sua memória de deportada porque, diz ela, "o mundo me devolvia a vergonha de estar viva, a vergonha de ser judia, a vergonha de estar de mais, a vergonha de perturbar". Ela diz ainda que: "a negação da memória me conduziu à perda de identidade. Eu não podia mais me identificar a nada nem a quem quer que fosse... eu tinha, de acordo com o desejo dos nazistas, me tornado um 'nada'".[86] Há nisso uma oposição trágica e paradoxal entre a amnésia que permite a sobrevivência, mas que enfraquece o sentimento de identidade, e a memória que, uma vez retornando, tal como "um câncer luminoso"[87] vem devorar a vida da pessoa permitindo recuperar os laços entre o que é e o que foi. Mesmo para os

154

O jogo social da memória e da identidade (2)

descendentes das vítimas, a memória da tragédia é muitas vezes pesada demais para carregar. Parece ter sido o caso de Pierre Goldman, prisioneiro da memória dos mortos da Shoah[88] e incapaz de levar uma vida social. O peso que exerce a memória das tragédias sobre a identidade do sujeito foi colocada em evidência por uma pesquisa[89] feita, de um lado, com os filhos de deportados, portadores de uma memória do horror e, de outro, com os descendentes dos carrascos, herdeiros de memórias envenenadas. Os primeiros, que "não se supunha fossem nascer porque não se supunha que seus pais fossem viver", esforçam-se bem ou mal em recolher os fragmentos de suas histórias familiares e reconstituir assim uma memória que lhes permitirá talvez liberar-se de um sentimento frequente de culpa: culpados "de não estar à altura dos que desapareceram e foram idealizados", culpados de não ser felizes, culpados de, por vezes, esquecer a tragédia. No segundo caso, atormentados por aquilo que para a maior parte deles é um "fardo", manifestam por vezes uma rejeição em relação aos seus ascendentes, podendo ir até o ódio de si próprios. Ascendências trágicas ou vergonhosa atingem, assim, de maneira diferenciada, mas sempre muito poderosa, a memória genealógica de um indivíduo ou de um grupo, influenciando, portanto, em suas identidades.

Evocando essa memória dos herdeiros em sua obra *La mémoire vaine*, Alain Finkielkraut faz uma observação que, num primeiro momento, deixa o leitor perplexo: "um antigo princípio aristocrático – ainda ativo em nossas sociedades – objetiva que a glória de um homem se reflita em seus descendentes, mas mesmo que os filhos dos resistentes legitimamente orgulhosos do engajamento de seus pais se esforcem em perpetuar a lembrança, eles mesmos não são resistentes, ao passo que os filhos dos judeus são judeus".[90] Coloca-se aqui uma questão fundamental – e perturbadora – do ponto de vista das relações entre memória e identidade: é-se judeu eternamente? Podemos nos tornar judeus ou deixar de sê-lo, podemos adotar uma religião e uma tradição ou decidir abandoná-la? Se respondermos a essa última questão

Memória e identidade

de maneira afirmativa, o filho de um judeu não seria obrigatoriamente um judeu.[91] Se respondemos negativamente, reforçamos então as concepções ditas "essencialistas" ou "primordialistas" da identidade, correndo o risco de "naturalizar" as diferenças culturais, naturalização que pode anteceder as teses racistas. Um filho de brancos é geralmente um branco, um filho de pigmeu é um pigmeu, mas um filho de cristãos não é obrigatoriamente um cristão.[92] Deveria ser diferente com os judeus? Se "ser judeu é recordar-se que se é"[93], seria então possível esquecer-se disso? Sem dúvida que sim, a menos que a identidade judaica esteja tragicamente ligada a um acontecimento único na história da humanidade. Ora, é precisamente aí que se encontra a explicação à assertiva de Finkielkraut, estranha à primeira vista: é impossível para todos os judeus esquecer a Shoah, acontecimento que foi a consequência da negação de seu direito de existir porque eram judeus. Não é possível desfazer-se com a mesma facilidade de todas as identidades, simplesmente porque elas não são todas estruturadas pelas memórias equivalentes. Se a memória judaica fosse débil, poder-se-ia imaginar que um filho nascido de pais judeus não fosse judeu. Mas justamente porque a memória da tragédia é forte, mais forte ainda que aquela dos deportados políticos, um filho nascido de pais judeus não pode ser outro senão judeu, pelo menos durante muito tempo ainda. É a força da memória das tragédias: está sempre pronta a assombrar os indivíduos e os grupos que se consideram seus guardiões.

LUGAR DE MEMÓRIA E LUGAR DE AMNÉSIA

Topofilias e toponímicas,[94] a memória e a identidade se concentram em lugares, e em "lugares privilegiados", quase sempre com um nome, e que se constituem como referências perenes percebidas como um desafio ao tempo. A razão fundamental de ser de um lugar de memória, observa Pierre Nora, "é a de deter o tempo, bloquear o

156

trabalho de esquecimento, fixar um estado de coisas, imortalizar a morte". A função identitária desses lugares fica explícita na definição que é dada a eles pelo historiador: "toda unidade significativa, de ordem material ou ideal, da qual a vontade dos homens ou o trabalho do tempo fez um elemento simbólico do patrimônio memorial de uma comunidade qualquer".[95] Um lugar de memória é um lugar onde a memória trabalha,[96] o que mostrou Halbwachs desde 1941 em relação aos santos lugares.[97] De acordo com a sugestão de Willem Frijhoff, um lugar de memória pode ser chamado em holandês *geheugenboei*, ou seja, "baliza da memória",[98] que é ao mesmo tempo "baliza identitária". Poder-se-ia, aliás, dizer a mesma coisa dos lugares de amnésia, ou seja, os lugares onde somente o esquecimento trabalhou, dado que a lembrança era muito pesada para ser carregada.[99]

Contrariamente aos não lugares, banalizados, funcionais e atemporais, os lugares "atravessam a memória viva".[100] São duráveis e carregados de história e memória. Em Hiroshima, a municipalidade e os meios empresariais tentaram conferir uma nova identidade à cidade, mas tiveram problemas em domesticar aquilo que os anglo-saxões denominam de *Memoryscape*, nesse caso os lugares que ainda guardam os sinais da bomba do 6 de agosto de 1945.[101] Auschwitz e sua rampa, tal como observou Jürgen Habermas, é o lugar de memória que se impõe a toda Alemanha atual. Mesmo que o muro de Berlim tenha desaparecido, permanece presente nos espíritos a ponto de que hoje "90% das atividades de lazer de uma pessoa acontecem em sua metade da cidade".[102]

Existem "regiões-memória" (Vendeia, Alsacia, Cevenol) ou cidades-memória (Jerusalém, Roma etc.), e mesmo bairros[103] onde se afirmam com força as identidades regionais ou locais. Simon Schama mostrou o quanto as paisagens podem contribuir para afirmação de memórias compartilhadas e igualmente influenciar o sentimento de identidade nacional. Assim, a tradição poética da "doce França" remete tanto a uma geografia (campos cultivados, pomares, vinhedos, bos-

Memória e identidade

ques e rios harmoniosamente ordenados etc.) quanto a uma história, a mitos e narrativas legendárias relativas a tal ou tal lugar em particular, sempre constituído por várias camadas de memória.[104] Se uma identidade europeia apresenta problemas para se constituir é, em parte, porque dificilmente encontra lugares de memória verdadeiramente europeus sobre os quais ela poderia se apoiar.

Por vezes, não é um território de um só lugar que constitui o grupo, "mas uma memória ligada a uma sucessão de lugares de uso e habitação",[105] como se pode observar a respeito de lugares de memória de grupos de imigrantes.[106] É a Casa de Sétif memorizada que permite aos judeus dispersados na região de Marselha construírem suas identidades por um processo simbólico: a casa "representa o enraizamento em um ambiente geográfico e humano que se apaga".[107] Mesmo o próprio quarto, explica Anne Muxel, "é um lugar-refúgio privilegiado para a lembrança. Ele existe na memória como um espaço de isolamento entre si e os outros, como um primeiro envelope que informa alguma coisa de sua identidade e da negociação de um território próprio".[108] De uma maneira geral, a "sociedade silenciosa e imóvel" dos lugares, a memória das "pedras da cidade", a permanência das referências espaciais "nos confere um sentimento de ordem e quietude" e "a ilusão de não haver mudado através do tempo,[109] o que é sempre tranquilizador para a identidade pessoal e coletiva.

BUSCA MEMORIAL E PATRIMONIALIZAÇÃO

A sociedade francesa contemporânea manifesta um imenso desejo de memória que se traduz em um gigantesco esforço de inventário, salvaguarda, conservação e valorização dos supostos indícios de seu próprio passado, a ponto de fazer do país inteiro um imenso museu. O patrimônio, observa Marc Guillaume, funciona como um "aparelho ideológico da memória": a conservação sistemática dos vestígios, re-

O jogo social da memória e da identidade (2)

líquias, testemunhos, impressões, traços, "serve de reservatório para alimentar as ficções da história que se constrói a respeito do passado"[110] e, em particular, a ilusão da continuidade. Dominique Poulot faz uma constatação similar quando afirma que a história do patrimônio é a história da "construção do sentido de identidade" e, mais particularmente, aquela dos "imaginários de autenticidade" que inspiram as políticas patrimoniais.[111] Para esses imaginários, o relicário da memória se transforma em um relicário de identidade que se busca no passado. A reivindicação patrimonial se pensa a si própria como um elemento do patrimônio: ela é considerada como um "investimento identitário" a ser transmitido.[112] Após uma longa evolução histórica da noção de patrimônio, desde a acepção romana do termo *patrimonium* (legitimidade familiar que mantém a herança) até a concepção moderna (adesão efetiva a certos traços do passado e reapropriação de heranças diversas concernentes tanto ao material quanto ao ideal, o cultural e o natural), sua "extensão quase metafórica"[113] abre a ele o caminho de uma expansão conquistadora (pode ser patrimônio nacional, etnológico, natural, imaterial, histórico, arqueológico, artístico e mesmo genético).

Tal como as comemorações, essa febre patrimonial deixa perceber certa incapacidade em viver no tempo presente, responde a uma demanda social em direção ao passado "originada de um profundo mal-estar em relação ao presenteísmo quase orweliano de nossa sociedade".[114] A efervescência patrimonial é a expressão de um modo de pensar retromaníaco no qual o passado é valorizado e, inclusive, venerado frequentemente por aqueles que percebem seus laços com as origens como menos firmes: "peças anexadas"[115] recentemente, neorresidentes vindos da cidade[116] ou "herdeiros urbanos". Esse modo de pensamento se dedica a encontrar ou fabricar tudo o que pode ter função de traços, relíquias, vestígios ou de arquivos, ou seja, tudo o que permite a um grupo narrar-se a si próprio.[117] Os traços possuem autoridade pela importância que lhes é conferida. Eles incitam a crer na pertinência da retrodição e suas explicações causais: é suficiente

Memória e identidade

seguir os traços para encontrar as causas primeiras, ou seja, a origem. Por essa razão, o "mal do arquivo é a expressão da impaciência absoluta de um desejo de memória",[118] e toda perda de arquivos é vivida como uma perda de si próprio. Todos esses traços, tanto os produzidos quanto os registrados, são "ilusões de eternidade".[119] Ilusão ou sonho: de acordo com René Char, "apenas os traços fazem sonhar", eles mostram o "passado da passagem",[120] a anterioridade e a possibilidade da permanência.

Esse poder dos traços é encontrado na predileção que os indivíduos podem manifestar por objetos que recordam seu passado. Igualmente numa escala de grupo, a busca memorial se manifesta na patrimonialização generalizada da sociedade, fica demonstrada no nível individual, na ligação aos objetos de toda natureza. Primo Levi lembra que, por ocasião da chegada ao campo, se despojavam os deportados de todos os objetos que ainda possuíam, milhares de pequenas coisas ("um lenço, uma velha carta, a fotografia de um ente querido") que "velam nossas lembranças e nos fazem reviver". E ele acrescenta: "não é raro, quando se perdeu tudo, que se perca a si próprio".[121] O sequestro de objetos que evocam a vida exterior é, ao mesmo tempo, um sequestro da identidade.

Em presença de traços profusos, cada um pode tomar para si um patrimônio em constante diversificação. Ele se transforma "numa maneira bastante sutil dos grupos novos dotarem-se de legitimidade e tornarem-se visíveis". É também "a maneira pela qual os coletivos se instituem no tempo",[122] a partir de então sendo mais reivindicado do que herdado, muito mais uma afiliação do que uma filiação, bem menos comunitário do que conflitivo.[123] Por essa razão, o patrimônio participa do fenômeno geral de fragmentação das memórias – poderíamos falar de memórias *à la carte* –, que, como as identidades que fundam, tornam-se cada vez mais parceladas, particulares e particularistas: memórias profissionais, fundadas em categorias locais (regiões, províncias, país, aldeias, bairros, espaços que tendem a se tornar territórios),

160

O jogo social da memória e da identidade (2)

grupais, tendendo a uma estrutura de "guetos memoriais". Numerosos museus locais são o resultado de uma tentativa de "criação de uma identidade coletiva regional pela encenação do passado no presente". Esses museus concorrem para redefinir localmente as "escalas identitárias pertinentes".[124] Em Morvan, observa Jean-Yves Boursier,[125] o Museu da Resistência exalta quase exclusivamente a figura do "resistente morvandiau", representante de uma "região diferente". Igualmente, o Museu da Resistência em Lyon apresenta um uso do passado para legitimar o presente e comunica representações culturalistas ou comunitárias que visam persuadir o visitante de que as diferenças entre a resistência dos "judeus", dos "italianos", dos "poloneses" etc., são constitutivas de uma relação com questões políticas, o que não permite que sejam transcendidas.[126]

As representações do patrimônio como bens compartilhados no interior de um grupo particular e como expressão de uma comunidade específica conduz, muito facilmente, a tentativas de naturalização da cultura, num esforço de enraizamento na "terra natal" – que é também aquele dos mortos – ou no território nacional. Essa tentativa, que pode mesmo se revestir de formas de "taxidermia social",[127] está explícita em vários discursos ou textos oficiais como, por exemplo, a lei de 1990 sobre o patrimônio cultural basco, apresentado como "a principal expressão da identidade do povo basco e o testemunho mais importante desse povo para a cultura universal". É um pouco também nesses termos que a lei catalã de 1993 define seu patrimônio cultural.[128] É surpreendente constatar que inúmeros pesquisadores tendem a legitimar essas representações ao citarem esses textos e discursos – cuja perspectiva performativa é evidente – sem que saibamos se eles se contentam em descrever a ideologia patrimonial ou se a tomam por sua conta. A ilusão holista é, nesse caso, um objeto a explicar, e não uma categoria conceitual suscetível de ajudar a Antropologia em sua análise dos fenômenos considerados. Não compreender isso é correr o risco de favorecer e valorizar o arcaísmo, o passeísmo, os fundamenta-

161

Memória e identidade

lismos culturais,[129] os museus fechados a custa dos museus abertos,[130] o mito da autenticidade e o fantasma da pureza, as representações estereotipadas de pertencimento, a reificação das diferenças,[131] as complacências comunitárias, um relativismo patrimonial sem limites e as múltiplas formas de nostalgia e tensão identitária[132] que conhecem nossas sociedades.

Essa tendência pode se manifestar na política dos museus e ecomuseus[133], que são instituições organizadoras das "práticas de memória"[134] e dos lugares de objetivação da identidade. Quando as compulsões identitárias são muito fortes, a museofilia pode aparecer na museomania. Desde muito tempo, Georges-Henri Rivière postulou que um ecomuseu é um "espelho" no qual a população se vê,[135] e esse ver-se a si própria é, frequentemente, um olhar narcísico. Os museus-refúgios, que são os museus locais ou de artes e tradições populares – e que, em um contexto de desindustrialização, tornar-se-ão talvez museus de técnicas e ecomuseus industriais – foram, por outro lado, chamados de museus de identidade.[136] Isso pode levar, inclusive, à expressão de formas caricaturais: museificação de camponeses expostos em vitrines sob forma de manequins, chauvinismo, folclorização, fuga da realidade etc.[137] As casas de memória, tal como desejam ser os ATP (Artes e Tradições Populares) desde suas origens, se baseiam, em sua maior parte (mesmo isso não estando explicitamente reivindicado), em uma teoria da identidade disposta em termos de traços, características, tipos, substâncias que justificarão os inventários, os atlas, as tipologias. Nesse sentido, a museologia, como também a etnologia, pode ser fábrica de identidade.

Incontestavelmente, a sensibilidade patrimonial se exacerbou ao mesmo tempo em que as sociedades conheceram uma mutação acelerada e temiam, portanto, pela perda e pelo esquecimento. Por consequência, tudo leva a pensar "que o interesse pelo patrimônio resulta, atualmente, de deslocamentos mais profundos não apenas na França, mas em todos os países ocidentais, afetando a própria maneira de compreender e viver a identidade nacional".[138] Encontra-se a mesma trivial constatação na ideia de que o interesse em relação ao patrimônio rural foi manifesto concomitantemente à desorganização das sociedades rurais. Entretanto, essa observação é profundamente banal e de interesse limitado.[139] Parece mais pertinente tentar caracterizar as modalidades de patrimonialização (dilatação do campo do patrimônio, fragmentação, modalidades originais de valorização, relação entre valor de uso e valor patrimonial,[140] patrimônio de proximidade[141] etc.), pois elas nos informam sempre sobre as especificidades do jogo identitário. De igual forma, no movimento geral de patrimonialização de toda a sociedade, é importante destacar as tendências contrárias que permitem melhor compreender as relações que se estabelecem entre memória e identidade. Por exemplo, a ausência de consciência patrimonial é, muitas vezes, a expressão normal do trabalho da memória que regularmente libera o sujeito dos traços mais dolorosos de seu passado. Assim, é preciso compreender a destruição voluntária de antigos instrumentos agrícolas pelos camponeses, os moldes de calçados pelos sapateiros ou os velhos "*pointus*" (tipo de embarcação) pelos pescadores mediterrânicos como uma forma de expulsar da memória objetos evocadores de ofícios marcados pelo sofrimento, pelo trabalho árduo e por grandes esforços que permitiam apenas "ganhar a vida". Essas atitudes antipatrimoniais, que são ao mesmo tempo uma forma de ruptura com uma identidade profissional, são lamentavelmente negligenciadas pelos pesquisadores que buscam direcionar seus trabalhos para a tendência de patrimonialização da sociedade como um todo.

Resumindo, a elaboração do patrimônio segue o movimento das memórias e acompanha a construção das identidades: seu campo se expande quando as memórias se tornam mais numerosas; seus contornos se definem ao mesmo tempo em que as identidades colocam, sempre de maneira provisória, seus referenciais e suas fronteiras; pode assim retroceder quando ligada a identidades fugazes ou que os indivíduos buscam dela se afastar. O patrimônio é menos um conteúdo que

Memória e identidade

uma prática da memória obedecendo a um projeto de afirmação de si mesma. Esse projeto está destinado a permanecer sempre inacabado; ele pode mesmo se esgotar na esperança de chegar a uma memória total. De fato, como imaginar poder conservar todos os traços quando se sabe que todo traço advém de algum acontecimento,[142] inclusive a esperança mesma dessa conservação?

MANIPULAR, DOMINAR, DIFERENCIAR

> *"A falsificação da lembrança é a vingança impotente de nossa memória frente ao caráter irrevogável de tudo que ocorreu."[143]*

As sociedades, observa Marc Augé, "têm necessidade, em alguns momentos, de refazer um passado tal como os indivíduos recuperam sua saúde".[144] Essa necessidade pode ser satisfeita porque "o passado é modelável, assim como o futuro", mesmo se, como diz Borges, o presente não possa sê-lo.[145] A alteração do passado é mesmo um atributo da memória que Pierre Nora definiu como "a economia geral e gestão do passado no presente".[146] Essa gestão exige, por vezes, a criação deliberada de artifícios e artefatos memoriais que será mais fortemente marcada quanto mais as identidades estiverem sob o efeito de grandes marcos históricos, como é o caso das identidades nacionais, étnicas ou religiosas.[147]

"Por não saber como aconteceram os fatos da Antiguidade, escreve Platão a respeito da mitologia, nós agimos para que essa fábula tenha tanto mais quanto possível um caráter de verdade", o que sem dúvida é "tornar utilizável a fábula".[148] Nos anos finais da Guerra do Peloponeso e no curso dos dois ou três milênios que se seguiram, a propaganda política ateniense não se privou de falsificar a memória e a tradição.[149] Essa manipulação da memória pode ser explícita, tal como as grossas camadas de areia que, nas ruas de Paris, vieram esconder os traços de sangue após os massacres de junho de 1848[150] visando lançar

O jogo social da memória e da identidade (2)

ao silêncio os lugares do crime, ou ainda "a gigantesca empresa de depuração do parque de estátuas erigidas entre 1940 e 1944".[151] Nesse caso, trata-se menos de uma memória curta do que de uma memória deliberadamente deformada. É essa mesma vontade de estreitar acessos que justifica os obstáculos que colocam por vezes a administração de arquivos diante de pessoas que querem consultar documentos relativos ao período da Ocupação e deportação de judeus:[152] fiel ao espírito dos arcontes, essa administração compreendeu que os arquivos são uma memória virtual que não se converte em memória objetiva a não ser quando "lidos e compreendidos".[153]

É ainda uma manipulação grosseira da memória com objetivo de forjar uma nova identidade coletiva, o que se dava a ver nos projetos arquiteturais do regime de Ceaucescu no centro da cidade de Bucareste: o objetivo era o de apagar toda memória antiga para deixar lugar para a construção de uma sociedade socialista inteiramente nova.[154] Os poderosos podem mesmo obter "memórias pré-construídas" como aquelas que foram moldadas a partir de questionários – originalmente as *Relaciones* – impostos às populações autóctones na Nova Espanha durante o século XVI. Esses questionários permitiram obter identidades pré-construídas pelas questões colocadas, classificações etnicizantes das populações, exemplo do que Anderson denomina como "classificações totalizantes".[155] Em um registro similar, os chefes de instituições e facções seculares e eclesiásticas do século XI na Europa – estes que, segundo expressão de Pierre Bourdieu, eram os "detentores do monopólio da manipulação legítima dos textos" –[156] decidiram deformar seus passados a fim de forjar uma nova identidade individual e coletiva coerente com suas estratégias de poder: "em suas histórias e crônicas, em suas liturgias, em suas estruturas de propriedade fundiária e em suas heranças, na transmissão de sobrenomes entre parentes, nas alianças políticas e sociais", eles selecionaram certos elementos e esqueceram outros, contando com a ajuda de copistas que assumiam o papel de autores. Por outro lado, "dispuseram esses elementos no

Memória e identidade

interior de novas estruturas de sentidos":[157] as lembranças se tornaram lendas e finalmente mitos, quer dizer, modelos exemplares. Se necessário, a excomunhão podia conduzir à *damnatio memoriae* cristã e à exclusão dos *Libri Memoriales*.[158] A modificação da memória institucional (falsificação, revisão, correção ou destruição de cartulários e *Traditionsbücher*, transformação ou omissão das coisas julgadas *inordinata*) permite construir passados alternativos – em geral, um "passado mais útil e mais conveniente" – e foi fundamental para "a maneira de perceber-se e perceber sua identidade".[159] Aquele que manipula o passado pessoal, familiar e regional "cria-se a si próprio ao mesmo tempo em que cria seus adversários".[160] Além disso, essa manipulação da memória dos arquivos em toda a Europa entre os séculos IX e XI influenciou largamente a interpretação que as gerações seguintes fizeram desse período.[161] Desse ponto de vista, o documento cumpre bem sua função de monumento.

Uma manipulação muito brutal da memória (como, por exemplo, a destruição de lugares santos ou sagrados) pode produzir o efeito inverso do esperado, como bem mostrou a vitalidade do nacionalismo catalão após os anos de repressão da ditadura franquista.[162] Igualmente, quando duas memórias fortes se afrontam para propor visões concorrentes do passado, geralmente não há nem ganhadores nem perdedores, o que parece ser o resultado previsível da batalha de memórias que ocorre em torno de plantações de árvores em Israel e na Palestina.[163] As árvores se tornaram símbolos e emblemas da "nação judaica" de acordo com a memória sionista que descrevia a Palestina como uma terra coberta por florestas durante a Antiguidade e como um deserto durante os séculos do exílio judaico. As florestas hoje, que podem receber nome de pessoas ou grupos desaparecidos (soldados mortos durante as guerras das quais participou Israel, judeus vítimas do Holocausto), "estabelecem, portanto, uma continuidade simbólica entre o passado e o futuro", a lembrança e o esquecimento, e mantém a "memória coletiva sionista".[164] Compreende-se então que essas plantações, "sinais de propriedade sobre uma terra contestada", tornem-se objeto de disputa no quadro do conflito árabe-israelense. A multiplicação de plantações responde aos incêndios voluntários da Intifada, a lógica de "uma árvore por uma árvore" faz eco à frase bíblica "olho por olho". As marcas deixadas pelos incêndios e as novas plantações levam, portanto, a uma "arqueologia da memória" do conflito entre judeus israelenses e palestinos, que é, na verdade, um conflito entre duas memórias fortes.

Mesmo se, em definitivo, a memória mais vilinpediada, a mais ferida, é sempre a memória íntima, é no domínio dos desígnios nacionais e projetos étnicos que a manipulação memorial é mais frequente. O iconoclasmo do período revolucionário constitui uma triagem na memória do Antigo Regime. A Revolução manifesta uma exigência identitária que diz respeito à representação autorizada da nação: ela redefine o passado e confere aos objetos "o direito de se perpetuar ou não em função da lição que podem dar à posteridade".[165] Em alguns casos, a manipulação da memória e os inumeráveis esquecimentos da História[166] apresentam finalidades nacionais ou de etnogênese e objetivam autenticar, essencializar e naturalizar as identidades, como se pode observar por ocasião do conflito na ex-Iugoslávia[167] ou na África, na região dos Grandes Lagos. Em vários países, a construção da identidade nacional supôs que as nações se apresentassem como muito antigas, imemoriais inclusive,[168] desde o primeiro quartel do século XIX.

No Brasil, a manipulação da memória pelos brancos consiste em manter a memória da escravidão, pois esta é concebida como um meio de inferiorizar os negros, construindo uma identidade americana ou euro-americana com lembranças "afro". Nos Estados Unidos, a busca de identidade por certos grupos de negros é um esforço para conferir um passado a eles próprios. Os únicos modelos disponíveis eram os dos grupos brancos, logo, os negros engajados nessa busca vão tomar de empréstimo, manipular e "bricolar" esses modelos para criar algo novo: evocações de leituras (por exemplo, aquela de obras etnográficas sobre as culturas africanas), uso de imagens extraídas da história do Islã ou de

167

Memória e identidade

revoluções, recurso a memórias de grupos minoritários (porto-rique-nhos, movimentos radicais). Como amálgama dessas diversas imagens feitas de imaginação criativa e reprodutora, elabora-se uma identidade própria aos grupos em questão, uma identidade dita afro-americana.[169]

A manipulação pode ser mais sutil, como entre os dogons karam-bés quando, por ocasião da transmissão da tradição, o narrador se con-tenta em evocar brevemente certos fatos do passado, sem, contudo, os desenvolver. Isso ocorre em todas as questões de história antiga cuja memória corre o risco de "evocar atos vergonhosos ou despertar anti-gos rancores perigosos para a paz social".[170] Uma relação elíptica, eleti-va ou esquiva com o passado é com frequência uma maneira hábil de jogar com as memórias ou fragmentá-las. Quando o exército britânico tomou a cidade de Benin em 1897, rica em inúmeras manifestações artísticas (placas de bronze, por exemplo), a imprensa científica e de difusão da época se apressa em relegar essas expressões ao passado a fim de negar ao povo de Benin toda a autonomia cultural e, portanto, toda identidade verdadeira.[171]

É da mesma forma com muita sutileza e eficácia que, a partir de 1944-1945, a memória comunista e a memória gaulista – herdeiras de duas famílias de memórias, a nacionalista e a revolucionária, em dis-puta desde o século XIX –, vão se dedicar a forjar o mito da tradição da resistência na França, memória piegas e ao mesmo tempo memória impossível, visando defender a identidade nacional.[172] Dessa forma, perto do cemitério de Rillieux, no local onde o miliciano Touvier fuzi-lou sete reféns judeus, uma placa indicava, até 1994, que o crime tinha sido cometido por "bárbaros", sem nenhuma outra precisão.[173] Ainda hoje, na França, a lembrança da repressão à manifestação argelina de 17 de outubro de 1961, que provocou entre duzentos e trezentos mor-tos,[174] é amplamente ocultada, sem dúvida porque esse acontecimento pode manchar a imagem de um país democrático e republicano.[175] Na Alsácia e na Bretanha, os museus de identidade territorial cedem "às pressões daqueles que reconstruíram uma história unânime e asséptica": eles escondem os conluios durante a Segunda Guerra Mundial entre os movimentos autonomistas e os nazistas.[176] Parece, assim, que certas feridas da memória[177] são consideradas como particularmente perigosas para a identidade nacional ou regional.

Mesmo que a memória possa ser um objeto de estudo para a História, e que as duas difiram em mais de um sentido, a História não é sempre inocente nas manipulações da memória com fins identitários, simplesmente porque *Clio*, tal como *Mnemosynè*, é cuidadosa com a ordem e com os sentidos aceitáveis e aceitos pela sociedade. A memória é sua matéria-prima[178] e, tal como ela, a História pode pretender dispor de uma verdade definitiva quando não há mais do que histórias parciais. Para Halbwachs, ela "não se dedica a reproduzir as narrativas feitas pelos homens contemporâneos dos acontecimentos passados", mas adapta-os "à maneira de pensar e reproduzir o passado dos homens de hoje".[179] O historiador, observa Lucette Valensi, não produz um saber frio: "ele participa da construção e, logo, da transmissão da memória social".[180] Ele faz escolhas que presidem a trama de seu relato, mesmo que se trate de escolhas em geral racionais, ao passo que a memória opera escolhas afetivas. É mesmo um olhar histórico particular que confere raízes afro-asiáticas à civilização clássica.[181] Apesar dos progressos da pesquisa histórica, os riscos são tão maiores hoje que a história é com frequência explicitamente posta a serviço da memória, o que traduz bem a exortação a um "dever" de memória lançado aos historiadores e que revela a expectativa de uma "história memorial, identitária".[182] Como prova disso, temos os desafios da memória na Alemanha a respeito do período nazista, com momentos de crise, tal como a querela dos historiadores (a *historikerstreit*) em 1986-1987 (em torno do risco de banalização dos crimes do Terceiro Reich que poderia favorecer a historicização do período nazista) ou, mais recentemente, o "caso Goldhagen"[183] (a respeito de uma eventual culpa coletiva e intemporal dos alemães), que mostrou que o exercício da *Vergangenheitsbewältigung* (o fato de assumir seu passado) era uma arte difícil.

Memória e identidade

MEMÓRIAS AGONÍSTICAS

"Sob o signo da memória a França não é mais diversidade e sim divisão."[184] A pluralidade de determinismos está expressa pelo plural *As Franças,* título dos três últimos volumes dos *Lugares de memória.* Os antagonismos entre memórias fazem parte da tradição nacional: quer se trate do batismo de Clóvis,[185] da Revolução Francesa (brancos contra azuis, papel de Robespierre, comemoração em 1987 de um contrabicentenário manifesto: o "milênio capetíngio"), de Joana D'Arc, da Noite de São Bartolomeu, dos camisards, da Comuna, do Caso Dreyfus, de Pétain e da Ocupação, da Resistência (com uma memória diferente para a Resistência do interior do país e aquela de Londres; para a das mulheres, menos valorizada que a dos homens etc.), da deportação (memória diferenciada de acordo com a origem judaica, cigana ou política dos deportados), da guerra da Argélia,[186] dos repatriados, dos harkis etc., as ocasiões de se afrontar são múltiplas para as memórias e contramemórias francesas, plurais e concorrenciais. Essas memórias agonísticas são o sinal de uma multiplicidade de referencias identitárias.

De fato, raramente as memórias vão *pari passu.* Em todos os lugares elas se confrontam. Por vezes, o conflito permanece interior ao sujeito, que está povoado por memórias plurais que se enfrentam com sua própria memória: tal se verifica em Jorge Semprun no singular combate que trava com a escrita que o mantém "na memória atroz do passado".[187] Mas, na ausência do talento de um escritor, as únicas batalhas conhecidas são as batalhas públicas, inúmeras e sempre renovadas, que por vezes podem tomar suas imagens da longa duração. Assim, de uma margem a outra do Mediterrâneo, a memória das Cruzadas e o apelo do papa Urbano II em Clermont-Ferrand no ano 1095, tal como a memória das *Reconquistas* cristãs, continuam pesando sobre a fratura Islã/Cristandade e permanecem referências ideológicas (nacionalistas, religiosas, identitárias), como se pode constatar por ocasião da expedição de Suez em 1956, da Guerra do Golfo em

170

O jogo social da memória e da identidade (2)

1991 ou, ainda, nos novecentos anos do apelo de Clermont-Ferrand. No mundo árabe, Saladino, com quem foi comparado Nasser, a queda de Jerusalém e sua retomada continuam a nutrir a memória coletiva e Israel pode ser compreendido como um novo Estado cruzado.[188] Não é, portanto, surpreendente que o fundamentalismo islâmico seja por vezes apresentado como uma cruzada ao inverso, mantendo assim o choque de memórias entre o Ocidente e o Islã, entre a representação de uma identidade cristã e de uma identidade muçulmana. Como último exemplo, citarei alguns casos de memórias agonísticas sobre o continente americano que são por vezes o reflexo de tensões ou problemas identitários.

Quando em 1992, por ocasião do aniversário de quinhentos anos de descoberta da América, vemos se oporem duas memórias de Colombo, uma tradicional evocando a epopeia fundadora e a outra qualificando de Holocausto os massacres dos indígenas – chamados então de "povos autóctones" –, o que está em jogo é certamente a definição de autoctonia e de identidade americana.[189] De igual forma as tensões são permanentes entre negros e brancos a respeito da história da escravidão americana. Em 19 de dezembro de 1995, uma exposição sobre esse tema foi cancelada na Biblioteca do Congresso Nacional em Washington. Intitulada *Atrás da casa do senhor: a paisagem cultural da plantation*, foi organizada por um antropólogo e entrou em conflito com a representação que os negros faziam de sua identidade. Nesse caso, o controle da memória histórica é um jogo por vezes político, social, cultural e identitário: face a um sábio como Ulrich Bonnell Phillips, que no começo do século se esforçou em justificar o sistema escravagista, encontraremos atualmente poucos historiadores defensores das plantações do sul do país, no entanto as conclusões de seus trabalhos "são muito diferentes sobre quase todos os aspectos desse tema, desde o caráter eficaz e rentável do trabalho escravo, a personalidade desse escravo, suas reações, sua cultura, ou sobre as relações senhor-escravo".[190] Como sempre, as clivagens na restituição da memória histórica

171

Memória e identidade

encontram seu ponto de partida nas discordâncias sobre problemas contemporâneos nos quais a memória não cessa de interferir. Na América espanhola a Conquista e depois a Independência provocaram rupturas na continuidade da memória. Após a Conquista houve, de início, o esquecimento ou a rejeição do passado em relação às civilizações pré-colombianas, e após a Independência a mesma atitude pode ser observada em relação ao período colonial.[191] Essas rupturas explicam ainda certos confrontos memoriais contemporâneos, sejam internos à América Latina (entre as populações de origem europeia e aquelas de origem indígena ou mestiça), sejam entre os países hoje soberanos e as antigas potências coloniais que giram ao redor de questões de identidade nacional e etnicidade.

Essas distorções da memória provocadas pelos conflitos nos informam provavelmente mais sobre uma sociedade ou um indivíduo do que sobre uma memória fiel. Em cada caso é preciso ver na deformação aplicada ao acontecimento memorizado um esforço para ajustar o passado aos jogos identitários do presente. Isso é tanto mais verdadeiro hoje quando cada vez mais grupos e indivíduos fazem valer suas pretensões à memória. Nas sociedades modernas, o pertencimento de cada indivíduo a uma pluralidade de grupos torna impossível a construção de uma memória unificada e provoca uma fragmentação de memórias. Chegamos, aqui, à problemática do colapso das grandes memórias organizadoras, que é o objeto central do último capítulo.

NOTAS

[1] M. Halbwachs, *La mémoire collective*, op. cit., p. 50.

[2] M. Halbwachs, *Les cadres sociaux de la mémoire*, op. cit., p. 151.

[3] D. Hervieu-Léger, op. cit., p. 228.

[4] S. Maurer e C. Méchin, op. cit., p. 392.

[5] M. Maget, op. cit., p. 8. Sobre o momento histórico particular (entre o século x e o século xiii) que viu os laços de parentesco verticais prevalecerem sobre os laços horizontais nas famílias aristocráticas, ver Georges Duby, "Le lignage, x-xiii siècle", em P. Nora (org.), *Les lieux de la mémoire. La Nation*, Paris, Gallimard, 1986, p. 31-56; ou ainda P. J. Geary, op. cit., p. 86.

O *jogo social da memória e da identidade (2)*

[6] M. Kilani, op. cit., p. 219-221.

[7] Béatrix Le Wita, La mémoire familiale des Parisiens appartenant aux classes moyennes, *Ethnologie Française*, XIV, 1984, 1, p. 57-66.

[8] Françoise Zonabend, La parente, em Isac Chiva e Utz Jeggle (orgs.), *Ethnologies en miroir*, Paris, Éditions de la Maison des Sciences de l'Homme, 1987, p. 106.

[9] J. Candau, Quête mémorielle et nouveaux marchés généalogiques, em T. Barthélemy e M. C. Pingaud, op. cit., p. 119-129.

[10] D. Hervieu-Léger, op. cit., p. 206.

[11] M. Halbwachs, *Les cadres sociaux de la mémoire*, p. 167.

[12] Sylvie Sagnes, "De terre et de sang: la passion généalogique", *Terrain*, 25, set. 1995, p. 144.

[13] Sobre os vazios de memória e as escolhas de identificação operada pelos genealogistas, ver P. Huerre, op. cit., p. 112.

[14] Aproximo-me aqui de Mondhler Kilani quando ele observa que "a crença vale mais pelo tipo de relação que ela possibilita entre os atores do que pelo enunciado de um conteúdo" (op. cit., p. 259).

[15] A. Muxel, op. cit., p. 15.

[16] J. Bahloul, op. cit., p. 10-11.

[17] Apud P. Ricoeur, op. cit., p. 198.

[18] René Galissot, "Générations sans mémoire", *L'homme et la société*, n. 111-112, 1994, p. 51-65.

[19] Karl Mannheim, *Le problème des générations*, Paris, Nathan, 1990, p. 60-69.

[20] P. Nora, "La génération", em *Les lieux de mémoire. Les France*, 1: *Conflits et partages*, op. cit., p. 931-971.

[21] M. Halbwachs, *Les cadres sociaux de la mémoire*, op. cit., p. 282.

[22] Raymond Aron, *Introduction à la philosophie de l'histoire*, Paris, Gallimard, 1948, p. 80-81.

[23] Gilbert Gardes, *Le monument public français*, Paris, PUF, 1994, p. 35.

[24] *Le Monde Diplomatique*, jan. 1997.

[25] Luc Cambrezy, "La mémoire trahie d'une princesse indienne", em *Cahiers des sciences humaines*, 30 (3), 1994, p. 497-511.

[26] András Zempléni, "Les manques de la nation", em D. Fabre, *L'Europe entre cultures et nations*, op. cit, p. 133.

[27] B. Anderson, op. cit., p. 199-200.

[28] Ver Robert Morrissey, *L'empereur à la barbe fleurie: Charlemagne dans la mythologie et l'histoire de France*, Paris, Gallimard, 1997, 438p.

[29] *Vagues, une anthologie de la nouvelle muséologie 2*, Lyon, Éditions MNES, 1994, p. 473-474.

[30] Éric Palazzo, "Le livre dans les trésors du Moyen Age. Contribuitions à l'histoire de la *memoria* médiévale", *Annales HSS*, jan.-fev. 1997, p. 93-118.

[31] F. Zonabend, *La mémoire longue*, op. cit., p. 221.

[32] P. J. Geary, op. cit., p. 195.

[33] F. Choay, op. cit., p. 15.

[34] Janine Ponty, op. cit., p. 113.

[35] "Criando espaços comuns da memória, os monumentos propagam a ilusão de uma memória comum" (J. E. Young, op. cit., p. 736).

[36] Thierry Dufrène, "Mémoriaux de la Résistance et monuments de la déportation en Rhône-Alpes", em D. J. Grange e D. Poulot, op. cit., p. 363.

[37] Sobre esse aspecto, ver Antoine Prost, "Les monuments aux morts. Culte républicain? Culte civique? Culte patriotique?", em P. Nora, *Les lieux de mémoire*, I: *La République*, p. 222.

[38] *Ilíada*, I, 3.

[39] E. Palazzo, op. cit., p. 114.

[40] Jean-Claude Schmitt, *Les revenants. Les vivants et les morts dans la société médiévale*, Paris, Gallimard, 1994, p. 17-18.

Memória e identidade

[41] Jean-Pierre Mohen, *Les rites de l'au-delà*, Paris, Odile Jacob, 1995, p. 315.

[42] J. Goody, op. cit., p. 154.

[43] J.-C. Schmitt, op. cit., p. 18.

[44] Auguste Comte, *Calendrier positiviste ou système général de commémorations publique*, Paris, Librairie Scientifique-Industrielle de L. Mathias, 1849, p. 11.

[45] G. Namer, op. cit., p. 219.

[46] M. Augé, *La guerre des rêves*, op. cit., p. 44.

[47] Philippe Raynaud, "La commémoration: illusion ou artifice?", *Le débat*, n. 78, jan.-fev. 1994, p. 107.

[48] Yves Bizeul, "Identité protestante em France et références au passé", em *Ethnologies des faits religieux en Europe*, op. cit., p. 420; ver ainda P. Joutard, op. cit. ; Madeleine Villard, "Pèlerinages ou lieux de mémoire? Les protestants de Provence", *Provence historique*, t. XLV, fasc. 182, out.-nov. 1995, p. 595-608.

[49] Nachman Bem-Yehuda, *The Masada myth: collective memory and mythmaking in Israel*, Madison, University of Wisconsin Press, 1995, 402p.

[50] J. Chesneaux, op. cit., p. 155.

[51] Laurent Theis, "Le temps et le roi. Sur la commémoration du millénaire capétien", *Le débat*, n. 78, jan.-fev. 1994, p. 101.

[52] P. Raynaud, op. cit., p. 112.

[53] Pierre Sansot, "Du bon et du moins bon usage de la commémoration", em H. P. Jeudy, op. cit., p. 289.

[54] J. Chesneaux, op. cit., p. 156.

[55] Idem, p. 162.

[56] John Gillis (ed.), *Commemorations. The politics of National Identity*, Princeton, Princeton University Press, 1994, 288p.

[57] Bernard Lewis, "Masada et Cyrus Le Grand", *Communications*, n. 49, 1989, p. 165, e *History: Remembered, Recorded, Invented*, Princeton, Princeton University Press, 1975.

[58] E. Tonkin, op. cit., p. 128.

[59] P. Raynaud, op. cit., p. 110.

[60] J. E. Young, op. cit., p. 743.

[61] Pierre Bourdieu, *Hans Haacke, Libre-échange*, Paris, Seuil, 1994, p. 118.

[62] J. E. Young, op. cit., p. 731-732.

[63] Etienne François, "L'Allemagne des commémorations", *Le Débat*, n. 78, jan.-fev. 1994, p. 67.

[64] Mongane Wally Serote, *Time*, 14 de abril de 1997.

[65] O papel que exerce a memória das catástrofes naturais na estruturação do passado (as catástrofes são excelentes referências temporais) ilustra a força que têm os infortúnios. Jean-Michel Marchetti e eu mesmo evocamos essa questão em "La mémoire du feu", em *Catalogue de l'exposition "Feu profane, feu sacré"*, Draguignan, ATP, 1995, p. 180-189. Ver ainda: R. D'Ercole e O. Dollfos, "La mémoire des catastrophes", *La Recherche*, n. 279, set. 1995, p. 932-934.

[66] N. Zadje, op. cit., p. 13.

[67] E. Renan, op. cit., p. 54.

[68] Pierre Vidal-Naquet citando S. Baron, *Les Juifs, la mémoire et le présent*, Paris, La Découverte, 1991, p. 461.

[69] P. Poutignat e J. Streiff-Fenart, op. cit., p. 181.

[70] Nathan Wacthel, *La vision des vaincus. Les indiens du Perou devant la Conquête espagnoles, 1530-1570*, Paris, Éditions Gallimard, 1971, 396p.

[71] J. Chesneaux, op. cit., p. 104.

[72] M. Bloch, op. cit., p. 67.

[73] Claire Reverchon e Pierre Gaudin, "Le sens du tragique dans la mémoire historique. Protestants et républicains dans la Drôme", *Le monde alpin et rhodanien*, n. 2-4, 1986, p. 112.

174

O jogo social da memória e da identidade (2)

[74] Anne-Marie Duvernois, "Le malheur réciproque. La stigmatisation d'une minorité religieuse: les Blancs dans le sud de la Bourgogne", *Le monde alpin et rhodanien*, n. 2-4, 1986, p. 123.

[75] Alain Czouz-Tornare, "Le Lion de Lucerne ou la mémoire de la prise des Tuilleries au coeur des Alpes suisses", em D. J. Grange e D. Poulot, op. cit., p. 81.

[76] Georges Bensoussan, *Histoire de la Shoah*, Paris, PUF, 1996, p. 121.

[77] R. Azria, op. cit., p. 263.

[78] N. Lapierre, op. cit., 292p.

[79] Alain Finkielkraut, "Sur l'assimilation", em F. Ringelheim, op. cit., p. 71-72. Sobre Amalek, ver *Êxodo* 17: 8-16 e *Deuteronômio* 25: 17.

[80] R. Azria, op. cit., p. 263.

[81] P. Vidal-Naquet, op. cit., p. 456.

[82] Katharina Von Ankun, "Victims, Memory, History: Antifascism and the Questions of National Identity in East German Narratives after 1990", *History and Memory*, v. 7, n. 2, outono/inverno 1996, p. 41-69. Sobre a dificuldade em afrontar um "passado repugnante", ver ainda Emmanuel Terray, "Berlin: mémoires entrecroisées", *Terrain*, n. 29, set. 1997, p. 31-42.

[83] Por exemplo, as associações Lyon 89 e Lyon 93 que reagrupam os descendentes das "vítimas da Revolução" nessa cidade, Françoise Laloy, "La Chapelle de Brotteaux, Histoire controversée d'un lieu de mémoire", em J. Davalon, P. Dujardin e G. Sabatier, op. cit., p. 140, n. 22.

[84] A. Wieviorka, op. cit., p. 19.

[85] Stéphane Audoin-Rouzeau, "Oublis et non-dits de l'histoire de la Grande Guerre", *Revue du Nord*, t. LXXVIII, abr.-jun. 1996, p. 364.

[86] E. Castel, op. cit., p. 115-116.

[87] J. Semprun, op. cit., p. 204.

[88] Pierre Goldman, *Souvenirs obscurs d'un Juif polonais né en France*, Paris, Seuil, 1975, 284p.

[89] *Le Monde*, 15 de junho de 1995.

[90] A. Finkielkraut, *La mémoire vaine. Du crime contre l'humanité*, op. cit., p. 40.

[91] Ver, por exemplo, F. Ringelheim, op. cit.: "ser judeu é um caráter hereditário suscetível de se perder no curso da vida. Não é suficiente apenas nascer judeu, é necessário querer continuar a sê-lo.". Na mesma obra, ver Emmanuel Lévinas: "Em nosso espírito o judeu é o homem em todo homem." (p. 11).

[92] Deixo aqui de lado, deliberadamente, as questões de ascendência, de genealogia e de alcunha.

[93] P. Nora, *Les lieux de mémoire. La Republique*, op. cit., p. xxx-xxxi.

[94] L. Aschieri vê nas toponímias os "guardiões da memória", op. cit., p. 252.

[95] P. Nora, *Les lieux de mémoire*, III: *Les France*, 1: *Conflits et partages*, op. cit., p. 20.

[96] P. Nora, *Les lieux de mémoire*, I: *La Republique*, op. cit., p. x.

[97] M. Halbwachs, *La topographie légendaire des évangiles en terre sainte*, op. cit., passim.

[98] Willem Frijhoff, "Dieu et Orange, l'eau et les digues. La mémoire de la nation néerlandaise avant l'Etat", *Le Débat*, n. 78, jan.-fev. 1994, p. 30.

[99] Michèle Schlanger-Merowa, *Lieu de mémoire, lieux d'amnésie*, Mémoire de maitrise d'ethnologie, Université de Nice, 1995, 188p.

[100] A. Muxel, op. cit., p. 45.

[101] Lisa Yoneyama, "Taming the Memoryscape", em Jonathan Boyarin (ed.), *Remaping Memory: The Politics of TimeSpace*, Minneapolis, University of Minnesota Press, 1994, 266p.

[102] Wolfgang Kaschuba, "Les Allemands, des étrangers les uns pour les autres", em D. Fabre, op. cit., p. 270.

[103] Alain Morel, "Nouveaux terrains, nouveaux problèmes", em I. Chiva e U. Jeggle, op. cit., p. 151-171.

[104] S. Schama, *Landscape and Memory*, New York, Alfred A. Knopf, 1995, p. 15.

[105] J. Bonnemaison, op. cit., p. 156-157.

175

Memória e identidade

[106] Sobre esse ponto, ver a publicação em dez volumes da revista *Autrements* sobre os lugares de memória de grupos de imigrantes: armenianos de Alfortville, argelinos de Nanterre, portugueses de Champigny, judeus da rua "des Rosiers", poloneses do norte etc.; Pierre Milza e Émile Temine (orgs.), *Français d'ailleurs, peuples d'ici*, Éditions Autrements, 1995, 10 vs.

[107] J. Bahloul, op. cit., p. 10.

[108] A. Muxel, op. cit., p. 51.

[109] M. Halbwachs, *La mémoire collective*, op. cit., p. 130 e 167.

[110] Marc Guillaume, "Intervention et strategies du patrimoine", em H. P. Jeudy (org.), *Patrimoines en folie*, op. cit., p. 17-18.

[111] D. Poulot, *Musée, Nation, Patrimoine, 1789-1815*, op. cit., p. 36.

[112] D. Poulot em D. J. Grange e D. Poulot, op. cit., p. 34.

[113] P. Nora, *Science et conscience du patrimoine*, op. cit., p. 12.

[114] J. Chesneaux, op. cit., p. 128.

[115] D. Fabre, *Par écrit. Ethnologie des écritures quotidiennes*, op. cit., p. 45.

[116] Thomas Schippers, "A la recherche du temps de cerise", *Separatdruck aus dem schweizerischen Archiv für Volkskunde*, 1991, p. 76-81.

[117] De acordo com a hipótese de Carlo Ginzburg, a ideia mesma de narração pode nascer da experiência de decifração de indícios e traços pelas primeiras sociedades de caçadores. Assim, temos talvez a origem daquilo que ele denomina paradigma indiciário: *Mythes, emblèmes, traces: morphologie et histoire*, Paris, Flammarion, 1989, p. 149.

[118] J. Derrida, op. cit., p. 3.

[119] Idem, p. xxiv.

[120] P. Ricoeur, *Temps et récits, 3: le temps racconté*, op. cit., p. 218.

[121] P. Levi, op. cit., p. 26-27.

[122] Jean Davallon, André Micoud, Cécile Tardy, "Vers une évolution de la notion de patrimoine? Reflexions à propos du patrimoine rural", em D. J. Grange e D. Poulot, op. cit., p. 202-203. A ação do *National Heritage Memorial Found* criado em 1980 é um bom exemplo de uma política patrimonial pragmática que foi definida a partir da demanda de diversos grupos. De maneira bastante simples, esse organismo deixou a herança nacional definir-se a si mesma, bela ilustração de uma concepção dita *êmica* (*vs. ética*) do patrimônio: "Nós esperávamos que aqueles que estimam possuir uma parte da herança nacional, digna de ser conservada, nos demandassem assistência" (*Annual Report*, 1980-1981, p. 8, apud Roberto Hewison, "La prise de conscience du patrimoine en Grande-Bretagne", em P. Nora, op. cit., p. 359.

[123] P. Nora, op. cit., p. 392-393.

[124] Patrick Garcia, "La célébration des vertusdu lieu", em D. J. Grange e D. Poulot, op. cit., p. 326.

[125] Jean Yves-Boursier, "Les enjeux politiques des 'Musées de la Résistance'", em D. J. Grange e D. Poulot, op. cit., p. 297.

[126] Idem, p. 302.

[127] J. Chesneaux, op. cit., p. 151. *Le Museon Arlaten* foi concebido por Mistral como o "museu da vida cotidiana e da raça de Arles". Nesse museu, tal como se apresenta ao público desde 1899, são expostos moldes de crânios da "raça provençal" (Isabelle Collet, "Les premiers musées d'ethnographie régionale em France", em Collectif, *Museologie et ethnologie*, Paris, Éditions de la Réunion des Musées Nationaux, 1987, p. 82).

[128] José Luis Garcia, *Les biens culturels dans les processus identitaires*, em D. Fabre, op. cit., p. 43.

[129] Sobre esse tema ver Verena Stolcke, "Europe: nouvelles frontières, nouvelles rhétoriques de l'exclusion", em D. Fabre, op. cit., p. 227-255.

[130] Jacques Hainard, em *Vagues. Une anthologie de la nouvelle muséologie, 2*, op. cit., p. 536. Nesse mesmo espírito Luiz Felipe Baêta Neves evoca as "ideologias securitárias" da memória (op. cit., p. 46).

[131] "Pensemos no fato de que portar o véu por uma jovem, na França, ressalta a diferença com sua vizinha que não o utiliza" (Gérard Lenclud, "Le factuel et le normatif en ethnographie. Les différences culturelles relèvent-elles d'une description", em M. O. Gonseth, J. Hainard e R. Kaehr (eds.), op. cit., p. 30).

[132] A purificação étnica da ex-Iugoslávia se estendeu em uma purificação cultural que consistiu, de um lado e de outro dos beligerantes, em destruir os lugares de memória e os objetos do patrimônio do adversário.

[133] Ver Marc Augé, *Territoires de la mémoire*, op. cit.

[134] G. Namer, op. cit., p. 180.

[135] *La muséologie selon Georges-Henri Rivière (cours de muséologie/Textes de témoignages)*, Paris, Dunod, 1989, p. 142.

[136] J.-L. Déotte, op. cit., p. 221.

[137] Freddy Raphael e Geneviève Herberich-Marx, "Le musée, provocation de la mémoire", *Ethnologie française*, XVII, n. 1, jan.-fev. 1987, p. 87-94.

[138] Krzysztof Pomian, "Nations et patrimoine", em D. Fabre, op. cit., p. 93.

[139] Sobre esse ponto, ver Jean Guibal, "La conservation du patrimoine industriel, la mémoire et l'histoire", *Le monde alpin et rhodanien*, 3-4, 1987, p. 230.

[140] Ver Jean-Michel Leniaud, *L'Utopie française. Essai sur le patrimoine*, Paris, Éditions Mengès, 1992, p. 3; ou ainda Chantal Martinet, "L'objet ethnographique est un objet historique", em Collectif, *Muséologie et ethnologie*, op. cit., p. 32.

[141] Bernard Jehl, Architecture et mémoire, *Génie urbain*, nov. 1996, p. 20.

[142] P. Veyne, op. cit., p. 27.

[143] Arthur Schnitzler, *Relations et solitudes, Aphorismes*, Paris, Rivages, 1988, apud A. Muxel, op. cit., p. 190.

[144] M. Augé, *Un ethnologue dans le métro*, op. cit., p. 32-33.

[145] J. L. Borges, *Nouveaux dialogues*, Paris, Éditions de l'Aube et Éditions Zoé, 1990, p. 30.

[146] P. Nora, *Les lieux de la mémoire*, III: *Les Frances*, 1: *Conflits et partages*, op. cit., p. 25.

[147] Ver François Boesplug, Françoise Dunand e Jean-Paul Willaime, *Pour une mémoire des religions*, Paris, La Découverte, 1996, 204p.

[148] Platão, *La République*, II, 382d.

[149] M. I. Finley, op. cit., p. 34-35. Sobre manipulações similares no século II a.C. em Roma, ver o coletivo *La mémoire perdue. A la recherche des archives oubliées, publiques et privées, de la Rome antique*, Paris, La Sorbonne, 1994, 186p.

[150] Dolf Oehler, *Le spleen contre l'oubli. Juin de 1848. Baudelaire, Flaubert, Heine, Herzen*, Paris, Payot, 1996, p. 122.

[151] Maurice Agulhon, "Les statues des grands hommes constituent-elles um patrimoine?", em D. J. Grande e D. Poulot, op. cit., p. 424.

[152] Ver I. Lewendel, op. cit., p. 276-281; ou ainda Sonia Combe, *Archives interdites. Les peurs françaises face à l'histoire contemporaine*, Paris, Albin Michel, 1994, 328p.

[153] Krzysztof Pomian, "Les archives. Du trésor de Chartres au Caran", em P. Nora, *Les lieux de mémoire*, III: *Les France*, 3: *De l'archive à l'emblème*, op. cit., p. 172.

[154] Gerard Althabe, "Le centre civique de Bucareste. De l'idée à la mémoire", *Enquête*, n. 4, 1996, p. 147-151.

[155] B. Anderson, op. cit., p. 176.

[156] P. Bourdieu, *Méditations pascaliennes*, op. cit., p. 126.

[157] P. J. Geary, op. cit., p. 51.

[158] J. Le Goff, op. cit., p. 137.

[159] P. J. Geary, op. cit., p. 138-139, 162.

[160] Idem, p. 23.

Memória e identidade

[161] Idem, p. 131.

[162] J. R. Llobera, op. cit., p. 2.

[163] Yael Zerubavel, "The Forest as a National Icon: Litterature, Politics and the Archeology of Memory", *Israel Studies*, v. 1, n. 1, primavera 1996, p. 60-99.

[164] "The Forest thus a Double redemptive meaning:it redeems the memory of the dead from the pitfall of oblivion, and it redeems the land from the afflictions it suffered during centuries of Jewish exile" (Idem, p. 63).

[165] D. Poulot, *Musée, Nation, Patrimoine.1789-1815*, op. cit., p. 12.

[166] Marc Ferro, "Les oublis de l'Histoire", *Communications*, n. 49, 1989, p. 57-66.

[167] Ver Cornelia Sorabji, "Une guerre três moderne. Mémoires et Identités em Bosnie-Herzégovine", *Terrain*, 23, out. 1994, p. 137-150.

[168] "O falecido presidente Sukarno falava sempre com uma absoluta sinceridade dos trezentos e cinquenta anos de colonialismo que havia suportado a Indonésia, mesmo que a ideia de uma "Indonésia" seja uma invenção do século xx e que os holandeses tivessem conquistado o essencial da atual Indonésia entre os anos 1830 e 1910" (B. Anderson, op. cit., p. 25).

[169] R. Bastide, op. cit., p. 238-241.

[170] J. Bouju, op. cit., p. 111, n. 58.

[171] Annie E. Coombes, *Reinventing Africa. Museums, material culture and popular imagination in late Victorian and Edwardian England*, New Haven e Londres, Yale University Press, 1994, 280p.

[172] E. Conan e H. Rousso, op. cit., p. 29. O colapso progressivo das memórias gaulistas e comunistas a partir de 1968 está na origem do "retorno da memória" do período da Ocupação desde o começo dos anos 1970.

[173] Jean-François Forges, *Éduquer contre Auschwitz. Histoire et Mémoire*, Paris, Éd. ESF, 1997, p. 23.

[174] Ver Jean-Luc Einaudi, "Octobre 1961, un massacre au coeur de Paris", *Hommes et migrations*, n. 1175, abr. 1994, p. 35-40.

[175] Pierre Nora observa que a República, desde sua origem, se caracterizou por um investimento memorial profundo "e pela construção sistemática de uma memória por vezes autoritária, unitária, exclusivista, universalista e intensamente passeísta", fenômeno consubstancial a sua definição de identidade (*Les lieux de mémoire*, I: *La République*, p. 652 e 654), que pode explicar as circunlocuções do "discurso identitário nacional" quando se trata de falar dos massacres da Vendeia (B. Bucher, op. cit., p. 284-291).

[176] F. Raphaël e G. Herberich-Marx, op. cit., p. 93.

[177] Philippe Julien, "Blessures de mémoire. La transmission d'une identité", *Études*, maio 1995 (3.825), p. 609-616.

[178] J. Le Goff, *Histoire et Mémoire*, op. cit., p. 10.

[179] M. Halbwachs, *Les cadres sociaux de la mémoire*, op. cit., p. 169. Sobre esse aspecto, ver igualmente E. Hobsbawm, op. cit., p. 187-188; ou ainda J. Favret-Saada, op. cit., p. 3-10. Toynbee, em um capítulo do *L'histoire* intitulado "A relatividade do pensamento histórico" (op. cit., p. 22-38), dá vários exemplos dessa adaptação da história às exigências do tempo presente. Ele afirma, assim, que o nacionalismo explica o "ponto de vista nacional" dos historiadores ocidentais modernos – dá o exemplo da obra de Camille Jullian: *De la Gaule à la France. Nos origines historiques*, publicado em 1922.

[180] L. Valensi, op. cit., p. 498.

[181] Ver a obra de Martin Bernal, *Black Athéna. Les racines afro-asiatiques de la civilisation classique*, I: *L'invention de la Grèce antique*, Paris, PUF, 624p.

[182] Antoine Prost, *Douze leçons sur l'Histoire*, Paris, Seuil, 1996, p. 299 e 305. Uma expressão espetacular do diálogo contemporâneo entre memória e história foi, de 19 de dezembro de 1996 a 7 de abril de 1997, a exposição *Face à História (1933-1995). O artista moderno face ao acontecimento histórico: engajamento, testemunho, visão*, no Centro Georges Pompidou (Paris).

178

O jogo social da memória e da identidade (2)

De fato, da imaginação dos artistas expostos à memória, a distância é mínima: a obra de arte é ato de memória (por sua criação o artista fixa um traço do acontecimento) e ato para a memória (esse traço tem vocação à posteridade e é transmitido às gerações seguintes). Constata-se que o olhar que o artista traz sobre a história tem todas as características do trabalho feito pela memória comum sobre os acontecimentos históricos: ele deforma, seleciona, esquece, engrandece: a exposição por si própria dá uma continuidade aos acontecimentos caóticos, exatamente como faria um indivíduo contando sua vida.

[183] Daniel Jonah Goldhagen, *Les bourreaux volontaires de Hitler. Les Allemands ordinaires et l'Holocaust*, Paris, Seuil, 1997, 588p.

[184] P. Nora, *Les lieux de mémoire*, III: *Les France*, I: *Conflits et partages*, op. cit., p. 35.

[185] Cuja comemoração, se acreditarmos nas pesquisas (*Le Monde*, 19 de setembro de 1996), dividiu os franceses em algo como duas metades, o que é surpreendente para um acontecimento datando mil e quinhentos anos.

[186] Ver Benjamin Stora, *Imaginaires de guerre. Algérie-Vietnam em France et aux États-Unis*, Paris, La Découverte, 1997, 252p.

[187] Jorge Semprun, *Vous avez une tombe au creux des nuages*, Paris, Éd. Climats, 1995, p. 94.

[188] Amin Maalouf, *Les croisades vues par les Arabes*, Paris, Lattés, 1983, p. 304-305. Sobre o significado identitário (identidade política, religiosa, nacional) da ausência das palavras "Cruzadas" e "Cruzados" na historiografia muçulmana medieval e sua ocorrência cada vez mais frequente depois de 1945, ver P. Connerton, op. cit., p. 15-16.

[189] Denis Lacorne, "Des Pères fondateurs à l'Holocauste. Deux siècles de commémorations américaines", *Le Débat*, jan.-fev. 1994, n. 78, p. 80.

[190] M. I. Finley, op. cit., p. 43.

[191] François-Xavier Guerra, "Mémoire en devenir, Amérique Latine, XVI-XX siècle": Colloque International *Les enjeux de la mémoire*, Paris, 1-3 dez. 1992, Association Française des Sciences Sociales pour l'Amérique Latine, Bordeaux, Maison des Pays Ibériques, 1994, p. 11.

ESGOTAMENTO E COLAPSO DAS GRANDES MEMÓRIAS ORGANIZADORAS

"O que foi acreditado por todos, sempre e em todos os lugares, parece não valer mais grande coisa".[1]

"[...] os antigos deuses envelheceram ou morreram e ainda não nasceram outros".[2]

Sabemos a importância da assimilação de uma estrutura (seja ela qual for) nos fenômenos de memorização. Por exemplo, a relação especial entre os números e a memória é baseada na capacidade ilimitada dos números "combinarem-se de acordo com estruturas de grande profundidade".[3] De igual forma, a musicalidade das palavras inspira os recém-nascidos, que parecem detectar a estrutura abstrata de sua língua materna e, por essa razão, conseguem memorizá-la. Não poderíamos supor que a força das memórias – quer dizer, sua capacidade de organizar identidades coletivas – dependerá da aptidão de uma sociedade em propor a seus membros estruturas memorizáveis suficientemente explícitas e compreensíveis? Essas memórias fortemente estruturadas existem e desde muito tempo são objeto de estudo por parte dos antropólogos. Sperber viu nos contos e mitos "objetos ótimos para a memória humana", sem os quais teriam sido esquecidos.[4] É em boa medida à estrutura da narrativa que eles devem o poder de serem memorizáveis.[5] Joëlle Bahloul recolheu, junto de seus informantes, uma memória longamente elaborada e transmitida, "provavelmente formada na tradição judaica da narrativa de contos e lendas, como se

Memória e identidade

estes fornecessem modelos narrativos para a reconstrução memorial da experiência".[6] A trama narrativa dos mitos africanos, afirma Ballandier, permite evitar as turbulências da história porque ela justifica uma ordem, uma unidade e um poder – Sperber diria que ela fornece uma "estrutura de autoridade" –[7] que busca garantir a continuidade histórica. O que constituiu a força da memória da vida de Cristo e de sua morte, lembra Halbwachs, foi ter sido vinculada a uma doutrina, "quer dizer, a uma ideia que existia em um grupo e que sobreviveu a ele próprio".[8] Doutrinas, contos, relatos, mitos inscritos em uma trama narrativa, são as pedras angulares de memórias fortemente estruturadas que contribuem, no interior de um grupo ou de uma sociedade, para orientar duravelmente as representações, crenças, opiniões e para manter a ilusão de seu compartilhamento absoluto e unânime. Essas grandes categorias organizadoras de representações identitárias coletivas são mais eficazes quando dispõem, dispersos em todo o corpo social, de meios de memória: escola, igreja, Estado, família, que com suas práticas e ritos diversos difundem e fazem viver essas grandes memórias organizadoras. Do final do século xix à metade do século xx, foi esse o caso da escola laica que, através de manuais e revistas, populariza a memória republicana e a ideia de que era "preciso conferir uma prioridade absoluta aos valores sociais que transcediam os indivíduos":[9] formação do cidadão e moral do dever; promoção de valores comunitários, republicanos e patrióticos, a ponto de vangloriar "a ardente paixão da liberdade e igualdade que era já há dois mil anos a alma dos gauleses, nossos pais".[10] Foi ainda esse o papel das comemorações consagradas a manter a "cultura da guerra"[11] dos anos 1914-1918 ou, igualmente, o papel desses meios de interconhecimento que, tal como a família, asseguram ainda hoje a transmissão de um tempo familiar ou da coletividade que corresponde a uma *memória longa.*[12]

Nos capítulos anteriores, dei vários exemplos desses ritos e práticas alicerçados sobre memórias fortes. Eles parecem garantir a transmissão de todo um *corpus* memorial (crenças, representações, doutrinas, saberes, protomemória) mobilizado em seguida para organizar e orientar as identidades coletivas. Levando em consideração essa capacidade da tradição em transmitir conteúdos fortemente estruturados, logo facilmente memorizáveis e próprios a serem compartilhados – mesmo que superficialmente – por muitos, numerosos pesquisadores avançaram na hipótese de uma mudança radical trazida pela modernidade: nas sociedades contemporâneas, as estruturas a memorizar e as estruturas de recordação coletiva se tornariam muito vagas, numerosas e complexas a ponto de sua aquisição e assimilação serem, doravante, bastante aleatórias. Ao mesmo tempo, isso justificaria a constatação de "identidades em delírio"[13] que fariam eco às memórias e aos "patrimônios em delírio". Como corolário, se isso é verdade, as retóricas holistas tenderiam a perder atualmente toda sua pertinência.

O REFRÃO DA REGRESSÃO MEMORIAL E IDENTITÁRIA

O recuo e mesmo a perda de grandes referências memoriais é um tema recorrente em grande parte da literatura consagrada às Ciências Humanas e Sociais. É fácil fazer um verdadeiro florilégio de análises que vão nesse sentido e, na maior parte das vezes, com tendência a condenação. Baêta Neves Flores evoca "a perda da capacidade de organizar o mundo" e uma "ausência de taxonomia que se torna insuportável sob o ponto de vista do indivíduo e do grupo".[14] "Fala-se tanto em memória porque ela já não existe mais", observa Pierre Nora, evocando a perda de equilíbrio provocada pela "conclusão de algo desde muito tempo começado".[15] Isso é o que corresponde ao desaparecimento de "um princípio explicativo único" e ao retrocesso de "memórias unitárias": antes sabíamos de quem éramos filhos, ao passo que hoje somos "filhos de ninguém e de todo mundo".[16] No quadro de um processo geral de individualização da memória, observa-se a multiplicação de

Memória e identidade

"memórias particulares que reclamam sua própria história. É imperativo recordar-se, mas "sou eu quem deve recordar e sou eu quem recorda. A metamorfose histórica da memória se reduziu a uma conversão definitiva à psicologia individual".[17] Atualmente, em razão da "atomização de uma memória geral em uma memória privada", é sobre o indivíduo apenas que pesa de maneira insistente e indiferenciada a obrigação da memória. Cada homem particular se considera depositário de uma "memória-dever" que "obriga a recordar e recobrir de pertencimento o princípio e o segredo da identidade".[18] Na ausência de grandes memórias organizadoras, cada indivíduo toma seu próprio caminho e isso resulta em memórias fragmentadas. Nas sociedades modernas, argumenta Danièle Hervieu-Léger, cada um "pertence a uma pluralidade de grupos: a dissociação funcional de sua experiência pessoal impede o acesso a uma memória unificada, que nenhum grupo tem a possibilidade de construir encerrado em sua esfera de especialização".[19] Tomando como exemplo a religião, a autora levanta a hipótese de que em um contexto de "instantaneidade e pulverização da memória", um grupo não pode mais "se reconhecer a si próprio como pertencente a uma *linhagem mística* que se encarrega de prolongá-lo no futuro".[20] Ela se aproxima aqui das teses de Yosef Yerushalmi, pois, de acordo com esse autor, é porque se desmanchou "a meada comum da fé e das práticas", graças aos fios nos quais o passado se tornava presente, que se observa hoje um declínio relativo da memória coletiva judaica.[21]

Isso nos leva a pensar nesse momento particular pressentido por Halbwachs, "quando a memória de uma sequência de acontecimentos não tem mais um grupo como suporte, [...] quando ela se dispersa em alguns espíritos individuais, perdidos nas sociedades novas nas quais esses fatos não interessam mais porque são decididamente exteriores a elas...".[22] É nesse quadro que a reivindicação patrimonial diversa, dividida, multiforme, deve ser interpretada: ela é o fiel reflexo da diversidade e da variedade de lógicas identitárias.[23] Por consequência, não se deve deixar enganar com o significado da devoção patrimonial contemporânea. Longe de significar um retorno em direção às grandes memórias organizadoras, ela confirma, ao contrário, seu distanciamento daquelas, pois "interrogar uma tradição, por mais venerável que ela seja, significa não se reconhecer como portador da mesma".[24] O tempo dos lugares, acrescenta Nora, corresponde ao momento preciso "quando um imenso capital que vivemos na intimidade de uma memória desaparece para viver apenas sob o olhar de uma história reconstituída".[25]

Todo um arsenal de argumentos, figuras retóricas e noções diversas são utilizados para dar conta dessa evolução, considerada mais como uma verdadeira mutação e, inclusive, como uma "fratura".[26] A modernidade (incluindo a "pós-modernidade" ou a "sobremodernidade") seria, a partir de então, indiferente aos profetas, marcada pela negação do sagrado, pelo desencantamento do mundo, pelo desprezo ao religioso, pelo ocaso dos deuses e a retomada das observâncias. Outros evocarão a perda da densidade ou o fim das memórias monopolizadoras em benefício de memórias híbridas,[27] a "desestabilização de todas as memórias autorizadas",[28] o "deslocamento pura e simplesmente de toda outra memória que não seja imediata e funcional",[29] a "derrota da memória",[30] a crise de identificações locais e identificações de linhagem,[31] o retrocesso das visões totalizadoras, o descrédito das referências centrais, a diluição do sentimento coletivo, o caráter de inautenticidade dos contatos interpessoais e de nossa relação com o passado. Descreveremos ainda o fim das grandes narrativas, a corrosão dos grandes mitos fundadores, as ideologias caindo em desuso, o desmantelamento das memórias oficiais, a desintegração do tecido social, a passagem dos indivíduos da heteronímia à autonomia, a emergência de ordens improváveis, o refluxo das "simbolizações unificadoras",[32] o desenvolvimento de uma "espécie de agnosticismo trivializado",[33] o colapso das "retóricas intermediadoras"[34] (cosmologias tradicionais, mas também sindicatos ou partidos), o fim da história (Fukuyama), a "crise das grandes utopias transformadoras",[35] o desaparecimento dos grandes paradigmas unificadores (marxismo, psicanálise, estruturalismo) etc.

Memória e identidade

Na maior parte das vezes, essa mutação é relacionada com as profundas transformações na relação que nossas sociedades mantêm com o tempo: alienação do sentido de duração, economia do tempo e temporalização da economia, tempo social sobreprogramado, desrealização temporal provocada pela proliferação de imagens e irrupção do virtual etc., e tantos outros diluidores de memórias e identidades coletivas. Uma sociedade mal colocada em relação ao tempo é também uma sociedade mal colocada em relação ao sentido que se forma sempre "na relação do antes e depois, do passado e do futuro",[36] quer dizer, numa relação com a memória. Hervieu-Léger considera que a geração fim de século "é a primeira geração pós-tradicional, a primeira que se encontra em uma situação de incertezas estruturais, caracterizada pela mobilidade, reversibilidade e mudança de todas as referências".[37] Essa incerteza estrutural é subjacente na descrição que faz Pierre Bourdieu de situações de desajustes que conhecem as sociedades modernas, geradoras de tensões e frustrações: "acabaram-se para sempre esses universos nos quais a coincidência quase perfeita de tendências objetivas e expectativas fazia da experiência do mundo um encadeamento contínuo de antecipações confirmadas".[38] Atualmente, a tradição não é mais legítima *a priori*[39] e por essa razão o homem está cada vez mais "sem razão de ser".[40] Da heterocultura de Jean Poirier à heterologia cultural de H. P. Jeudy, os pontos soltos dos marcos de memória são considerados por vezes como sinais e fatores do enfraquecimento das grandes memórias organizadoras. As versões públicas de representações, tais como descritas por Sperber, são substituídas por inumeráveis versões privadas que revelam um labirinto e uma desordem.[41] Tem lugar assim o que Gérard Namer aponta como hegemonia contemporânea de "memórias sem passado longínquo, sem ligação entre elas: memórias centrífugas, memórias anômicas",[42] quase memórias-muletas, todas autolegitimadoras. As sociedades parecem passar de uma memória "passível de usufruto público" para retomar uma fórmula que Luiz Felipe Baêta Neves Flores aplica ao patrimônio cultural,[43] a uma memória dedicada ao usufruto privado, memória individual ou memória confinada ao interior de grupos muito restritos. O processo de desregulação das memórias autorizadas favorece a "efervescência de fraternidades eletivas"[44], que serão plurais. Essa incerteza memorial está na origem de uma "incerteza identitária".[45] Atualmente, afirma Kilani,

> a maior parte das configurações, por intermédio das quais as pessoas estabelecem relações nos mais diferentes meios ou domínios e produzem sentidos, não estão mais subordinadas a tipos societais e não são mais consideradas como estruturalmente construídas [...]. Tal é o caso do parentesco, da congregação religiosa, da etnia, da identidade, da história, da memória, da crença etc.[46]

Aproximamo-nos aqui das teses de Michel Oriol quando ele analisa a incapacidade crescente do Estado – um "meio de memória", de acordo com Nora – de se dizer lugar legítimo da expressão de todos. O que aparece no reverso dessa impotência

> não é a emergência de uma forma mundializada de existência coletiva, é o reforço da possibilidade de dizer seu pertencimento, de promovê-lo, desenvolvê-lo, reivindicá-lo independentemente da legitimidade oficial. Em outros termos, o enfraquecimento da totalização institucional comporta não o aparecimento de outros modos de totalizações objetivas – o proletariado universal, a humanidade em sua universalidade concreta –, mas a promoção da totalização existencial, a capacidade mais clara, mais consciente para os sujeitos de sistematizar as escolhas essenciais da vida pessoal em termos de identidade. O casamento, a profissão, o lugar de residência, a língua, se vinculam mais claramente a uma decisão de pertencimento à qual sem dúvida o ambiente condiciona as possibilidades e fornece os recursos, mas que não é suficiente para assim definir de maneira irrevogável.[47]

Em síntese, o discurso metamemorial dominante parece admitir a ideia de desaparecimento das grandes memórias coletivas em benefício de um tipo de "balcanização memorial",[48] o que se pode constatar muitas vezes sob forma de lamento. Nas sociedades modernas, não

Memória e identidade

haveria mais memórias preponderantes que atuariam como formas organizadoras da sociedade, toda memória seria "babeliana", cada uma sendo intrínseca e irrevogavelmente estranha à outra. As memórias contemporâneas seriam mosaicos sem unidade, feitas de fragmentos das grandes memórias organizadoras que foram despedaçadas, de pedaços compostos, restos divergentes, traços heterogêneos, testemunhos opostos, vestígios incoerentes.

É certo que, após essa enumeração, pensa-se imediatamente em James Clifford quando ele diz que é mais fácil assinalar a perda de ordens tradicionais "do que perceber a emergência de novas".[49] Entretanto, parece difícil não levar em consideração essa constatação massiva de um retrocesso de grandes memórias organizadoras, pois isso fica atestado por inúmeros indicadores. Citarei apenas dois que mostram bem o fato de que, atualmente, o espaço abandonado por essas grandes memórias é progressivamente ocupado por memórias "em migalhas".[50] É significativo que, após alguns anos, se multipliquem os trabalhos etnográficos cuja ambição é a de abarcar, em seus mínimos detalhes, as inumeráveis singularidades da sociedade francesa: balizas de desfiles, torcedores de clubes futebolísticos, genealogistas, diaristas, meios aristocráticos, entomologistas etc. A disciplina etnológica, desse ponto de vista, é um bom espelho da França contemporânea, onde coexistem e se justapõem memórias e identidades plurais. Pode-se ver outro sintoma do recuo das grandes memórias organizadoras no desaparecimento da cultura religiosa que afeta a compreensão das obras de arte:[51] por ocasião da retrospectiva de Nicolas Poussin no Grand Palais em 1994, inúmeros visitantes não reconheceram a figura da Virgem em alguns quadros e revelaram uma ausência de conhecimentos bíblicos e pictóricos, o que seria, sem dúvida, impensável tempos atrás. De fato, na França de hoje, a única memória que se manifesta com força e na maior parte das vezes sob forma de conflito é a memória da ocupação e da deportação. Longe de ser unificadora, ela reforça a fragmentação do corpo social, provocando linhas de fratura no interior mesmo dos partidos mais estruturados.[52] Paradoxalmente, essa memória é mais contemporânea do que era nos anos 1970, no sentido de que é mais presente e até mesmo onipresente.

O retrocesso das grandes memórias organizadoras parece, portanto, dificilmente contestável. Como consequência, não é surpreendente que o discurso metamemorial – do qual já foram dadas inúmeras ilustrações – veicule essa constatação com certa complacência. Entretanto, por vezes parece que esse discurso superestima o fenômeno e contribui para acentuá-lo. Isso se deve à incapacidade crescente das sociedades modernas em enfrentar a perda ou alteração, o que as conduz a petrificar o passado a fim de salvaguardá-lo e, por isso mesmo, perdê-lo mais ainda.

MEDO DA PERDA, MEMÓRIAS E IDENTIDADES PETRIFICADAS

A perda é um dado antropológico universal: desde o nascimento, irremediavelmente e sem esperança de domesticá-la, todo ser humano faz dela sua companhia obrigatória, abandonando sucessivamente a juventude, a saúde, os amigos, os pais, os amores, as ilusões e ambições, antes de perder-se a si próprio. A maneira pela qual os grupos e indivíduos fazem frente à perda nos informa sempre sobre o jogo da memória e da identidade no interior da sociedade considerada, em particular quando se trata de heranças do passado. Se hoje o discurso metamemorial se apoia de maneira quase obsessiva sobre a fragmentação das memórias organizadoras, isso tem, ao menos por um lado, um efeito de perspectiva. Queremos tudo abraçar de nosso passado e sem dúvida prestamos mais atenção do que antes ao que já foi perdido. Por essa razão, não podendo tudo guardar, é despertado em nós um sentimento de dispersão, de esfacelamento daquilo que é impossível captar em sua totalidade. Por outro lado, se o que é transmitido não

Memória e identidade

é estruturado é porque, obcecados pela perda, queremos tudo transmitir sem hierarquia nem discernimento. "Nossa sociedade não teme mais submergir no passado, mas perdê-lo", observa Antoine Prost. "Desembaraçar-nos dele se torna impossível. Destruí-lo, mais ainda".[53] Encontramos aqui a função essencial exercida pelo museu, que é de "salvaguardar o patrimônio de sua degradação física e do esquecimento, de torná-lo imortal".[54] É preciso então tudo "conservar", correndo o risco de desnaturalizar aquilo que pretendemos salvar. Para retomar a célebre distinção de Alois Riegl,[55] a relação contemporânea com o passado seguiu o mesmo caminho que aquela que, no meio do século XIX, conduziu do monumento ao monumento histórico, seja a passagem de uma memória viva, em relação direta com os acontecimentos memorizados, a uma memória mais fria, mais intelectualizada também, caracterizada por um distanciamento do passado rememorado.

O risco de desnaturalização é inerente a esse projeto de conservação. A partir do momento no qual Joëlle Bahloul anunciou a seus informantes que ela queria escrever um livro alimentado pelas memórias da Casa de Dar-Refayil, caiu na armadilha de sua indiscrição. "A Casa tinha se transformado em livro, por um tempo" e ela mesma havia se tornado a escriba de uma tradição essencialmente oral. "A etnografia tornava-se *ditada* e a etnóloga, uma aluna atenta que evita os erros ortográficos." O projeto etnográfico, vinculado à natureza não literária e não erudita dessa cultura, "estava a ponto de modificar e talvez desnaturalizar seu objeto de investigação".[56] A "colocação em palavras" se torna então em uma "sentença de morte". Um costume não pode ser cristalizado, argumenta Hobsbawm, porque a vida também não o é. De fato, uma tradição petrificada é uma tradição que morre, e se a tradição não é mais legítima *a priori* isso se deve também ao fato de que, ao querer conservá-la, nós a despojamos daquilo que era sua força. Pretender estabilizar através da escrita a tradição dogon é não apenas correr o risco de sua redução e empobrecimento,[57] mas também impedir o trabalho normal da memória. É impedir ao mesmo tempo a

190

Esgotamento e colapso das grandes memórias organizadoras

continuidade dessa tradição como um recurso poderoso e vivo para a identidade dogon.[58]

Da mesma forma que é impossível ter acesso plenamente à memória falada dos gregos – e, portanto, à alma grega – através da epopeia de Homero porque ela foi um dia "cristalizada pela escrita e impedida da variação",[59] toda memória petrificada tende ao fechamento em si. Porque se quer autorizada, não está disponível para as interpretações sucessivas que caracterizam toda memória viva e já não assegura o trabalho que, no decorrer das gerações, seleciona o que é admitido pelo grupo e o que deve ser rejeitado. Por essa razão, as chances de que venha a ser compartilhada se reduzem consideravelmente. Marcel Detienne define o primeiro ato fundamental da memória compartilhada como a repetição de um saber, não de maneira mecânica, mas sob a forma da variação,[60] o que demonstra a pesquisa de Jack Goody sobre a tradição do *Bagré* entre os lodagaas no norte de Gana. Finalmente, menos que a quantidade de memória oferecida,[61] observa Richard Marienstrass, o que importa é a capacidade dessa memória em criar laços entre os homens. Por isso é necessário

> que ela seja criativa e mediadora e que dela participem todos os membros da comunidade. Mas a memória é cada vez menos isso. A técnica, de fato, nos eximiu do papel de sermos nós mesmos depositários vivos da memória e nos remetemos cada vez mais a essas memórias sempre disponíveis, ainda que mortas – ou disponíveis porque mortas.[62]

O mesmo risco de desnaturalização acompanhou os projetos de conservação da memória dos mineiros do norte da França. Essa memória de lutas e sacrifícios da corporação se nutre de estereótipos que apresentam o mineiro como um "ser corajoso, amante de seu trabalho, vinculado à mina e ao bairro operário no qual vive". Essa memória participa da construção de uma identidade social e cultural "estatuária" que os torna inaptos a toda adaptação ao presente e ao futuro. Prisioneiros de uma metamemória – a mitologia de sua profissão, a da grande família de mineiros –, esses sujeitos

Memória e identidade

não têm a sua disposição mais do que um discurso petrificado, uma imagética heroica e uma crença em promessas já esquecidas. Munidos de sua dignidade, eles denunciam os descasos em relação a eles, defendem suas vantagens adquiridas e tornam-se guardiões hipersensíveis de um futuro museu industrial. A moral os homenageia. A realidade os maltrata.[63]

Eles sofrem com suas histórias porque aceitaram representar o papel a eles atribuído por outros: deixaram-se reduzir à memória esclerosada produzida por certos mecanismos institucionais e ideológicos. Essas memórias fossilizadas, museificadas, contribuem ao enrijecimento das identidades sociais e culturais a ponto de, por vezes, necrosá-las, dando-lhes, depois, a rigidez dos cadáveres.

MEMÓRIAS E IDENTIDADES VIVAS, ASSUNÇÃO DA PERDA

"O que persiste é sempre o que se regenera".[64]

Sobre a placa depositada embaixo do novo monumento aos mortos de Biron (Dordogne), construído por Jochen Gerz em 1996, pode-se ler:

> Esta obra é constituída pelo antigo monumento aos mortos restaurado em pedra da Dordogne e de placas esmaltadas, reproduzindo as respostas dos habitantes de Biron a uma mesma questão secreta colocada pelo artista. "O monumento vivo de Biron", inaugurado em 13 de julho de 1996 com 127 placas, está em perpétua criação, pois as respostas dos futuros habitantes a ele serão acrescidas. Assim, o antigo monumento aos mortos, tal como a memória, não cessará de mudar.

Esse monumento é para mim uma excelente metáfora de uma memória e identidade vigorosas. Longe de querer fixar *ad vitam aeternam* a memória dos mortos da cidade, a obra de Gerz acompanha os movimentos da vida. Essa memória dos mortos é uma memória viva,

192

Esgotamento e colapso das grandes memórias organizadoras

aberta, mutável, que não teme afrontar a perda: o antigo monumento aos mortos foi *destruído* para que se pudesse erigir o novo. Ali se encontra o sinal de uma identidade local e cidadã também muito viva, sempre em alteração, pronta a seguir o curso normal da memória.

Hoje, numerosas memórias são destruídas ou elas próprias desaparecem. É o caso daquelas que denominei como grandes memórias organizadoras. Mas, ao mesmo tempo, outras memórias nascem menos expansivas, mais particulares, mas frequentemente abundantes e robustas, seja no movimento associativo, no esporte[65] (os torcedores marselheses não seriam um meio de memória? Por acaso o OM* não se tornou ele próprio um importante recurso identitário?), a política, o mundo do espetáculo e tantos outros domínios. Essas memórias são os fundamentos de identidades em recomposição, que na maior parte do tempo hesitam entre as tentações hegemônicas e o consentimento a um tipo de relativismo memorial. Opor radicalmente um período contemporâneo que seria caracterizado pelo desmantelamento de "coletividades-memória", por "sociedades-memória",[66] a um passado em que a comunidade compartilhava intimamente uma memória viva é ceder, por consequência, à quimera de uma espécie de grande compartilhamento histórico que, se não é totalmente falso, também não é totalmente verdadeiro. Não há sociedades que sejam absolutamente imóveis, e hoje é diferente de ontem como ontem diferia de antes de ontem, mesmo que seja incontestável que as mudanças se aceleram. Em 1912, Durkheim já evocava em *As formas elementares da vida religiosa* uma forma de desencantamento do mundo que se pode comparar ao desaparecimento de um meio de memória. Mas um certo desencantamento é com frequência concomitante a um reencantamento, como observa Marc Augé.[67] De fato, não é tanto do desaparecimento dos meios de memória que seria importante falar, mas de sua transfor-

---

* N. T.: Abreviação para Clube Olympique de Marselha.

Memória e identidade

mação: enquanto durante muito tempo certos membros da sociedade (o ancestral, o chefe, o antigo combatente) eram reconhecidos como os únicos portadores legítimos da memória e identidade coletiva, hoje essa situação se modifica, e esses sujeitos perderam seu monopólio. Há cada vez mais indivíduos se autoproclamando guardiões da memória de seu grupo de pertencimento ou de afiliação (tendências nacionalistas, atritos identitários de toda natureza, multiplicações de regiões, províncias, estados etc.). Por isso mesmo a produção de memórias se torna mais abundante, mais dispersa e fragmentada, por vezes inesperada,[68] com frequência menos visível e menos espetacular que no tempo das grandes "sociedades-memória", quando, por exemplo, era mais fácil colocar-se de acordo sobre os lugares e grandes relatos suscetíveis de converterem-se em objeto de um consenso memorialista. Essa produção não é menos real e expressa bem o dinamismo do conjunto do corpo social. Cabe ao antropólogo fazer o inventário das novas formas com as quais se revestem as memórias mutáveis, móveis, eletivas, não tão grandes e menos fortes que as de antigamente, mas sempre vivas, tanto no presente como no passado, em nossa sociedade como em outras.

Quer se trate da memória e identidade *bocaine*,[69] em que se conjugam sempre e habilmente inscrições no mito da Vendeia e adaptação aos desafios presentes, ou daquelas do povo de Minot, que nunca foram prisioneiras do passado; da reconfiguração das memórias confessionais e redefinições identitárias que estão na origem da renovação da religião local na Espanha,[70] ou ainda a maneira original com a qual a identidade dos índios de Otavalo, em suas múltiplas variações, apela para uma "memória têxtil"[71] para assegurar sua vitalidade, vemos em cada exemplo que as heranças memoriais são recursos de significações que, cada um a seu modo e sempre com uma intensa criatividade, grupos e indivíduos vêm mobilizar para revificar suas identidades.

Compreender e aceitar isso é aceitar perder o antigo para que o novo possa nascer. Nas sociedades modernas, o lugar da perda está reduzido a sua porção congruente – pensemos naquela que outorgamos à morte.[72] Sem dúvida, elas devem voltar a aprender a assumi-la. No domínio da memória, da identidade e do laço social, eu sustento que essa assunção supõe uma reabilitação da falta e da ausência (sem as quais não pode haver desejo) do tempo morto, das "durações livres"[73] e da incompletude: aceitar ter que fazer escolhas em nossas heranças, reconhecer que a totalidade das memórias nos é inacessível, admitir nossa radical individualidade e a impossibilidade definitiva de um compartilhamento absoluto com o Outro é, talvez, a única maneira de reconstruir as memórias que não serão mais hegemônicas,[74] mas pelo menos sólidas e organizadoras de um laço social em condições de repudiar toda ideia de submissão.

NOTAS

1 Paul Valéry, *Regards sur le monde actuel*, Paris, Gallimard, 1945, p. 175.
2 E. Durkheim, op. cit., p. 610-611.
3 Thomas Crump, *Anthropologie des nombres. Savoir-compter, cultures et societés*, Paris, Seuil, 1995, p. 65.
4 D. Sperber, *La contagion des idées*, op. cit., p. 103.
5 Jacques Barou, "Civilisation de l'écrit, culture de l'oralité", *Informations sociales*, n. 59, p. 21; D. Sperber, *Le symbolisme en général*, op. cit., p. 91.
6 J. Bahloul, op. cit., p. 206.
7 D. Sperber, *La contagion des idées*, op. cit., p. 133.
8 M. Halbwachs, *La topographie légendaire des évangiles en terre sainte*, op. cit., p. 125.
9 Claude Carpentier, "L'école de la III République fait sa généalogie: l'exemple de la *Revue pédagogique*", *Revue du nord*, t. LXXVIII, out.-dez. 1996, p. 954.
10 C. Bigot, "L'enseignement patriotique dans les écoles primaires", *Revue pédagogique*, 1884, apud C. Carpentier, op. cit., p. 957.
11 S. Audoin-Rouzeau, op. cit., p. 356.
12 F. Zonabend, op. cit., p. 307-308.
13 Llorenç Prats, "Invention de la tradition et construction de l'identité en Catalogne", em D. Fabre, *L'Europe entre cultures et nations*, op. cit., p. 33.
14 L. Baêta Neves Flores, op. cit., p. 47.
15 P. Nora, *Les lieux de la mémoire*, I: *La République*, op. cit., p. XVII.
16 Idem, p. XXXII.
17 Idem, p. XXIX.
18 Idem, p. XXX.
19 D. Hervieu-Léger, op. cit., p. 186.
20 Idem, p. 187.

195

Memória e identidade

[21] Yosef Yerushalmi, *Zakhor. Histoire juive et mémoire juive*, Paris, La Découverte, 1984, p. 110.

[22] M. Halbwachs, *Les cadres sociaux de la mémoire*, op. cit., p. 69.

[23] P. Nora, *Les lieux de mémoire*, III: *Les France*, op. cit., p. 1010.

[24] P. Nora, *Les lieux de mémoire*, I: *La République*, op. cit., p. XXI.

[25] Idem, p. XXIII. Aqui, como em muitos de seus textos, Pierre Nora se aproxima de Halbwachs: "A História começa quando termina a tradição" (*La mémoire collective*, op. cit., p. 68). Os dogmáticos, afirma Halbwachs em *Les cadres sociaux de la mémoire*, "não se preocupam em 'reviver' o passado, mas de se conformar com seu ensinamento" (p. 203).

[26] P. Nora, op. cit., p. XXXI-XXXII.

[27] Ver G. Balandier, *Le dédale*, op. cit., p. 39-71.

[28] D. Hervieu-Léger, op. cit., p. 254.

[29] C. Lévi-Strauss, *Anthropologie structurale*, op. cit., p. 400-401.

[30] G. Balandier, op. cit., p. 245.

[31] D. Hervieu-Léger, op. cit., p. 185.

[32] G. Balandier, op. cit., p. 175.

[33] Idem, p. 208.

[34] M. Augé, *Pour une anthropologie des mondes contemporains*, op. cit., p. 134.

[35] Emmanuel Terray, *Le troisième jour du communisme*, Actes Sud, 1992, p. 6.

[36] J.Chesneaux, op. cit., p. 79-80.

[37] D. Hervieu-Léger, op. cit., p. 241.

[38] P. Bourdieu, *Méditations pascaliennes*, op. cit., p. 276.

[39] P. Bouju, op. cit., p. 117.

[40] P. Bourdieu, op. cit., p. 282.

[41] "A modernidade é o movimento mais a incerteza" (G. Ballandier, *Le désordre*, op. cit., p. 161).

[42] G. Namer, op. cit., p. 89.

[43] Luiz Felipe Baêta Neves Flores, op. cit., p. 48.

[44] D. Hervieu-Léger, op. cit., p. 228.

[45] G. Balandier, *Le dédale*, op. cit., p. 18.

[46] M. Kilani, op. cit., p. 25.

[47] M. Oriol, op. cit., p. 50.

[48] Jean-Michel Leniaud, "La mauvaise conscience patrimoniale", *Le débat*, n. 78, jan.-fev. 1994, p. 169.

[49] J. Clifford, op. cit., p. 23.

[50] D. Hervieu-Léger, op. cit., p. 183.

[51] *Le Monde*, 11 de maio de 1996.

[52] Penso aqui nas divisões que foram expressas no interior por ocasião do processo Papon a respeito das desculpas públicas do presidente Chirac em 1995, ou aquelas que agitaram o Partido Socialista a respeito do caso Bousquet.

[53] A. Prost, op. cit., p. 301 e 302.

[54] Marc Maure, op. cit., p. 67.

[55] Alois Riegl, *Le culte moderne des monuments:son essence et sa genèse*, Paris, Seuil, 1984, 122p.

[56] J. Bahloul, op. cit., p. 14-15.

[57] J. Bouju, op. cit., p. 115.

[58] O risco é similar em todo projeto de registro de músicas tradicionais: ver Simha Arom, em *La science sauvage. Des savoirs populaires aux ethnosciences*, op. cit., p. 197-198.

[59] M. Detienne, *L'invention de la mythologie*, op. cit., p. 53.

[60] Idem, p. 79.

[61] E ainda o volume e a frequência das comunicações. Sobre esse ponto, ver Philippe Descola, Gérard Lenclud, Carlo Severi e Anne-Christine Taylor, *Les idées de l'anthropologie*, Paris, Armand Colin, 1988, p. 110-111.

Esgotamento e colapso das grandes memórias organizadoras

[62] R. Marienstrass, op. cit., p. 99.

[63] Évelyne Desbois, Yves Jeanneau e Bruno Mattei, *La foi des charbonniers. Les mineurs dans la Bataille du charbon 1945-1947*, Paris, Maison des Sciences de l'Homme, 1986, p. 2-5 e 13.

[64] Gaston Bachelard, *L'intuition de l'instant*, Paris, Stock & Gonthier, 1932, p. 83.

[65] Ver, por exemplo, Christian Bromberger, *Le match de football. Ethnologie d'une passion partisane à Marseille, Naples et Turin*, Paris, Éditions de la Maison des Sciences de l'Homme, 1995, 406p.

[66] P. Nora, op. cit., p. xviii.

[67] Marc Augé, "Les lieux de mémoire du point de vue de l'ethnologue", *Gradhiva*, n. 6, 1989, p. 11.

[68] Penso no culto que é rendido às tumbas dos cantores populares Claude François ou Jim Morrison. Ver Marie-Christine Pouchelle, "Sentiment religieux et show business: Claude François objet de dévotion populaire", em Jean-Claude Schmitt, *Les saints et les stars*, Paris, Beauchesne, 1983, p. 277-299.

[69] Adjetivo que deriva da palavra *bocage*, de origem normanda, que é uma região na qual os campos e os prados são delimitados por taludes cortados por cercas ou linhas de árvores, e no qual o habitat está disperso em fazendas e povoados.

[70] Marlène Albert-Llorca, "Renouveau de la religion locale en Espagne", em G. Davie e D. Hervieu-Léger, op. cit., p. 235-252.

[71] Anath Ariel de Vidas, "Textiles, Memory and the Souvenir Industry in the Andes", em Marie-Françoise Lanfant, John B. Allcock e Edward M. Bruner, *International Tourism. Identity and Change*, Londres, Sage, 1995, p. 67-83. A respeito do artesanato têxtil (todas as vestimentas que tradicionalmente, na região andina, revelariam a origem étnica dos que as utilizam), o autor mostra como os indígenas souberam satisfazer a demanda turística de produtos "tradicionais" e "autênticos": assim, enquanto os motivos representados sobre as vestimentas evoluíram com o tempo, os indígenas deram a imagem imutável deles próprios que esses turistas esperavam ver, propondo-lhes produtos artesanais supostamente imutáveis, como seria sua própria civilização. O sucesso comercial contribuiu para que esse jogo com a memória têxtil ajudasse a reforçar o sentimento de identidade étnica, o investimento em uma "indianidade", apresentando vantagens ao mesmo tempo econômicas e simbólicas. O comércio com os turistas e a industrialização concomitante de lembranças, comumente consideradas como os sinais de uma perda da tradição e da autenticidade, deram conta, ao contrário, da capacidade dos indígenas em jogar com sua memória coletiva (nesse caso, uma "memória têxtil") para manter a coesão, produzir e colocar em cena sua etnicidade e assegurar seu futuro frente a uma sociedade globalizada.

[72] Mark Dery explica que a retórica da velocidade de liberação que inspira em parte a cibercultura é reveladora de um desejo de escapar da morte e, igualmente, de se desfazer de uma carne considerada como pesada, provavelmente porque envelhece, degenera, desaparece. Mark Dery, *Vitesse virtuelle*, Paris, Éd. Abbeville, 1997, 366p.

[73] Pierre Sansot, em H. P. Jeudy, op. cit., p. 286.

[74] Essa hegemonia é provavelmente impossível, pois há um efeito de circularidade entre o retrocesso de grandes memórias autorizadas e organizadoras e a produção de memórias em migalhas, a proliferação destas impedindo a renovação daquelas.

197

CONCLUSÃO

Ao término desta breve leitura antropológica sobre as relações entre memória e identidade, parece-me possível formular três observações provisoriamente conclusivas. A primeira objetiva chamar a atenção contra o risco de subvalorizar e subinterpretar o jogo memorial e identitário. A segunda está ligada à ambiguidade intrínseca a esse jogo. A última é, e permanecerá sendo, uma interrogação sobre o que podem ser uma memória e identidade "justas".

Que lugar ocupa realmente a busca memorial e identitária nas sociedades modernas? O antropólogo, inteiramente absorvido pelo estudo desses fenômenos, tem naturalmente a tendência de conferir a eles um papel proeminente. Mas, nesse campo, tal como o oleiro, ele corre o risco de se tornar escravo da argila.

Não haveria a tendência em exagerar sobre a importância desses fenômenos que, excetuando períodos de crise, cumprem talvez um papel de menor impacto na vida de indivíduos os quais, em primeiro lugar, se preocupam em trabalhar, amar, manter sua família e, frequentemente com dificuldade, usufruir o tempo que passa? Quando se pensa que uma cifra enorme de habitantes do planeta vive em condições extremas de pobreza, é pertinente afirmar que "a questão das

Memória e identidade

identidades está no coração do debate político" e que o patrimônio se encontra no "coração desse problema"? É provável que as principais preocupações desses indivíduos não sejam nem identitárias nem patrimoniais ou memoriais, mesmo se os Estados, os partidos ou as correntes religiosas e intelectuais se esforcem por fazer crer o contrário. Ainda que as "comunidades relativamente estáveis", "tradicionais", às quais o vivido e a memória compartilhada pelos membros sejam ainda vastos",[1] estas são muito menos estáveis e tradicionais objetivamente que no nível representacional. É de fato o discurso metamemorial que veicula a ilusão de uma afirmação identitária fundada sobre a permanência e o compartilhamento, e é a permanência e o compartilhamento desse discurso que conferem certo conteúdo à afirmação identitária. Um "verniz histórico de identidade", observa Paul Veyne, pode levar o investigador a superinterpretar "um arco-íris de reações desiguais". Mais radical ainda, acrescenta que "as pretensas identidades não estão subsumidas ao indivíduo senão por ilusão".[2] Por exemplo, é difícil negar que muitas vezes tenhamos exagerado no interesse e na realidade do conhecimento compartilhado sobre as origens no interior de um determinado grupo, superinterpretando seus mitos, lendas – que não são necessariamente levados a sério por aqueles que as contam –,[3] e também os discursos políticos ou religiosos visando fundar a origem de uma nação, de uma sociedade ou de uma crença. Quem se preocupa verdadeiramente com a controvérsia entre os arqueólogos a respeito dos fundadores de Stonehenge (insulares ou "bretões" originários da Bretanha?), polêmica que, de acordo com os jornais, estaria na origem de uma "surda guerra franco-britânica"[4] abordando questões relativas à memória e identidade? Na realidade, esses discursos só são sustentados por uma minoria da população e, se ampliado a um conjunto maior de indivíduos, é excepcional que seja majoritário, mesmo que possa ser muito ativo. Igualmente, quando se fala da "paixão genealógica" que caracterizaria a França contemporânea, trata-se de fato da "paixão" de algumas centenas de milhares de pessoas, irrele-

200

Conclusão

vante para outras dezenas de milhões; é igualmente errôneo evocar as pulsões nacionalistas ou as crispações identitárias de tal ou tal "povo", pois isso significa tomar a parte pelo todo. Há um desvio holista incontestável que não retira o interesse dos fenômenos em questão, mas que também não permite captar a complexidade e a multiplicidade das forças as quais, a cada instante, trabalham uma sociedade e que não são todas memoriais ou identitárias.[5]

Tendo sido reinstalado o jogo da memória e identidade em seu lugar – que é considerável, mas que seria abusivo reduzir a ele o conjunto das interações e disputas sociais –, é impossível não se surpreender pela forma que isso assume hoje. A pluralidade das memórias, observa Bourdieu, é o corolário de uma pluralidade de mundos e uma pluralidade de tempos.[6] Essas memórias plurais, móveis e mutáveis, são mobilizadas para tentar construir as identidades que alguns desejam sempre mais estáveis e duradouras, até mesmo essencializadas. Na contemporaneidade, muitos desejam construir identidades cada vez mais rígidas, por vezes ossificadas, sobre as areias moventes de incontáveis memórias. Esse projeto leva a uma esquizofrenia memorial quando em uma mesma sociedade – sendo o caso da sociedade francesa – coexistem a inflação e a valorização de memórias locais e a vontade de fundar uma identidade nacional com a ajuda de uma memória unificadora. A partida parece já estar perdida, pois, em geral, se representa a identidade como aquilo que permanece semelhante a si mesmo no tempo.

Entretanto, parar nessa constatação aponta para um desconhecimento da diferença radical entre recursos identitários e memoriais e as representações da identidade e da memória (a metamemória). Toda consciência é capaz de fazer de um conjunto heterogêneo de materiais uma representação unificadora que virá satisfazer às exigências de coerência, de permanência e de unidade, que são aquelas de todos os indivíduos. Essa bricolagem sempre complexa e sutil de recursos identitários e memoriais é talvez mais rica hoje, mais aberta a múltiplas

Memória e identidade

combinações tanto quanto são numerosos e variados os elementos que carrega. Assim, longe de ver no estilhaçamento das grandes memórias organizadoras uma limitação para a construção de identidades, poderíamos supor, ao contrário, que ela pode dispor de novos recursos e que graças a isso poderá exercer de maneira mais plena nosso pensamento selvagem, aquele que busca identificar, nomear, classificar, categorizar, ordenar o mundo e ter seu lugar nele. Uma vez que hoje as memórias e metamemórias são plurais e compostas, e por vezes fragmentadas, vão originar identidades que também serão múltiplas, mas não necessitarão de recursos. Sem dúvida, é preciso ver-se na "crise dos recursos culturais"[7] menos um sinal de déficit do que um efeito de excesso. Evidentemente, essa multiplicidade de memórias e metamemórias torna muito mais arriscado o jogo de alternâncias entre versões mentais e versões públicas das representações, que, quando obtém êxito, autoriza um compartilhamento relativo dessas representações sob a forma, por exemplo, de um sentimento de pertencimento fundado sobre uma filiação genealógica, uma suposta comunidade de crenças, uma herança histórica etc. Tanto em escala grupal como na individual, esse retrocesso dos grandes centros de gravidade da memória pode resultar tanto em uma irreversível anomia quanto na assunção liberadora de uma maior autonomia. Mas como saber o que são uma memória e uma identidade justas?

É difícil afrontar um passado que é, por vezes, "um lastro que permite ao navio não virar e um peso que o sobrecarrega".[8] Sabemos que a "cultura de uma justa memória",[9] de acordo com Ricoeur, é uma espécie de luto plenamente realizado, bem conduzido, que manteria o equilíbrio entre o dever de memória e a necessidade do esquecimento. A memória justa consiste em encontrar um equilíbrio entre a memória do passado, a memória da ação e a memória de espera. Trata-se de evitar ao mesmo tempo a repetição, que faria do passado uma prisão, a imersão em um tempo real reduzido ao artifício e ao simulacro, e a fuga perdida em direção ao futuro que teria como resultado, como

202

observou Pascal, "que nunca vivemos, mas que esperamos viver".[10] Danièle Hervieu-Légier vê na paixão do público por tudo o que se relaciona com as "origens" "a figura inversa da força com que se impõe o sentimento subjetivo de ter coletivamente perdido a memória".[11] Minha hipótese é que, longe de pensar que perdermos nossa memória, nós somos hoje quase obsessivamente tomados pela ideia de sermos portadores de uma memória da qual seríamos os responsáveis. Sem dúvida, as sociedades modernas submetidas ao "imperativo da mudança" lançam culpas sobre o esquecimento provocado pelas permanentes inovações. Na maior parte do tempo, trata-se de pura ilusão, pois, pelo menos em relação ao passado que não podemos mais habitar, não somos responsáveis por nada, exceto pelo sentimento de nossa responsabilidade. Entretanto, parece que, por vezes, abusamos dessa ilusão de acordo com modalidades que atualmente são cada vez menos coletivas. Deveríamos, talvez, nos desfazer, de certa forma, dessa ilusão de passado? Se assim fizéssemos, as inevitáveis panes de memória, as memórias ocultas, injuriadas, fragmentadas, feridas, mutiladas, à deriva ou naufragadas, as contradições entre uma necessidade e um dever de memória, seriam vividas de maneira menos dolorosa, sem causar necessariamente ameaças à identidade pessoal ou coletiva.

A uma memória justa deveria corresponder uma identidade de igual qualidade. Como defini-la, então? De fato, a representação justa de uma identidade não é aquela da qual se admite o desaparecimento? Elaborando sua relação consigo e com o mundo, o homem deve fazer frente a duas verdades as quais tem dificuldade em suportar: 1) que morrerá; 2) que será esquecido. Ambas significam a destruição de sua identidade. Talvez a segunda verdade seja ainda mais terrível que a primeira, donde o desejo permanente de fazer memória, quer dizer, deixar seu traço, sua marca, seu sinal, criar, construir, ter filhos, transmitir, assumir sua posteridade,[12] esperando assim afastar o esquecimento ou pelo menos atenuar sua brutalidade. Do ponto de vista da identidade, como de muitos outros, o esquecimento é ambivalente: é

Memória e identidade

necessário à vida – logo, a afirmação identitária em perpétua construção – e, ao mesmo tempo, é o signo da perda, do desaparecimento,
do abandono de alguma coisa que fazia até então parte de si. Esse
esquecimento acompanha inevitavelmente uma perda identitária que
é um enfraquecimento memorial, a qual talvez seja necessário saber
assumir até suas ultimas consequências. Evidentemente, não compete
ao antropólogo julgar a maneira pela qual os indivíduos e os grupos
lidam com esse dilema trágico, e sim definir termos, sempre diferentes
de uma sociedade a outra e mesmo de um indivíduo a outro, bem
como tornar evidentes as modalidades de acordo com as quais os homens contemporizam com a memória e a morte.

Nesse ensaio quis mostrar que as memórias fortes, potentes, hie-
rarquizadas, unificadoras, onipotentes, até mesmo totais, aniquilam-se
atualmente diante de memórias talvez mais fracas ou menos amplas.
Igualmente sustentei que esse aniquilamento interditava, ao mesmo
tempo, a construção de identidades poderosas e estáveis, estas, por
sua vez, cedendo lugar às identidades plurais, fragmentadas e móveis.
Essa constatação é válida tanto para as representações de identidade
quanto para identidades situacionais ou inclusive para aquela que obtém certa substância da protomemória. Por isso mesmo, as retóricas
holistas veem seu grau de pertinência enfraquecer, diminuir ou se
restringir a uma aplicação muito localizada, frente precisamente a memórias e identidades locais, particulares, limitadas a grupos cada vez
mais fragmentados.

Posto que seja comum lamentar tudo o que desaparece, pode-se
esperar que alguns lamentem esse esgotamento das grandes memórias
organizadoras, temendo, por um lado, a retomada concomitante de
identidades coletivas e culturais e, de outro lado, que isso favoreça
situações de anomia, de angústia, de perda de referenciais ou ruptura
de um laço social. Por que não? Mas é possível contentar-se também
com o retrocesso das grandes religiões doutrinárias, da regressão das
tradições instauradoras e integradoras, da dissipação dos mitos funda-

Conclusão

dores,[13] do enfraquecimento das ideologias, do aniquilamento da "barreira do costume", aquela que determina "todos os nossos caminhos",[14] e de todas as transformações da sociedade que fragilizam o célebre bocal invisível,[15] que nos aprisiona ou nos sepulta,[16] considerando que o homem encontra precisamente sua grandeza e sua dignidade na tentativa, sem dúvida vã – em razão essencialmente da imposição protomemorial – de não viver como nasceu.[17] Sem se enganar com a pequenez do projeto, dedicar-se-ia então a agir para desembaraçar-se dessa argila sociocultural[18], para tentar desvencilhar-se do jugo das sociedades sempre mais compulsiva que o conduzem a viver como não queria e que desde tenra idade, às vezes para melhor, mas com frequência para pior,[19] fixam-se nele para não mais largá-lo.

Evoquei anteriormente o eventual consentimento a um tipo de relativismo da memória: finalmente, o otimista pode ver nisso um tipo de renúncia razoável frente à incomensurabilidade das memórias e das identidades individuais; outros, ao contrário, alarmam-se temendo os piores males após o abandono das tradicionais âncoras da memória. Diante de uma alternativa semelhante, o uso quer que o antropólogo se cale e deixe falar os moralistas, livres então para eleger entre o lamento e a aprovação.

NOTAS

[1] Gérard Ermisse, em D. Fabre, *L'Europe entre cultures et nations*, op. cit., p. IX.

[2] P. Veyne, "L'interprétation et l'interprète. A propos des choses de la religion", op. cit., p. 257-260.

[3] Sobre esse ponto, ver J. Goody, op. cit., p. 155; P. Veyne, "L'interprétation et l'interprète. A propos des choses de la religion", op. cit., p. 253-254 ; e, claro, M. Detienne, *L'invention de la mythologie*, op. cit., passim. Além disso, observe-se Dan Sperber, *La contagion des idées*, op. cit., p. 133.

[4] *Le Monde*, 4 de março de 1997.

[5] Essa observação leva a colocar o problema das escalas de observação, que é tão mais grave em nossas sociedades quanto nas de pertencimento coletivo. Sobre esse ponto, ver Christian Bromberger, "Du grand au petit. Variations des échelles et des objets d'analyse dans l'histoire récente de l'ethnologie de la France", em I. Chiva e U. Jeggle, op. cit., p. 67-94.

[6] P. Bourdieu, *Méditations pascaliennes*, op. cit., p. 265.

Memória e identidade

[7] Patrick Michel, "Des recompositions contemporaines du croire", em Frédéric Lenoir e Ysé Tardan-Masquelier, *Encyclopedie des religions*, 2: *Thèmes*, Paris, Éditions Bayard, 1997, p. 2136.

[8] P. Huerre, op. cit., p. 91.

[9] P. Ricoeur, "Entre mémoire et histoire", *Projet*, n. 248, dez. 1996, p. 13.

[10] Pascal, *Pensées*, Brunschvicg, 172. Pascal diz que "e nos dispondo sempre a ser felizes, é inevitável que não o sejamos jamais".

[11] D. Hervieu-Léger, op. cit., p. 207.

[12] Ver Louis-Vincent Thomas, *Rites des morts. Pour la paix des vivants*, Paris, Fayard, 1985, p. 252-253.

[13] O "drama da Grande Guerra é uma das chaves de sua duração, é o investimento dos homens de 1914-1918 sobre sua nação [...]. Um dos aspectos mais trágicos da guerra de 1914-1918 foi, finalmente, quer isso agrade ou não, o *consentimento* dos que dela tomaram parte" (S. Audoin-Rouzeau, op. cit., p. 363).

[14] Montaigne, "De l'usage de vêtir", *Essai*, I, XXXVI .

[15] Ver Veyne, *Les grecs ont-ils cru à leurs mythes? Essai sur l'imagination constituante*, Paris, Seuil, 1992, p. 11, 137 e 12.

[16] A identidade pode ser uma "tumba", observa Marc Fumaroli (op. cit., p. 128).

[17] A respeito do costume, ver Etienne de La Boetié, *Les discours de la servitude volontaire*, Paris, Payot, 1978, p. 126.

[18] Que poderia corresponder ao que Bourdieu define como as "restrições que as regularidades do mundo fizeram pesar, durante milênios, sobre um ser vivo obrigado a elas adaptar-se para sobreviver (*Méditations pascaliennes*, op. cit., p. 137).

[19] É necessário recordar que a "identidade cromática" (forma comum da identificação fenotípica), tal como era valorizada na África do Sul do Apartheid, encontrava sua justificativa em uma memória poderosa até a criminalidade dos afrikaners. Sobre a noção de de identidade cromática, ver William Bellamy, *Une identité nouvelle pour l'Afrique du Sud*, Paris, Publications de la Sorbonne, 1996, p. 164.

BIBLIOGRAFIA

Abou, Sélim. Les métamorphoses de l'identité culturelle. *Diogène*, n. 177, jan.-mar. 1997, p. 3-16.

Algazi, Gadi. Violence, mémoire et pouvoir seigneurial à la fin du Moyen Age. *Actes de la recherche en sciences sociales*, n. 105, dez. 1994, p. 26-28.

Althabe, Gérard. Le Centre civique de Bucarest. De l'idée à la mémoire. *Enquête*, n. 4, 1996, p. 147-151.

Anderson, Benedict. *L'imaginaire national*. Paris: La Découverte, 1996, bibliografia, 216 p.

Antoine, Jean-Philippe. Mémoire, lieux et invention spatiale dans la peinture italienne des xiii et xiv siècles. *Annales esc*, nov.-dez. 1993, n. 6, p. 1447-1469.

Antze, Paul; Lambek, Michael (orgs.). *Tense Past. Cultural Essays in Trauma and Memory*. New York & Londres: Routledge, 1996, bibliografia, índex, 266p.

Ariel de Vidas, Anath. Textiles, Memory and the Souvenir Industry in the Andes. In: Lanfant, Marie-Françoise; Allcock, John B.; Bruner Edward M. *International Tourism. Identity and Change*. Londres: Sage, 1995, bibliografia, índex, 246p, p. 67-83.

Aron-Schnapper, Dominique; Hanet, Danièle. D'Hérodote au magnéto-phone: sources orales et archives orales. *Annales esc*, jan.-fev. 1980, 35, 1, p. 183-199.

Aschieri, Lucien. *Le passé recomposé. Mémoire d'une communauté provençale*. Marseille: Tacussel, 1985, bibliografia, il., 260p.

Assier-Andrieu, L. Maison de mémoire. Structure symbolique du temps familial en Languedoc: Cucurnis. *Terrain*, n. 9, 1987, p. 10-33.

Assoun, Paul-Laurent. Le sujet de l'oubli selon Freud. *Communications*, n. 49, 1989, p. 97-111.

Audoin-Rouzeau, Stéphane. Oublis et non-dits de l'histoire de la Grande Guerre. *Revue du Nord*, t. lxxviii, abr.-jun. 1996, p. 355-365.

Memória e identidade

Augé, Marc. Les lieux de mémoire du point de vue de l'ethnologue. *Gradhiva*, n. 6, 1989, p. 3-12.

_____. (org.). *Territoires de la mémoire*. Thonon-les-Bains: Éditions de l'Albaron, 1992, 140p., posfácio de Claude Lévi-Strauss.

Bachelard, Gaston. *L'intuition de l'instant*. Paris: Stock & Gonthier, col. "Médiations", 1932, bibliografia, 154p.

_____. *La dialectique de la durée*. Paris: puf, col. "Quadrige", 1950 e 1989, 152p.

Baddeley, Alan. *La mémoire humaine. Théorie et pratique*. Grenoble: pug, 1993, bibliografia, índex, 548p.

Baêta Neves Flores, Luiz Felipe. Mémoires migrantes. Migration et idéologie de la mémoire sociale. *Ethnologie française*, xxv, 1995, 1, p. 43-50.

Bahloul, Joëlle. La maison de mémoire. *Ethnologie d'une demeure judéo-arabe en Algérie (1937-1961)*. Paris: Métailié, col. "Traversées", 1992, il., glossário, bibliografia, 248p.

Balandier, Georges. *Le désordre*. Paris: Fayard, 1988, 252p.

_____. *Le dédale. Pour en finir avec le xx siècle*. Paris: Fayard, 1994, 236p.

Baratin, Marc; Jacob, Christian (orgs.). *Le pouvoir des bibliothèques. La mémoire des livres en Occident*. Paris: Albin Michel, 1996, bibliografia, 338p.

Baroja, Julio Caro. *Las falsificaciones de la Historia (en relación con la de España)*. Barcelone: Éditions Seix Barral, 1992, índex, 214p.

Barou, Jacques. Civilisation de l'écrit, culture de l'oralité. *Informations sociales*, n. 59, 1997, p. 16-29.

Barthélemy, Tiphaine; Pingaud, Marie-Claude (orgs.). *La généalogie entre science et passion*. Paris: cths, 1997, 422p.

Bastide, Roger. Mémoire collective et sociologie du bricolage. *Bastidiana*, 7-8, p. 209-242.

Baumel, Judith Tydor. "Rachel Laments Her Children". Representation of Women in Israeli Holocaust Memorials. *Israel Studies*, v. 1, n. 1, primavera 1996, p. 100-126.

Bausinger, Hermann. *Volkskunde ou l'ethnologie allemande*. Paris: Éd. de la Maison des Sciences de l'Homme, 1993, bibliografia, índex, il., 344p.

Bayart, Jean-François. *L'illusion identitaire*. Paris: Fayard, 1996, índex, 308p.

Bedarida, F. La mémoire contre l'histoire. *Esprit*, n. 193, 1993, p. 7-13.

Bedoucha-Albergoni, G. La mémoire et l'oubli: l'enjeu du nom dans une société oasienne. *Annales esc*, maio-ago. 1980, p. 730-747.

Bellamy, Wiliam. *Une identité nouvelle pour l'Afrique du Sud*. Paris: Publications de la Sorbonne, 1996, bibliografia, índex, 192p.

Belloin, Gérard. *Entendez-vous dans nos mémoires? Les Français et leur Révolution*, Paris: La Découverte, 1988, 270p.

Bensoussan, Georges. *Génocide pour mémoire*. Paris: Éd. du Félin, 1989, bibliografia, anexos, 262p.

Ben-Yehuda, Nachman. *The Masada Myth: Collective Memory and Mythmaking in Israel*. Madison: University of Wisconsin Press, 1995, 402p.

Bergson, Henri. *Matière et mémoire*. Paris: puf, 1939, 282p.

Bizeul, Yves. Identité protestante en France et référence au passé. In: *Ethnologie des faits religieux en Europe*. Paris: cths, 1993, p. 419-425.

208

Bloch, Maurice. Mémoire autobiographique et mémoire historique du passé éloigné. *Enquête*, n. 2, 1995, p. 59-76.

Boespflug, François; Dunand, Françoise; Willaime, Jean-Paul. *Pour une mémoire des religions*. Paris: La Découverte, 1996, 204p.

Borges, Jorge Luis. Funes ou la mémoire. In: *Fictions*. Paris: Gallimard, 1957 e 1965, p. 109-118.

Bouju, Jacky. Tradition et identité. La tradition dogon entre traditionalisme rural et néo-traditionalisme urbain. *Enquête*, n. 2, 1995, p. 95-117.

Bouvier, Jean-Claude. La mémoire partagée: Lus-la-Croix-Haute. *Le Monde alpin et rhodanien*, n. 3-4, 1980, p. 5-232.

Boyarin, Jonathan (ed.). *Remapping Memory: The Politics of Time-Space*. Minneapolis: University of Minnesota Press, 1994, 266p.

Bucher, Bernadette. *Descendants de Chouans. Histoire et culture populaire dans la Vendée contemporaine*. Paris: Éditions de la msh, 1995, bibliografia, índex, glossário, il., mapas, tabelas, 338p.

Burguière, A. La mémoire familiale du bourgeois gentilhomme: généalogies domestiques en France aux xvii et xviii siècles. *Annales esc*, n. 4, 1991, p. 771-788.

Calle, Mireille (org.). *Claude Simon. Chemins de la mémoire*. Sainte-Foy (Québec): Éd. Le Griffon d'Argile, 1993, bibliografia, 244p.

Calvet, Louis-Jean. *La tradition orale*. Paris: puf, 1984, 128p.

Cambrezy, Luc. La mémoire trahie d'une princesse indienne. *Cahiers des Sciences humaines*, 30 (3), 1994, p. 497-511.

Campeanu, Pavel. La Roumanie. Amnésie et expiation. *Études*, set. 1995 (3.833), p. 149-159.

Candau, Joel. *Anthropologie de la mémoire*. Paris: puf, col. "Que sais-je?", n. 3.160, 1996, bibliografia, 128p.

_____. Quête mémorielle et nouveaux marchés généalogiques. In: Barthélemy, Tiphaine; Pingaud, Marie-Claude, *La généalogie entre science et passion*. Paris: Editions du cths, 1997, p. 119-129.

_____. Memoria collettiva e retoriche olistiche. *Prometeo*, set. 1997, n. 59, p. 14-23.

_____. Jeu de mémoire. *Xoana*, 5, 1997, p. 40-42.

_____. Du mythe de Theuth à l'iconorrhée contemporaine: la Mémoire, la Trace et la Perte. *Revue européenne des sciences sociales*, t. xxxvi, 1998, n. 111, p. 47-60.

_____. Traces et mémoire. *Le monde alpin et rhodonien*, 1, 1998, p. 7-10.

_____; Marchetti, Jean-Michel. La mémoire du feu. *Catalogue de l'exposition "Feu profane, feu sacré"*. Draguignan: atp, 1995, p. 180-189.

Castel, Édith. La traversée de la mémoire. Cinquante ans après Auschwitz. *Cahiers pour croire aujourd'hui*, n. 15, Paris: Assas Editions, 1995, bibliografia, 136p.

Changeux, Jean-Pierre. *L'homme neuronal*. Paris: Fayard, col. "Pluriel", 1983, bibliografia, glossário, 380p.

Chapoutier, Georges. *Mémoire et cerveau. Biologie de l'apprentissage*. Monaco: Éditions du Rocher, 1988, bibliografia, glossário, 126p.

_____. *La biologie de la mémoire*. Paris: puf, col. "Que sais-je?", n. 2.869, 1994, bibliografia, 128p.

Memória e identidade

CHESNEAUX, Jean. *Habiter le temps*. Paris: Bayard Éditions, 1996, bibliografia, índex, 344p.

CHEVALLIER, Denis. *Savoir faire et pouvoir transmettre. Transmission et apprentissage des savoir-faire et des techniques*. Paris: MSH, 1991, bibliografia, índex, tabelas, 268p.

CHIVA, Isac. Le patrimoine ethnologique de la France. *Encyclopadia Universalis*. Symposium, 1990, p. 229-241.

CHOAY, Françoise. *L'allégorie du patrimoine*. Paris: Seuil, 1992, bibliografia, índex, il., 278p.

COHEN, Anthony P.; RAPPORT, Nigel (orgs.). *Questions of Consciousness*. Londres e New York: 1995, bibliografia, índex, 244p.

COLLECTIF. De l'Europe. Identités et identité. Mémoires et mémoire. *Actes du Colloque Euro-Histoire de Montpellier* (1992), Press. Univ. Sciences Sociales de Toulouse, 1996.

_____. Hiroshima 50 ans. Japon-Amérique: mémoires au nucléaire. *Autrement*, série Mémoires n. 39, Paris: Autrement, 1995, bibliografia, 240p.

_____. La mémoire perdue. *A la recherche des archives oubliées, publiques et privées, de la Rome antique*. Paris: La Sorbonne, 1994, 186p.

_____. Oublier nos crimes. L'amnésie nationale: une spécificité française?. *Autrement*, n. 144, abr. 1994, Paris: Autrement, bibliografia, 282p.

_____. Passés recomposés. Champs et chantiers de l'histoire. *Autrement*, n. 150-151, jan. 1995, Paris: Autrement, bibliografia, 350p.

COLE, Jennifer. Quand la mémoire resurgit. La rébellion de 1947 et la représentation de l'Etat contemporain à Madagascar. *Terrain*, n. 28, mar. 1997, p. 9-28.

COMBE, Sonia. *Archives interdites. Les peurs françaises face à l'Histoire contemporaine*. Paris: Albin Michel, 1994, bibliografia, 328p.

COMTE, Auguste. *Calendrier positiviste ou système général de commemoration publique*. Paris: Librairie Scientifique-Industrielle de L. Mathias, 1849, 36p.

CONAN, Éric; ROUSSO, Henry. *Vichy, un passé qui ne passe pas*. Paris: Gallimard, 1996, bibliografia, índex, 514p.

CONNERTON, Paul. *How Societies Remember*. Cambridge: Cambridge University Press, 1989, índex, 122p.

COURTOIS, Stéphane. Archives du communisme: mort d'une mémoire, naissance d'une histoire. *Le Débat*, n. 77, 1993, p. 145-156.

CRETTAZ, Bernard. *La beauté du reste. Confession d'un conservateur de musée sur la perfection et l'enfermement de la Suisse et des Alpes*. Carouge-Genève: Éditions Zoé, col. "Histoire/Paysages", 1993, bibliografia, il., 198p.

CRIVELLO, Maryline. La Révolution française: un écran pour mémoire (1950-1989), *Xoana*, 3, 1995, p. 7-21.

CYRULNIK, Boris. *Mémoire de singe et paroles d'homme*. Paris: Hachette, col. "Pluriel" n. 8.434, 1983, bibliografia, 304p.

DAKHLIA, Jocelyne. *L'oubli de la cité. La mémoire collective à l'épreuve du lignage dans le jérid tunisien*. Paris: La Découverte, 1990, índex, il., 326p.

DAVALLON, Jean; DUJARDIN, Philippe; SABATIER, Gérard (org.). *Politique de la mémoire. Commémorer la révolution*. Lyon: PUL, 1993, 246p.

DAVIE, Grace; HERVIEU-LÉGER, Danièle. *Identités religieuses en Europe*. Paris: La Découverte, 1996, bibliografia, 336p.

210

Bibliografia

DELACOUR, Jean. *Biologie de la conscience*. Paris, PUF, col. "Que sais-je?", n. 2.847, 1994, 128p.

DELBOS, Geneviève; JORION, Paul. *La transmission des savoirs*. Paris: Éd. MSH, 1984, il., 310p.

DEN BOER, P.; FRIJHOFF, W. *Lieux de mémoire et identités nationales*. France, Pays-Bas: Amsterdam University Press, 1993, 284p.

DEOTTE, Jean-Louis. *Oubliez! Les ruines, l'Europe, le Musée*. Paris: L'Harmattan, 1994, bibliografia, 326p.

D'ERCOLE, R.; DOLLFOS, O. La mémoire des catastrophes. *La Recherche*, n. 279, p. 932-934, set. 1995.

DEROUESNE, Christian. *Vivre avec sa mémoire*. Éditions du Rocher, 1996, bibliografia, 308p.

DERRIDA, Jacques. *Mal d'Archive*. Paris: Galilée, 1995, 158p.

DESBOIS, Évelyne; JEANNEAU, Yves; MATTEI, Bruno. *La foi des charbonniers. Les mineurs dans la Bataille du charbon 1945-1947*. Paris, MSH, 1986, bibliografia, filmografia, il., 194p.

DETIENNE, Marcel. *L'invention de la mythologie*. Paris: Gallimard, col. "Tel", 1981, índex, 254p.

_____ (org.). *Transcrire les mythologies*. Paris: Albin Michel, 1994, bibliografia, índex, 274p.

DUBOST, Françoise. L'usage social du passé. Les maisons anciennes dans un village beaujolais. *Ethnologie française*, XII, 1982, 1, p. 45-60.

DUFOUR, Annie-Hélène; SCHIPPERS, Thomas. Jeux de différences. Une approche métho-dologique de l'identité à l'épreuve de deux terrains varois. *Le Monde alpin et rho-danien*, n. 1-2, 1993, p. 169-187.

DUVERNOIS, Anne-Marie. Le malheur réciproque. La stigmatisation d'une minorité reli-gieuse: les Blancs, dans le sud de la Bourgogne. *Le Monde alpin et rhodanien*, n. 2-4, 1986, p. 115-137.

ECOLES, John C. *Comment la conscience contrôle le cerveau*. Paris: Fayard, 1997, biblio-grafia, índex, glossário, 256p.

EDELMAN, Gérald M. *Biologie de la conscience*. Paris: Odile Jacob, col. "Points", 1992, bibliografia, índex, il., 428p.

ELIADE, Mircea. *Aspects du mythe*. Paris: Gallimard, col. "Folio/Essais", 1963, 252p.

FABRE, Daniel (org.). *L'Europe entre cultures et nations*. Paris: Éditions de la Maison des Sciences de l'Homme, col. "Ethnologie de la France", 1996, 344p.

_____ (org.). *Par écrit. Ethnologie des écritures quotidiennes*. Paris: Éditions de la Maison des Sciences de l'Homme, col. "Ethnologie de la France", cahier 11, 1997, bibliografia, il., 396p.

FARGE, Arlette. *Le goût de l'archive*. Paris: Seuil, col. "Points/Histoire", H233, 1989, 156p.

FAVRET-SAAD, Jeanne. Sale histoire. *Gradhiva*, n. 10, 1991, p. 3-10.

FERRO, Marc. Les oublis de l'Histoire. *Communications*, n. 49, 1989, p. 57-66.

FINKIELKRAUT, Alain. *La Mémoire vaine. Du crime contre l'humanité*. Paris: Gallimard, col. "Folio", 1989, 128p.

FINLEY, Moses I. *Mythe, mémoire, histoire*. Paris: Flammarion, col. "Nouvelle biblio-thèque scientifique", 1981, índex, 272p.

FLORES, César. *La mémoire*. Paris, PUF, col. "Que sais-je?", n. 350, 1972, 128p.

FORGES, Jean-François. *Éduquer contre Auschwitz. Histoire et mémoire*. Paris: ESF Édi-teur, 1997, bibliografia, 156p.

211

Memória e identidade

FRANCESCHI, Franco. La mémoire des laboratores à Florence au début du xxe siècle. *Annales ESC*, set.-out. 1990, n. 5, p. 1.143-1.167.

FRANÇOIS, Étienne. L'Allemagne des commémorations. *Le Débat*, n. 78, jan.-fev. 1994, p. 62-70.

FRANK, R. La mémoire empoisonnée. In: AZEMA, Jean-Pierre; BEDARIDA, François (orgs.). *La France des années noires*, t. II: *De l'Occupation à la Libération*. Paris: Seuil, 1993, p. 4-83-514.

FRIJHOFF, Willem. Dieu et Orange, l'eau et les digues. La mémoire de la nation néerlandaise avant l'État. *Le Débat*, n. 78, jan.-fev. 1994, p. 20-30.

FUMAROLI, Marc. "Je est un autre": leurres de l'identité. *Diogène*, 1997, n. 177, p. 116-128.

FUNKEINSTEIN, Amos. Collective Memory and Historical Consciousness. *History & Memory*, 1, primavera/verão 1989.

GALISSOT, René. Générations sans mémoire. *L'homme et la société*, n. 111-112, 1994, 1/2, p. 51-65.

GARDES, Gilbert. *Le monument public français*. Paris: PUF, col. "Que sais-je?", n. 2.900, 1994, bibliografia, 128p.

GASNIER, Thierry. La France commémorante. *Le Débat*, n. 78, jan.-fev. 1994, p. 89-98.

GAUDARD, Pierre-Yves. *Le fardeou de la mémoire*. Paris: Plon, col. "Civilisations et mentalities", 1997, bibliografia, 286p.

GAUDIN, P.; REVERCHON, C. *Entre la mémoire et l'imaginaire en pays drômois; le légendaire historique protestant. Souvenirs et interprétations d'un événement: la résistance au coup d'État de Louis-Napoléon Bonaparte*. Aix-en-Provence: Université de Provence, 1983, 982p., thèse de 3º cycle.

GAUTHIER, Alain; JEUDY, Henri-Pierre. Trou de mémoire, image virale. *Communications*, n. 49, 1989, p. 137-147.

GEARY, Patrick J. *La mémoire et l'oubli à la fin du premier millénaire*. Paris: Aubier, 1996, bibliografia, índex, 344p.

GEDI, Noa; ELAM, Yigal. Collective Memory. What Is It?. *History & Memory. Studies in Representation of the Past*, v. 8, 11/1, primavera/verão 1996, p. 30-50.

GILLIS, John R. (ed.). *Commemorations. The Politics of National Identity*. Princeton: Princeton University Press, 1994, 288p.

GINZBURG, Carlo. *Mythes, emblèmes, traces. Morphologie et histoire*. Paris: Flammarion, 1989, índex, il., 308p.

GITTELMAN, Zvi. History, Memory and Politics: The Holocaust in the Soviet Union. *Holocaust and Genocide Studies*, 5, 1990, p. 23-37.

GOLDMAN, Pierre. *Souvenirs obscurs d'un juif polonais né en France*. Paris: Seuil, 1975, 284p.

GOODY, Jack. Mémoire et apprentissage dans les sociétés avec et sans écriture: la transmission du Bagré. *L'Homme*, 17 (1), 1977, p. 29-52.

_____. *La raison graphique. La domestication de la pensée sauvage*. Paris: Éd. de Minuit, 1979, índex, 276p.

_____. *La logique de l'écriture. Aux origines des sociétés humaines*. Paris: Armand Colin, 1986, bibliografia, 198p.

Bibliografia

_____. *L'homme, l'écriture et la mort*. Paris: Les Belles Lettres, 1996, bibliografia, 250p.

GOSSIAUX, Jean-François. La production de la tradition. *Ethnologie française*, XXV, 1995, 2, p. 248-255.

GRANET-ABISSET, Anne-Marie. Entre mémoire et histoire. Les migrations comme révélateurs d'une identité queyrassine. *Le Monde alpin et rhodanien*, 1-2, 1993, p. 9-34.

GRANGE, Daniel J.; POULOT, Dominique (orgs.). *L'esprit des lieux. Le patrimoine et la cité*. Grenoble: PUG, col. "La Pierre et l'écri", 1997, 476p.

GRIMALDI, Nicolas. *Ontologie du temps. L'attente et la rupture*. Paris: PUF, 1993, bibliografia, índex, 222p.

GRUZINSKI, Serge. *La colonisation de l'imaginaire. Sociétés indigènes et occidentalisation dans le Mexique espagnol. XVI-XVIII siècle*. Paris: Gallimard, 1988, bibliografia, 376p.

GUIBAL, Jean. La conservation du patrimoine industriel, la mémoire et l'histoire. *Le Monde alpin et rhodanien*, 3-4, 1987, p. 229-231.

GUILLAUMIN, Jean. *La genèse du souvenir*. Paris: PUF, 1968, 308p.

GUSDORF, Georges. *Mémoire et personne*. Paris: PUF, 1993, 576p.

HALBWACHS, Maurice. *Les cadres sociaux de la mémoire*. Paris: Albin Michel, 1925 e 1994, 370p., posfácio de Gérard Namer.

_____. *La topographie légendaire des Evangiles en terre sainte*. Paris: PUF, 1941 e 1971, bibliografia, 174p.

_____. *La mémoire collective*. Paris: PUF, 1950, 204p.

HARTOG, François. *Mémoire d'Ulysse. Récits sur la frontière en Grèce ancienne*. Paris: Gallimard, 1996, 262p.

HERVIEU-LÉGER, Danièle. *La religion pour mémoire*. Paris: Cerf, 1993, bibliografia, 273p.

HIDIROGLOU, Patricia. La transmission du judaïsme à travers les rituels: l'exemple de la circoncision. *Ethnologie des faits religieux en Europe*, Paris: CTHS, 1993, p. 237-243.

HILBERG, Raul. *La politique de la mémoire*. Paris: Gallimard, 1996, 208p.

HOBSBAWN, E.; RANGER, E. (orgs.). *The Invention of Tradition*. Cambridge: Cambridge University Press, 1983.

HOFFMANN, Stanley. Histoire et mémoire. *Commentaire*, n. 52, inverno 1990-1991, p. 808-811.

HUERRE, Patrice. *L'adolescence en héritage. D'une génération à l'autre*. Paris: Calmann-Lévy, 1996, 168p.

HUSSERL, Edmund. *Leçons pour une phénoménologie de la conscience intime du temps*. Paris: PUF, 1964, 206p.

HUTTON, Patrick H. *History as an Art of Memory*. Hanover: University of Vermont, 1993, bibliografia, índex, 230p.

JANKELEVITCH, Vladimir. *L'imprescriptible. Pardonner? Dans l'honneur et la dignité*. Paris: Seuil, 1986, 108p.

JANET, Pierre. *L'évolution de la mémoire et de la notion de temps*. Paris: A. Chahini, 1938.

JARDEL, Jean-Pierre. De quelques approches de la notion de temps. *Inventions européennes du temps. Temps traditionnels, temps historiques*. Strasbourg: Pact Eurethno, 1993, p. 199-204.

JEHL, Bernard. Architecture et mémoire. *Génie urbain*, nov. 1996, p. 17-21.

213

Jeudy, Henri Pierre. *Mémoires du social*. Paris: PUF, 1986, 171p.

_____ (org.). *Patrimoines en folie*. Paris: Editions de la Maison des Sciences de l'Homme, col. Ethnologie de la France, cahier 5, 1990, bibliografia, 298p.

_____. Patrimoines et mémoires migrantes. In: *Le tourisme international entre tradition et modernité*, Actes du Colloque international Nice, 19-21 nov. 1992, Nice, Laboratoire d'Ethnologie, 1993, p. 95-100.

_____. Palinodie. *Ethnologie française*, XXV, 1995, 1, p. 65-71.

Jimenez, José. *Memoria*. Madrid: Éditions Tecnos, 1996, índex, 126p.

Jolas, Tina; Pingaud, Marie-Claude; Verdier, Yvonne; Zonabend, Françoise. *Une campagne inventée*. Paris: Éditions de la Maison des Sciences de l'Homme, 1990, bibliografia, il., 452p.

Joutard, Philippe. Un projet régional de recherche sur les ethnotextes. *Annales ESC*, jan.-fev. 1980, 35, 1, p. 176-182.

_____. *La légende des Camisards, une sensibilité du passé*. Paris: Gallimard, 1985, 444p.

_____. La mémoire. In: *Les formes de la culture*. Paris: Seuil, 1993, p. 505-570.

Julien, Philippe. Blessures de mémoire. La transmission d'une "identité". *Études*, maio 1995 (3.825), p. 609-616.

Kekenboch, Christiane. *La mémoire et le langage*. Paris: Nathan, 1994, bibliografia, 128p.

Kierkegaard, Soren. *In vino veritas*. Paris: Climats, 1992, 158p.

Klarsfeld, Serge (org.). *Mémoire du Génocide*. Paris: Centre de Documentation Juive Contemporaine/Association des Fils et Filles des Déportés Juifs de France, 1987.

Lacorne, Denis. Des Pères fondateurs à l'Holocauste. Deux siècles de commémorations américaines. *Le Débat*, jan.-fev. 1994, n. 78, p. 71-81.

Lacoste, Jean-Yves. *Note sur le temps. Essai sur les raisons de la mémoire et de l'espérance*. Paris: PUF, 1990, índex, 222p.

Lapierre, Nicole. *Le silence de la mémoire: à la recherche des Juifs de Plock*. Paris: Plon, 1989, 292p.

_____. Changer de nom. *Communications*, n. 49, 1989, p. 149-160.

_____. Dialectique de la mémoire et de l'oubli. *Communications*, n. 49, 1989, p. 5-10.

_____. *Changer de nom*. Paris: Stock, 1995, 386p.

_____. La traversée de la mémoire. Cinquante ans après Auschwitz. *Cahiers pour croire aujourd'hui*, Suplemento 15, jul. 1995, 136p.

Lauwers, Michel. *La mémoire des ancêtres, le souci des morts. Morts, rites et société au Moyen Age*. Paris: Beauchesne, 1997, prefácio de Jacques Le Goff, 538p.

Le Goff, Jacques. *Histoire et mémoire*. Paris: Gallimard, 1988, bibliografia, 410p.

Lena, Marguerite. Histoire, mémoire, mémorial. Réflexions sur l'éducation dans l'Europe actuelle. *Études*, mar. 1992 (3.763), p. 353-363.

Leniaud, Jean-Michel. *L'utopie française. Essai sur le patrimoine*. Paris: Mengès, 1992, bibliografia, índex, 182p.

_____. La mauvaise conscience patrimoniale. *Le Débat*, n. 78, jan-fev. 1994, p. 168-178.

Leo, Annette. RDA: traces, vestiges, stigmates. *Communications*, n. 55, 1992, p. 43-43.

Lequin, Yves; Metral, Jean. A la recherche d'une mémoire collective: les métallurgistes retraités de Givors. *Annales ESC*, jan.-fev. 1980, 35, 1, p. 149-166.

214

LEROI-GOURHAN, André. *Le geste et la parole*, II: *La mémoire et les rythmes*. Paris: Albin Michel, 1964, 286p.

LEVI, Primo. *Si c'est un homme*. Paris: Julliard, 1987, 216p.

LÉVI-STRAUSS, Claude (org.). *L'identité*. Paris: PUF, 1983, bibliografia, índex, 348p.

LEVY, Claude. La Résistance juive en France. De l'enjeu de mémoire à l'histoire critique. *Vingtième siècle. Revue d'Histoire*, n. 22, abr.-jun. 1989, p. 117-128.

LEWENDEL, Isaac. *Un hiver en Provence*. Editions de l'Aube, 1996, 368p., prefácio de Robert O. Paxton.

LEWIS, Bernard. *History. Remembered, Recovered, Invented*. New York: Simon and Schuster, 1975.

_____. Masada et Cyrus le Grand. *Communications*, n. 49, 1989, p. 161-184.

LE WITA, Béatrix. La mémoire familiale des Parisiens appartenant aux classes moyennes. *Ethnologie française*, XIV, 1984, 1, p. 57-66.

_____. Mémoire: l'avenir du présent. *Terrain*, 4, mar. 1985, p. 15-26.

LIEURY, Alain. *La mémoire. Du cerveau à l'école*. Paris: Flammarion, 1993, bibliografia, índex, 126p.

LINDENBERG, Daniel. Guerres de mémoire en France. *Vingtième siècle. Revue d'histoire*, n. 42, abr.-jun 1994, p. 77-95.

LISUS, Nicola A.; ERICSON, Richard V. Misplacing memory: the effect of television format on Holocaust remembrance. *The British Journal of Sociology*, v. 46, n. 1, mar. 1995, p. 1-19.

LLOBERA, Joseph R. *The Role of Historical Memory in (Ethno) nation-building*. London: Goldsmiths College, 1996, bibliografia, 32p.

LORAUX, Nicole. L'oubli dans la cité. In: *Le temps de la réflexion*. Paris: Gallimard, 1980, p. 213-242.

_____. *La cité divisée. L'oubli dans la mémoire d'Athènes*. Paris: Éditions Payot & Rivages, 1997, bibliografia, 292p.

LURIA, Alexandre. *L'homme dont la mémoire volait en éclat*. Paris: Seuil, 1995, 310p., prefácio de Oliver Sacks.

LUSO, Anna. Les archives du moi ou la passion autobiographique. *Terrain*, 28, mar. 1997, p. 125-138.

MAALOUF, Amin. *Les croisades vues par les Arabes*. Paris: Lattès, 1983, 318p.

MAJASTRE, Jean-Olivier. Oublieuse mémoire. *Le monde alpin et rhodanien*, 1-4, 1982, p. 123-126.

MALET, Emile (org.). *Résistance et mémoire. D'Auschwitz à Sarajevo*. Paris: Hachette, 1993, 488p.

MARTINS, D. *Les facteurs affectifs dans la compréhension et la memorization des textes*. Paris: PUF, 1993, bibliografia, índex, 204p.

MAZZELLA, Sylvie. La ville-mémoire. De quelques usages de *La mémoire collective* de Maurice Halbwachs. *Enquête*, n. 4, 1996, p. 177-189.

MÉMOIRES COLLECTIVES. Bruxelles: Éditions de l'Université de Bruxelles, 1984, Actes du colloque des 15 et 16 octobre 1982 (Université Libre de Bruxelles), bibliografia, 318p.

MÉMOIRES D'INDUSTRIE. *Le Monde alpin et rhodanien*, 2-4, 1996, 348p.

Memória e identidade

MICOUD, André (comp.). *Des Hauts-Lieux. La construction sociale de l'exemplarité.* Paris: CNRS, 1991, 134p.

MOTTA, Roberto. Mémoire, solidarité et ecclesiogenèse dans les religions afro-brésiliennes. *Le Lien social* (Actes du XIII Colloque de l'AISLF), t. I, 1989, p. 241-249.

MUXEL, Anne. *Individu et mémoire familiale.* Paris: Nathan, 1996, bibliografia, índex, anexo, 230p.

NAERT, Emilienne. *Mémoire et conscience de soi selon Leibniz.* Paris: Librairie Philosophique J. Vrin, 1961, bibliografia, índex, 170p.

NAMER, Gérard. *Batailles pour la mémoire. La commémoration en France de 1945 à nos jours.* Paris: Papyrus, 1983.

_____. *Mémoire et société.* Paris: Méridiens Klincksieck, 1987, 242p., prefácio de Jean Duvignaud.

NIETZSCHE, Friedrich. *Considérations inactuelles.* Paris: Laffont, col. "Bouquins", 1993, p. 416-151.

NORA, Pierre (org.). *Les lieux de mémoire.* Paris: Gallimard, 1984-1992 (7 vs): *La République.* Paris: Gallimard, 1984, il., 674p.; *La Nation*, 1. Paris: Gallimard, 1986, il., 610p.; *La Nation*, 2. Paris: Gallimard, 1986, il., 662p.; *La Nation*, 3. Paris: Gallimard, 1986, il., 670p.; *Les France*, 1: *Conflits et partages.* Paris: Gallimard, 1992, il., 988p.; *Les France*, 2: *Traditions.* Paris: Gallimard, 1992, il., 988p.; *Les France*, 3: *De l'archive à l'emblème.* Paris: Gallimard, 1992, il., 1034p.

_____. La loi de la mémoire. *Le Débat*, jan-fev. 1994, n. 78, p. 187-191.

_____ (org.). *Science et conscience du patrimoine.* Paris: Fayard et Éditions du Patrimoine, 1997, 414p.

OEHLER, Dolf. *Le spleen contre l'oubli. Juin 1848. Baudelaire, Flaubert, Heine, Herzen.* Paris: Payot, 1996, bibliografia, 466p.

OLIVERIO, Alberto. *Ricordi individuali, memorie colletive.* Turin: Giulio Einaudi Editore, 1994, 102p.

ORIOL, Michel (org.). *Les variations de l'identité. Étude de l'évolution de l'identité culturelle des enfants d'émigrés portugais en France et au Portugal.* Rapport final de l'ATP, CNRS 054, Nice, 1984, bibliografia, 2 v., 522p. e 346p.

ORY, Pascal. *Une nation pour mémoire. 1889, 1939, 1989 trois jubilés révolutionnaires.* Paris: Presses de la Fondation Nationale des Sciences Politiques, 1992, bibliografia, índex, 276p.

PALAZZO, Éric. Le livre dans les trésors du Moyen Age. Contribution à l'histoire de la Memoria médiévale. *Annales HSS*, jan.-fev. 1997, n. 1, p. 93-118.

PANICACCI, Jean-Louis. *Les lieux de mémoire de la Deuxième Guerre mondiale dans les Alpes-Maritimes.* Nice: Éditions Serre, 1997, bibliografia, il., 144p.

PASSERINI, Luisa (org.). *Memory and Totalitarianism.* Oxford/New York: Oxford University Press, 1992, 210p.

PEGUY, Charles. *Cahiers, X, XIII.* Paris: Gallimard, col. "La Pléiade", 1988, p. 1268-1314.

PELEN, Jean-Noël. *L'autrefois des CéVenols. Mémoire de la vie quotidienne dans les vallées cévenoles des Gardons.* Aix-en-Provence: Edisud, 1987.

_____; MARTEL, Claude (org.). *Les voies de la parole. Ethnotextes et littérature orale. Approches critiques.* Aix: Alpes de Lumière et Université de Provence, 1992, bibliografia, 196p., Les cahiers de Salagou 1.

Poirier, Jean; Clapier-Valladon, Simone; Raybaut, Paul. *Les récits de vie. Théorie et pratique*. Paris: puf, col. "Le Sociologue", 1983, bibliografia, glossário, 238p.

Pommier, Édouard. Prolifération du musée. *Le Début*, n. 65, maio-ago. 1991, p. 144-149.

Ponty, Janine. *Les Polonais du Nord on la mémoire des corons*. Paris: Éditions Autrement, 1995, bibliografia, il., 124p.

Poulot, Dominique. Le sens du patrimoine: hier et aujourd'hui (note critique). *Annales esc*, nov.-dez. 1993, n. 6, p. 1601-1613.

_____. *Musée, nation, patrimoine. 1789-1815*. Paris: Gallimard, 1997, índex, 406p.

Poutignat, Philippe; Streiff-Fenart, Jocelyne. *Théories de l'ethnicité suivi de Les groupes ethniques et leurs frontières (Fredrik Barth)*. Paris: puf, 1995, bibliografia, 270p.

Price, Richard. *Les Premiers Temps. La conception de l'histoire des Marrons Saramaka*. Paris: Seuil, 1994, il., 280p.

Prost, Antoine. *Douze leçons sur l'histoire*. Paris: Seuil, col. "Points/Histoire", H225, 1996, bibliografia, índex, 342p.

Racine-Furlaud, Nicole. 18 juin ou 10 juillet: bataille de mémoires. In: Courtois, Stéphane; Lazar, Marc (org.). *50 ans d'une passion française: De Gaulle et les communistes*. Paris: Balland, 1991, p. 197-215.

Raphaël, Freddy. Le travail de la mémoire et les limites de l'histoire orale. *Annales esc*, jan.-fev. 1980, 35, 1, p. 127-145.

_____; Herberich-Marx, Geneviève. Le musée, provocation de la mémoire. *Ethnologie française*, xvii, n. 1, jan.-mar. 1987, p. 87-94.

Raynaud, Philippe. La commémoration: illusion ou artifice?. *Le Débat*, n. 78, jan.-fev. 1994, p. 104-115.

Renan, Ernest. *Qu'est-ce qu'une nation?*. Paris: Presses Pocket, 1992, 316p.

Reshef, Ouriel. *Guerre, mythes et caricature*. Paris: Presses de la Fondation Nationale des Sciences Politiques, 1984, bibliografia, índex, 232p.

Reverchon, Claire; Gaudin, Pierre. Le sens du tragique dans la mémoire historique. Protestants et républicains dans la Drôme. *Le Monde alpin et rhodanien*, n. 2-4, 1986, p. 97-113.

Ricoeur, Paul. *Temps et récit, 1: L'intrigue et le récit historique*. Paris: Seuil, 1983, 406p.

_____. *Temps et récit, 2: La configuration dans le récit de fiction*. Paris: Seuil, 1984, 300p.

_____. *Temps et récit, 3: Le temps raconté*. Paris: Seuil, 1985, bibliografia, índex, 538p.

Riegl, Alois. *Le culte moderne des monuments: son essence et sa genèse*. Paris: Seuil, 1984, 122p.

Ringelheim, Foulek (org.). *Les Juifs entre la mémoire et l'oubli*. Bruxelles: Éd. de l'Université de Bruxelles, 1987, 214p.

Roediger III, Henry L.; Mcdermott, Kathleen B. Creating False Memories: Remembering Words Not Presented in Lists. *Journal of Experimental Psychology*, v. 21, n. 4, jul. 1995, p. 803-814.

Sacks, Oliver. *L'homme qui prenait sa femme pour un chapeau*. Paris: Seuil, col. "Points/Essais", n. 245, 1988, bibliografia, 318p.

Sagnes, Sylvie. De terre et de sang: la passion généalogique. *Terrain*, 25, set. 1995, p. 125-146.

Saint Augustin. *Les Confessions*. Paris: GF-Flammarion, 1964, 382p.

Schama, Simon. *Landscape and Memory*. New York: Alfred A. Knopf, 1995, bibliografia, índex, il., 652p.

Schlanger-Merowka, Michèle. *Lieux de mémoire, lieux d'amnésie*. Mémoire de maîtrise d'ethnologie, Université de Nice, 1995, 188p.

Schmitt, Jeau-Claude. *Les revenants. Les vivants et les morts dans la société médiévale*. Paris: Gallimard, col. "Bibliothèque des Histoires", 1994, índex, il., 306p.

Schneider, Michel. *Blessures de Mémoire*. Paris: Gallimard, 1980, 290p.

Schonen, Scania de. *La Mémoire, connaissance active du passé*. Paris: La Haye, Mouton, 1974.

Semprun, Jorge. *L'écriture ou la vie*. Paris: Gallimard, 1994, 322p.

_____. Mal et modernité suivi de *"...vous avez une tombe au creux des nuages..."*. Paris: Éditions Climats, 1995, 124p.

Severi, Carlo. Penser par séquences, penser par territoires. Cosmologie et art de la mémoire dans la pictographie des Indiens Cuna. *Communications*, 41, 1985, p. 169-190.

Siganos, André. L'imanginaire du labyrinthe (1): mythe, mémoire, modernité. *Sociétés*, n. 50, 1995, p. 351-358.

Simondon, Michèle. *La mémoire et l'oubli dans la pensée grecque jusqu'à la fin du ve siècle avant J.-C.* Paris: Les Belles Lettres, 1982, bibliografia, índex, 358p.

Sommet, Jacques. La mémoire des camps (Dachau). *Christus*, n. 168, out. 1995, p. 403-409.

Sorabji, Cornélia. Une guerre très moderne. Mémoires et identités en Bosnie-Herzégovine. *Terrain*, 23, out. 1994, p. 137-150.

Sperber, Dan. *La contagion des idées*. Paris: Odile Jacob, 1996, bibliografia, índex, 246p.

Stora, Benjamin. *Imaginaires de guerre: Algérie, Viêt-nam, en France et aux États-Unis*. Paris: La Découverte, 1997, 252p.

Tarnero, Jacques. Les désarrois de la princesse Dézécole. Combien d'octets dans une mémoire citoyenne. *Alliage*, n. 29-30, inverno 1996 - primavera 1997, p. 16-27.

Taylor, Anne Christine. L'oubli des morts et la mémoire des meurtres. Expériences de l'histoire chez les Jivaro. *Terrain*, n. 29, set. 1997, p. 83-96.

Terray, Emmanuel. Berlin: mémoires entrecroisées. *Terrain*, n. 29, set. 1997, p. 31-42.

Theis, Laurent. Le temps et le roi. Sur la commémoration du millénaire capétien. *Le Débat*, n. 78, jan.-fev. 1994, p. 99-103.

Tiberghien, Guy. *La mémoire oubliés*. Sprimont: Mardaga, 1997, bibliografia, índex, 206p.

Todorov, Tzvetan. *Nous et les autres. La réflexion française sur la diversité humaine*. Paris: Seuil, 1989, bibliografia, índex, 540p.

_____. *Les abus de la mémoire*. Paris: Arléa, 1995, 62p.

_____. La mémoire devant l'histoire. *Terrain*, 25, set. 1995, p. 101-112.

Tonkin, Elizabeth. *Narrating our pasts. The social construction of oral history*. Cambridge: Cambridge University Press, 1992, bibliografia, índex, 172p.

Ushte, Tahca; Erdoes, Richard. *De mémoire indienne*. Paris: Terre Humaine/Poche, 1977, mapas, glossário, 376p.

Van Gennep, Arnold. *Les rites de passage*. Paris: Picard, 1909, 1969 e 1981, índex, 318p.

Varela, Francisco J.; Thompson, Evan; Rush, Eleanor. *L'inscription corporelle de l'esprit: sciences cognitives et expérience humaine*. Paris: Seuil, 1993, 338p.

VERNANT, Jean-Pierre. *L'individu, la mort, l'amour*. Paris: Gallimard, 1989, 234p.

_____. *Mythe et pensée chez les Grecs*. Paris: Maspero, 1965, índex, 432p.

VEYNE, Paul. *Comment on écrit l'histoire suivi de Foucault révolutionne l'histoire*. Paris: Seuil, col. "Points/Histoire", n. H40, 1971 e 1978, 248p.

VIDAL-NAQUET, Pierre. *Les assassins de la mémoire*. Paris: La Découverte, "Points/Essais", n. 302, 1987, 232p.

_____. *Les Juifs, la mémoire et le présent*. Paris: La Découverte, "Points/Essais", n. 301, 1991, 512p.

VILLARD, Madeleine. Pèlerinages ou lieux de mémoire? Les protestants de Provence. *Provence historique*, t. XLV, fasc. 182, out.-dez. 1995, p. 595-608.

VOLTAIRE, Aventure de la mémoire. In: *Romans et contes en vers et en prose*. Paris: Librairie Générale Française, 1994, 1.036p., p. 770-773, La Pochothèque.

VON ANKUM, Katharina. Victims, Memory, History: Antifascism and the Question of National Identity in East German Narratives after 1990. *History & Memory*, v. 7, n. 2, outono-primavera 1996, p. 41-69.

WACHTEL, Nathan. *La vision des vaincus. Les Indiens du Pérou devant la Conquête espagnole, 1530-1570*. Paris: Éditions Gallimard, col. "Folio/Histoire", 47, 1971, bibliografia, anexos, glossário, índex, 396p.

_____. Le temps du souvenir. *Annales ESC*, jan.-fev. 1980, 35, 1, p. 146-148.

WERTH, Nicolas. De la soviétologie en général et des archives russes en particulier. *Le Débat*, n. 77, nov.-dez. 1993, p. 127-144.

WIEVIORKA, Annette. *Les procès de Nuremberg et de Tokyo*. Bruxelles: Éditions Complexe, 1996, 330p.

WILLIAMS, Patrick. *Nous, on n'en parle pas. Les vivants et les morts chez les Manouches*. Paris: MSH, 1993, il., 110p.

YATES, Frances A. *L'art de la mémoire*. Paris: Gallimard, col. "Bibliothèque des Histoires", 1975, índex, 434p.

YERUSHALMI, Y. *Zakhor. Histoire juive et mémoire juive*. Paris: La Découverte, 1984, 176p.

YOUNG, James E. Écrire le monument: site, mémoire, critique. *Annales ESC*, maio-jun. 1993, n. 3, p. 729-743.

ZADJE, Nathalie. *Enfants de survivants*. Paris: Odile Jacob, col. "Opus", 1995, bibliografia, 220p.

ZANNAD BOUCHARA, Traki. *La ville mémoire. Contribution à une sociologie du vécu*. Paris: Méridiens-Klincksieck, 1994, bibliografia, 152p.

ZERUNBAVEL, Yael. The Forest as a National Icon: Litterature, Politics, and the Archeology of Memory. *Israel Studies*, v. 1, n. 1, primavera 1996, p. 60-99.

ZONABEND, Françoise. *La mémoire longue. Temps et histoires au village*. Paris: PUF, 1980, bibliografia, il., 314p.

O AUTOR

Joël Candau é professor de Antropologia da Universidade de Nice Sophia Antipolis e diretor do Laboratório de Antropologia e Sociologia, Memória, Identidade e Cognição Social (Lasmic). Suas pesquisas estão inscritas no campo da antropologia cognitiva, nos temas das diversas formas de memória compartilhada ou supostamente compartilhada (memória familiar e genealógica, memória coletiva etc.), distinguindo notadamente no trabalho de memória os aspectos protomemoriais, memoriais e metamemoriais.

A TRADUTORA

Maria Leticia Ferreira é professora associada do Departamento de Museologia, Conservação e Restauro da Universidade Federal de Pelotas e coordenadora do mestrado em Memória Social e Patrimônio Cultural. Realizou estágio de pós-doutoramento no Laboratoire d'Anthropologie et l'histoire de l'institution de la culture (LAHIC, Paris). Desenvolve docência e pesquisa nos temas de memória social, conflitos de memória, disputas memoriais e políticas públicas de patrimônio.

GRÁFICA PAYM
Tel. (011) 4392-3344
paym@terra.com.br